坚定 · 坚持 · 坚守

给教师的一百封信

梁 勇 著

山西出版传媒集团

山西人民出版社

图书在版编目(CIP)数据

给教师的一百封信 / 梁勇著. —太原：山西人民
出版社，2024.1
ISBN 978-7-203-13197-7

Ⅰ.①给… Ⅱ.①梁… Ⅲ.①教育工作 Ⅳ.①G4

中国国家版本馆CIP数据核字(2024)第006907号

给教师的一百封信

著　者	梁　勇	
责任编辑	魏　红	
复　审	刘小玲	
终　审	梁晋华	
封面设计	雷　毅	

出 版 者　山西出版传媒集团·山西人民出版社
地　　址　太原市建设南路21号
邮　　编　030012
发行营销　0351－4922220 4955996 4956039 4922127(传真)
天猫官网　https://sxrmcbs.tmall.com 电话:0351－4922159
E－mail　sxskcb@163.com 发行部
　　　　　sxskcb@126.com 总编室
网　　址　www.sxskcb.com

经 销 者　山西出版传媒集团·山西人民出版社
承 印 厂　山西凤凰传奇印务有限公司

开　　本　880mm×1230mm　1/32
印　　张　15.375
字　　数　300千字
版　　次　2024年1月　第1版
印　　次　2024年1月　第1次印刷
书　　号　ISBN 978-7-203-13197-7
定　　价　75.00元

如有印装质量问题请与本社联系调换

著书立说，善莫大焉

这些年，看过无数名人传记，也为很多人的书作序题跋，今日收到梁勇先生的作序邀请，仍然倍感欣喜，我的这位同乡好友、忘年交，每次联络，都能给我带来很多惊喜。

13年前我们刚刚相识的时候，他还只是一所国际学校的校长，今天他已经是一家全国性民办教育集团的董事长，可以说，我是看着他一路走来的。虽然每次见面梁勇都是满面春风，"报喜不报忧"，但从他日渐加深的皱纹可以看出个中的艰辛和挑战，作为虚长他几岁的大哥，我对他的感情可以说是欣赏、心疼、惺惺相惜。

从他电话中兴冲冲的语气，我能感受到他的激动和期待，我向他拍胸脯保证：绝对完成任务！

我的主业是研究国际形势的，站在全球化的角度看，国家的国际竞争力不仅仅体现在经济和技术领域，也包括了教育和人才的培养，而其中的重中之重就是教师成长。

一方面，当今世界正逐渐向知识经济转型，知识和创新成为国际竞争力的核心。教师作为知识的传递者和创新的引导者，在培养具备创新思维和解决问题能力的学生方面扮演着关键角色。

优秀的教师才能够激发学生的创造力，培养创新型人才，从而为国家在全球竞争中获得优势，提供支持。

另一方面，一流的教育和高水平的教师队伍能够为国家赢得良好的国际声誉。国际社会对于一个国家的评价不仅仅基于经济和政治实力，也包括了教育和文化的影响力，而后者的基石正是源源不断的优秀教师。优秀的教师团队将成为国家软实力的代表，为国际竞争、交往和合作提供有利条件。

综上所述，优秀的教师在提升国际竞争力方面具有不可忽视的作用。他们不仅是人才培养的关键环节，也是国家软实力的重要组成部分。通过培养创新型、国际化的人才，提升人才质量，建立国际声誉，教师发展将有效地为国家在全球竞争中取得优势和影响力做出贡献。

如何培养优秀的教师？如何让优秀的教师成长？梁勇给出了答案：创办、合作、托管30所全日制学校，为教师提供宽松的教育环境，搭建实现梦想的舞台，然后持续引领教师成长。

梁勇写作这本《给教师的一百封信》，不仅意义重大，而且发心至善、私心了无。通读全书，没有生僻枯燥的理论说教，没有故意掉书袋来卖弄学识，有的只是如一位经验丰富的长辈与你促膝长谈的娓娓道来，有的只是一位教育家把他的真知灼见用最通俗易懂的语言直观地讲解出来，有的只是一片赤子之心的学者单纯地想把肺腑之言分享给所有热爱教育的人。这本书展示了他多年来对教育的深刻洞察和独特见解，他的才华和奉献精神在这本书中展现得淋漓尽致，令人敬佩。

　　作为同乡，看到榆社县走出梁勇这样优秀的教育家，为山西赢得了荣耀，为教育界树立了典范，我深感骄傲。作为好友，看到梁勇在实现教育梦想的大道上不断取得新突破，立起新丰碑，我由衷地为他高兴。

　　我建议所有教育工作者，不论是相关部门管理者，或是学校中层，亦或是一线教师，都来读一读这本书。读这本书的过程，就是一次与梁勇共同思考教育的旅程。他对教育的热情、对学生的关怀以及对教育改革的见解，都会为我们带来深刻的启发。他的理念和实践，将帮助我们更好地理解教育的本质，探索如何更好地日精月进，如何更好地培养下一代。

　　最后，我要由衷地感谢梁勇，著书立说，善莫大焉！为教育做贡献，就是对社会的做贡献，他做到了"授吾师以及人之师，育吾生以及人之生"的"大同"教育。愿他的努力和激情能够继续激励更多的人，为教育的未来贡献更多的力量！

李绍光

序二

一位优秀校长的教育"家常话"

近10年左右，我的生活很重要的一部分就是在不同的场合"说话聊天"，在亚布力，在湖畔，在辛庄课堂等等，把我们这一辈创业老炮的人生思考和年轻的一代创业者一边分享，一边学习，一边融入，共同发展。

7年前，我在我的家乡西安创建了新商学教育——子牙学宫，以《道德经》为教学特色，落址楼观台，发现和培养具有独立人格、自由精神、创造能力和诚实态度的新时代创业者。

也就是在2021年，梁勇和子牙学宫结缘，我面试他的时候，梁勇提到：他是通过刷抖音，无意中看到子牙学宫，发现子牙学宫的教育特色和新学道的非常相近，都是在教学中融入中国优秀的传统文化，所以，他便主动打电话找到子牙学宫，要求申请报名学习。

在这几年的学习相处中，我逐渐了解到梁勇作为"创业者"的"仁智勇"，他的仁是他真的热爱教育这件事情，热爱学校，热爱老师，热爱学生，他几乎把自己所有的时间都留给了学校，留给了工作，他自己本身践行"爱与责任"，同时，也把这种教学理念融入具体教学中，希望老师们也能够践行"爱与责任"，最后把祖国的花朵培养成具有"爱与责任"的健全人格；他的智是他善于"招才引智"，为集团吸引了一大批全国各地的好校长好老师，让老师们能够真正做自己喜欢的教育：在成就他人的同时也快乐自己；他的勇是一往无前，尤其是在筹建北京新学道晋中校区的时候，他想尽一切办法，克服一切困难，让学校如期开学。

所以，前几日接到他的信息，希望能够给他的新书《给教师的一百封信》作序，我深感责任重大，在学习阅读的基础上，发现梁勇的这本书和我平常说话的方式很像，就像是在"聊天"，就像一位老友在拉家常，在娓娓道来他的一些人生所见所思所感，更重要的是一份"拳拳之心，殷殷之情"。他在书中提到：要回归原点，完善自我，要做真实的自己，要在工作的时候，健康工作，快乐工作，把教育当成一种"美好生活方式"。就像梁勇自己所说：教育就是培养良好的习惯。

良好的教育是社会多方的共同参与，我觉得这本书不光是梁勇写给自己学校老师的，更是写给全国所有从事教育的工作者的，包括教育局的相关工作者、父母家长、年轻的大学生们等，尤其是师范类院校教育专业的学生，这本书不仅仅是教会人要做一个好老师，更要做一个健全人格的好人。

最后，期待梁勇的这本书可以成为现实生活中很多人和自己"对话"的桥梁，在读书中正心诚意，在学习中反思总结，在精进中养成习惯，就像新学道一样，苟日新，日日新，又日新，每天进步一点点，未来心想事竟成。

祝福新学道，感谢梁勇，因为有你们，中国的教育与众不同，更加精彩，因为有你，更加美好。

名家联袂推荐

育人，是天底下最平常的事，也是最难的事。做一名校长，在一所学校中，团结带领一批教师，为形形色色学生的成长创造优良的学习生态，同时实现教学相长，则是难上加难。梁勇校长《给教师的一百封信》既是他心路历程的记录，也是当今学校生活的生动反映，其中蕴含的教育情怀、智慧与行动让人深受启发。"嘤其鸣矣，求其友声"。希望有更多的教育同仁读到这本书。

——于京天，国家教育行政学院副院长

梁勇校长是从农村最艰苦的基础教育一线成长起来的全国民办教育的董事长，也是一位从教师成长为教育家的典范。《给教师的一百封信》给我的第一印象是很像《洛克菲勒写给儿子的38封信》，不同的是梁勇校长的这本书是一位校长写给自己学校老师的。全书用朴实无华的语言，情真意切，充满对学生、老师、家长和社会的爱，传播学校教育的理念，体现了"三全育人，五育并举"的教育思想。每一封信都从不同的角度启发教师进行深层次的思考。教育者先受教育！这本书是梁勇校长对教师职业精神的凝练与升华，必将成为基础教育的基本遵循。

——张献明，教授，博士生导师，太原理工大学副校长

教师也需要关心需要爱。孩子是种子，家庭和学校是土壤。教师是塑造孩子精神世界的园丁，而教师的精神世界也需要关心和呵护，需要有人为他们补充能量。我的老朋友、优秀的资深校长梁勇就是一个不断为教师补充能量的人！三年时间，梁校长为教师们写了130封信！只有真正的教育家才能做得到！因为他知道：教师心中有爱，才能用微笑面对孩子；教师眼中有光，才能发现孩子的高光时刻！读他写的《给教师的一百封信》，您一定会感受到这份深情的爱！

——卢勤，中国少年儿童新闻出版总社首席教育专家、原总编辑

做好校长不容易，写好文章也不容易，梁勇校长同时把这两件不容易的事都做得特别好，非常了不起！《给教师的一百封信》充满了他对教育的赤诚热爱和深刻见解，对学生的深切关怀，对老师的赞美、感激、指导和期待。梁校长的勤奋敬业、教育思想、工作方法、人生智慧，给我很多感动和启发，尤其是他对教育百折不挠的热情，深入一线、细致入微的真抓实干精神，"敢闯、敢试、敢为天下先"的改革勇气，更能给读者以信心和力量。这本值得每个教育工作者认真阅读。大家一定能

从中汲取智慧和力量，把神圣的教育事业做得更好！

——王修文，美国宾夕法尼亚州立大学教育管理学博士、上海修文德鲁教育科技（集团）有限公司董事长兼总裁、曾任新东方教育科技集团副总裁兼北京新东方扬州外国语学校校长

《给教师的一百封信》融合了教育与人文，是一本洞察深刻的教育佳作。梁勇以创业者的心态做校长，以教育家的高度看问题，为学校激发了新的活力，为教育领域带来了新的思考。这本书是一份兼具深度和广度的教育瑰宝，值得每一位教育者深入品味。

——李建宏，"珠峰大满贯"（双峰双马）世界第一人、丝绸之路山地度假区董事长

我曾有幸穿越世界的无数角落，见证大自然的瑰丽奇迹和人类文化的多样性。在我的成长过程中，教育和教师扮演着不可或缺的角色，他们给了我永不止步的力量。梁勇校长的《给教师的一百封信》，是一份给予教师的礼赞，更是一座桥梁，连接着教育的过去、现在与未来。通过一百封充满智慧和情感的信件，梁勇校长为教师们提供了灵感和指导，帮助他们在这个快速变化的世界中找到自己的位置，并有效地影响学生的生活。我相信，每位读过这本书的教师都将获得新的力量，去激发学生的好奇心和探索欲，引导他们勇敢地追求自己的梦想。

——雷殿生，世界著名徒步旅行家、中国探险协会副主席

梁勇校长的这本《给教师的一百封信》，既是给自己的新年礼物，也是给全天下关心教育的父母们一本人生宝典，我们都知道父母是孩子最好的老师，如何更好地成就孩子，同时快乐幸福地和孩子共同成长，我想这是一件特别有意义的事情，而不是功利主义下让孩子考一所好大学，找一份好工作，而是让孩子成为自己，开发自己的人生价值。这是我推荐这本书的核心价值，期待大家都能在这本书中找到自己，和孩子一起学习成长。

——何创飞，子牙学宫联合创始人

做校长难，做民办学校的校长更难，但做难事必有所得。梁勇校长用一百封信记录下自己身先士卒、以身示范、率领团队艰苦创业的成长历程。字里行间，情真意切，让人感受到一位教育行者的知行合一，使命担当，爱与责任，追求与梦想。每一封信都给人力量，给人希望。愿每一位教育同行都能从中得到启发，获得成长。

——郝少林，北京新学道教育集团联合创始人、总校长

目　录

（2011.11.01–2011.11.30）

（2011.12.01–2011.12.31）

（2012.02.01–2012.02.28）

（2012.03.01–2012.03.31）

第一封信 如果你想强壮，跑步吧!

各位老师、战友们:

你们好! 非常感谢大家一周以来对我的工作的支持和帮助! 谢谢大家为我们学校及全体学生所做出的努力和贡献。

由于我们学校各学部的领导、体育组及各班级的班主任、副班主任们的积极组织与认真落实，从上周四开始跑步以来，效果完全超出了我们的预期。由此可见，只要我们下定决心做一件事并且积极认真地去做，那么就一定能做好。

"如果你想强壮，跑步吧! 如果你想健美，跑步吧! 如果你想聪明，跑步吧! "这是 2500 多年前在古希腊埃拉多斯山岩上刻着的三句名言。如今，2000 多年过去了，医学有了高度的发展，但是跑步仍然是我们锻炼身体、预防疾病、使我们更加健美的法宝。如果大家希望自己变得更加强壮、更加健美、更加聪明，那么就让我们一起加入跑步活动中吧。

你们的战友：梁勇

第二封信 新行动，新收获

各位老师、战友们：

大家新年好！此刻的我们已经迈入 2010 年。新的一年，给予了我们许多新的希望；新的一年，也是我们学校新的起点。新，就是与旧不同；新，就是不断变化；新，就是积极进取；新，就是向前发展；新，就是勇于创新。在新的一年里，我们要不断求创新、求变化、求进取、求发展。行政管理工作要创新，教育教学工作要创新，课堂主阵地要创新，因为我们学校是常新的，我们学校的每一个师生是常新的。新的一年，我们要有新精神、新面貌、新行动、新收获！

老师们，拿出我们所有的激情和勇气，为自己而拼搏，为理想而努力。老师们，为了孩子们的前途和未来，我们要热爱教育、尽职尽责、为人师表、教书育人；我们要热爱同事、团结协作、携手共赢；我们要热爱学校，就像珍爱我们的家园一样，为她的成长劳作，为她的未来痴狂；我们要热爱学生，就像呵护带着露珠的花朵一样，就像疼爱我们自己的孩子一样，把微笑和爱送进每一个孩子的心灵，让激情和鼓励扬起他们远征的风帆。

老师们，临近期末，起始教育很重要，请各位老师做好期末教育教学方面的相关工作，我们要让学生静下心来，体会老师和家长的不易，告诉他们应该承担的社会责任，告诉他们感恩的最佳方式就是用自己的行动与成绩报答长辈。我们爱学生没有错，但不能无原则地去爱，爱的前提是对学生严格要求，严与爱并不矛盾。

另外，虽然上周的天气极其寒冷，但是我们仍然坚持晨跑和做课间操。这样既有助于提高学生的身体素质，也有助于培养学生的毅力。对于此事，虽然有的师生可能会有不同的意见，但是仍然希望各位师生以大局为重，只要是对学生有益的事情，我们就应该坚持下去。由于天气原因，我们学校本周周一至周五做早操的地点变更为三楼体育馆，早操集合的时间不变，活动内容为拓展游戏及竞技类活动，由体育组和德育处负责组织落实，严格考核，相关的领导负责监督执行，各班级准时参加。周一的升旗仪式取消，周一至周五的课间操活动地点不变，班主任、科任老师与孩子们可以以班级为单位到操场打雪仗、堆雪人、拍照留影……给孩子们留下一些美好的回忆。

你们的战友：梁勇

第三封信 辛苦多，成就更多

各位老师、战友们：

你们好！无论多忙，恳请大家认真阅读我写给你们的每一封信和发的每一个附件，谢谢！这是我本学期写给大家的第三封信。每周一封信，雷打不动，我说到做到。我不想占用太多的时间给大家开会，因为我相信包括我在内的每一个人对开会显然不感兴趣，我也不想因为开会而浪费大家太多的时间，所以只想用文字的方式和大家一起交流沟通、探讨切磋一些思想和理念。若有不同意见，可以邮件沟通。

忙碌了一天，只有晚上可以静下心来思考一些事情，写一些文字，与大家用心交流、用心沟通。教育工作者很辛苦，民办教育工作者更辛苦。选择了教育，特别是选择了民办教育，就选择了辛苦。但是，我们辛苦并快乐着，因为我们喜欢教育，痴情于教育。不过，还是希望大家在辛苦的同时，一定要注意劳逸结合，加强体育锻炼。咱们学校现在还属于创业期，正所谓"创业艰难辛苦多，艰难创业成就多"。在这里，我对每位老师的辛苦工作表示感谢！

今天与大家主要交流以下四点，请大家参考并创造性地执行。

第一，关于教学常规工作。备、讲、批、辅、查这些最基本的教学常规一定要抓扎实。关于备课，各位老师要充分地认识到我们并不是为了完成助学稿而完成助学稿，也不是为了备课而备课，要真正做到备学生、备教材、备知识、备方法、备课堂；关于讲课，各位老师需要深刻地认识到老师在课堂上讲了多少并不是最重要的，学生会了多少才是最重要的，"不讲就能让学生会"是课堂的最高境界。在课堂上，"教"和"管"平分秋色，既要会教，还得会管。不仅需要管得住学生的行为，而且需要放得开学生的思维，驾驭课堂的能力是体现一个老师教育教学能力的最好形式。关于作业批改，各位老师需要做到"全批全改、面批面改"，若能让学生做到"知错就改、改了就会"，便是最理想、最有效的批改方法了。在批改完作业后的错题整理方面，有的老师主张让学生使用"错题本"或"纠错本"等方式，这些方式都非常值得推广和借鉴；关于辅导，辅导是实施分层教学、实现因材施教的最佳途径之一，辅导要"多渠道、全方位、立体式"的进行，可以在不同时间、不同地点对不同的学生进行有针对性的帮助和指导。

第二，关于学风建设。学风建设，从严格要求学生开始。爱学生不等于放纵学生，尊重学生不等于溺爱学生，我们可以无条件地爱每一个孩子，但是不能无原则地爱每一个孩子，对学生要爱，更要严爱结合，古人云"严师出高徒"便是这个道理。临近期末，学生最易浮躁，一定要对学生更加严格要求，坚决抵制课堂睡觉现象，发现一个严肃批评一个，每位老师都要在不同的场合管理每一位学生，形成全员管理、全程管理、全方面管理的良好风尚。各位老师要继续加强和推进培优补差工作，通过"抓两头、促中间"，转变我们学校的学风。

另外，给大家补充一下关于本周问卷调查的结果。对"手机和零食绝对不能带进校园"这一观点持赞同态度的占主体，为79%；对"学生头发应该保留个性空间，不应该千人一面"这一观点持不赞同态度的占主体，为73%。集大家的智慧，春节过后的新学期开学，我们将按照大家的意愿，严格执行并杜绝手机进校园、零食进校园、男生留长发、女生染发的现象，请大家及早关注并给学生提前"吹风"。我的工作作风一向是说到做到，按原则办事，一视同仁，一刀切而不拖泥带水。请大家理解并遵照执行。古人有言"民不服吾能而服吾公"，言犹在耳。

第三，关于家校沟通工作。各位导师、班主任、科任老师都要增加与自己所负责学生的沟通次数，加强与学生家长之间的联系，真正贯彻落实，做好家校工作。导师工作不能仅仅限于形式，更要注重实效性，每位老师需要对自身所负责的孩子在生活上、学习上、心理上给予更多的关心和帮助，利用好"家校心桥"这一平台。另外，我们还可以通过发短信、打电话、发邮件等方式与家长多沟通、交流，让家长可以及时地知道孩子在学校的情况。关于孩子的情况，我们既要报喜，也要报忧，要掌握主动权，不能被动。

第四，关于教育教学质量。教学质量是学校发展的生命线，我将会密切关注每次考试（月考、期中和期末）的情况。正如邓公所言："发展（质量）才是硬道理""不管黑猫白猫，捉到老鼠就是好猫"。搞理论争论，就会贻误时机，错过发展机遇。空洞的争论无济于事，我们实施教学改革，将以"分层教学、因材施教、自主课堂、多元评价"为原则，鼓励大家认真思考，用自己最拿手的方法，紧扣时代脉搏，结合学校实际，传统也好，现代也罢，大胆地实践，大胆地试，每个人在实践过程中形成自己独有的理论和实践体系，形成自己的科研课题，报学校备案，学校将全力支持。我相信我们学校的每一位老师都会有教育教学的绝活，我将拭目以待，期待每一位老师的精彩。

以上四点，请各位老师认真思考，以点带面，做好教育教学工作。我们学校的发展靠大家，让我们一起努力，我们学校的明天一定会更好！

你们的战友：梁勇

第四封信 教育的方式

各位老师、战友们：

大家好！本周五，我受学校的委托参加了教育局工会总结汇报会；本周六、日，我参加了"中国第二届创新大会"活动，其间还参加了"禁止未成年人带手机应该立法"的节目录制活动。活动回来，已经是晚上 11 点，才赶紧给大家写信。

期末将近，事情繁杂，大家一定要切记不断提醒自己并教育学生要静下心来、用心复习、不能浮躁。进入新年以来，不管是在课堂上的听课行为规范还是在课堂外的生活、日常行为习惯方面，老师们对学生们的要求都更加严格了，我深感欣慰。通过我的巡查，我发现学生们认真听课的多了，上课睡觉的少了，遵守纪律的多了，破坏公物的少了……

但遗憾的是，我也从中发现了一些不好的现象。例如，有个别老师对学生的教育方式简单粗暴，不能耐心教育，所采取的教育方式要么是对学生的不良行为视而不见，要么是让不听话的学生站在教室的后面或者教室的外面。对此，我要特别指出这两种教育方式都是不可取的。严格要求不等于罚其站立，教育学生更不等于视而不见，我们要用恰当的方式教育学生，或者是善意提醒，或者是动之以情，或者是晓之以理，或者是眼神对视，或者是课后交流……只要大家用心，办法总比困难多。我相信大家一定能找到教育学生的最好办法，只要是适合孩子的教育方式就是好的方法。当然，教育学生的原则是不能体罚或者变相体罚，也不能无原则地溺爱学生，更不能放纵学生。

另外，请大家一定要教育学生坚持锻炼身体。我们不仅要关注两操锻炼的学生数量，更要关注全体学生的两操锻炼质量。班级有多少学生锻炼固然重要，但是学生锻炼的效果怎么样更为重要，体育锻炼只是锻炼身体、培养良好习惯和毅力的一个方式而已。大家可以关注一下近段时间韩国学生在雪中军训的新闻报道，和当年孙云晓《夏令营中的较量》如出一辙，着实让我们自愧不如。韩国和日本这两个国家在对学生的意志力、毅力的挫折教育方面，值得我们学习、学习、再学习！

你们的战友：梁勇

2010 年 1 月 17 日

第五封信 爱的教育，铁的纪律

各位老师、战友们：

大家好！明天就要期末考试了，弹指一挥间，紧张、忙碌而又充实的一个学期生活转瞬即逝。在本学期末的最后4天，我们不能因为期末考试而对学生的管理掉以轻心。相反，越是在这个时候，我们越要更加关注、关心学生，特别是对那些学习基础薄弱、心理承受能力较差的孩子更要多一份关心和关爱，对于那些在考试中发挥较好的学生，我们要及时鼓励，告诫他们戒骄戒躁，争取更好！对考试中发挥不好的同学更要及时鼓励和安慰，告诉他们要放平心态，争取更好！

最后，预祝我们学校此次期末考试圆满成功！向辛勤工作的你们致以亲切的问候和衷心的感谢！

你们的战友：梁勇

2010 年 3 月 1 日

第六封信 新学期，新气象

各位老师、战友们：

每周日的信，随着开学即开始。一年复始，万象更新；开学之初，诸事繁忙，再加上中学教育教学改革力度之大、之深、之广，可能会让老师们感受到压力也是同样很大、很深、很广。希望老师们变压力为动力，向上、向前、向好！

一位家长给我发来邮件，在邮件中写道："从上个学期放假前的家长会到本学期开学前的工作安排，再到开学典礼的活动，我感觉到了咱们学校锐意改革现状的决心和力度。新的学期，我们学校确实有了新气象，孩子们也都有了新的精神面貌，这一切都让家长们感到高兴，也愈发相信我们学校的明天一定会越来越好。"这位家长的话语，既是对我们的鞭策和鼓励，也是对我们的认可和肯定。

有家长的支持，有董事会和总校的支持，我们学校的全体老师一定要勇于走出教条主义和条条框框的桎梏，从禁锢中挣脱，从困惑中觉醒，每一个人都要以主人翁的姿态在我们学校教育教学改革的大潮中迸发出前所未有的主动性和创造性。无论是创新的成功还是探索中的挫折，一定要让"敢闯、敢试、敢为天下先"成为我们学校最耀眼的精神底色；要让"不改革，学生就不会有收获；不改革，学生就不会有创新；不改革，学生就不会有未来"成为我们学校全体师生的集体认知。在考虑与教育有关的问题上，我们都要着眼于孩子的长远和未来，着眼于孩子发展的大局和整体。

本学期的中学教育教学改革已经全面启动，特别是在英语和数学的课堂教学上，我们将实施在行政班级不变的情况下，分层走班教学、每月测评、合理流动，在师资配备上更加合理和完善，在机制管理上更加科学高效、有针对性；在政治、历史、地理、生物的课堂教学上，我们要以培养孩子的综合能力为切入点，加强课程整合，充分调动一切社会资源，让孩子们在兴趣中学到知识、汲取智慧；在语文课堂教学上，我们要以"国学"为依托，加大阅读兴趣和写作能力的培养力度，让学生能说会写，在写和说中能引经据典，比分析一篇课文要有用得多；在班级管理上，我们将以最后一次的期末考试成绩为准，实施分组（队）管理，每个班级分成若干个组（队），五人一组（队），要有名称、有口号、有组（队）歌，甚至可以有组（队）旗，然后从学习、纪律、卫生、活动、实践等所有与教育教学有关的方面实施组（队）员捆绑式考核，加强学生团队精神、集体主义和竞争意识的培养；在导师制上，我们实施双导师制度，一定要确保初中部的每一个学生有两个导师（尽量兼顾文科和理科、男生和女生），确保高中部的每一个学生有一个导师；在社团活动上，要以培养孩子们的兴趣为切入点；在行为规范上，要注重培养学生良好的品行。

通过以上改革，我们学校将逐渐形成并确立"三点一线"的教育教学架构（"三点"指的是：教学模式、课程体系、品行习惯；"一线"指的是：中国灵魂、国际视野、尊重赏识、爱严结合）、"分层教学、因材施教、自主课堂、小组合作、多元评价、发展个性"的学校教学模式和"3G+X"的课程体系（"3G+X"指的是：国家课程、国学课程、国际课程、校本课程）。希望在这样的教育教学架构、教学模式和课程体系下，凸显出我们学校在国学、英语、艺体等方面的办学特色，使每个孩子都能找到自己的兴趣所在并发展其个性特长，使每个孩子都能获得快乐感和成就感；锻造出具有健全体魄、健康心理、端庄容姿、良好品格的优秀中学生；通过加强"爱心、诚信、责任"做人品格教育和"运动、阅读、文明"习惯养成教育，培养出既能传承中华传统文化，又有全球视野和国际意识、有文化自信和国际竞争力的社会精英。

概括地说，我们学校的教育教学特色如下：

中国灵魂　国际视野　尊重赏识　爱严结合

分层教学　因材施教　自主课堂　小组合作

多元评价　发展个性　全员导师　家校结合

社团活动　丰富多彩　小班教学　师资保障

教育工作者应该是永远充满激情、充满活力、充满幽默、充满智慧、充满信心的。一定要能吃苦、能琢磨、爱教育、爱学生。教育作为事业，最需要的是爱岗敬业、痴情教育、激情飞扬的吃苦精神和工作方式；教育作为艺术，最高境界便是将激励人生和学术底蕴完美地结合在一起，不仅要教给学生知识，更重要的是教给学生智慧，升华学生的事业人生。

教育工作看起来繁花似锦，却往往雾里看花，教育这个事业的确很有意义，从事教育事业也很有价值。但是由于教育服务的对象是人的成长，这个过程不可逆转，不可重复，因此对任何人来说都极其重要。人的成长是一个复杂综合的过程，所以教育是一个对专业要求相当高的行业。更何况，即便是最专业的教育者，有时也难免会出现教育的失误和偏差。在我们学校中学教育教学改革的途中，难免会遇到各种非议或阻力，希望关心我们学校发展的每个人都能及时地给予我们学校支持和帮助，敏锐地察觉到我们学校在发展的过程中遇到的问题和困难。

新的学期已经开始，改革的号角已经吹响，我们已经在路上，我们过去的陈旧观念必须更新，我们的工作作风必须进一步转变，通过改变课堂教学模式，提高课堂效率，让孩子在各方面获得更大的进步。回顾兼任中学校长以来与大家同甘共苦的过往，我深表感激。我们学校是一个团结的集体，虽然有极少不同的声音，也是出于学部发展的好意，我们都是实干者，我们也是实践者，相信我们的努力绝不会付诸流水！如果可能，那就走在时代的前面；如果不能，那就与时代一起前进，但一定不能落在时代的后面。让我们共勉，一起努力！拜托各位！

另外，本周是开学的第一周，我们学校的整体情况不错，值班教师到位及时，无迟到现象；学生仪容仪表基本达到学校规定；"两操"既无迟到也几乎没有请假的现象；"三餐"比较有序、规范；"两休"仅有个别宿舍不能按时熄灯睡觉；在课间活动纪律方面，学生们整体表现较好，基本上没有追逐打闹的现象。当然，也存在一些问题，例如：在个别教师的课堂上，学生不听课的现象比较突出，在课堂上存在此现象的老师一定要加强课堂纪律的管理；在每天上午和下午的唱歌方面，学生们唱得还不是很好，主要是因为很多学生不会，所以相关的老师一定要尽快带领学生学习相关歌曲，尽早实现让学生们"在早操跑起来，早读读起来，第一节课唱起来"！

下一周，请我们学校初中部和高中部德育处的负责人通过邮件方式将新的班主任、副班主任考核办法发至班主任和副班主任邮箱，讨论修改通过并对班主任、副班主任和值日教师培训后尽快实施。我将在每周通报整体考核结果。

你们的战友：梁勇

✈ 2010 年 3 月 7 日

第七封信 知不足，知进步

各位老师、战友们：

大家好！开学两周，忙忙碌碌。中国民办教育之艰难，如人饮水，冷暖自知，不在其中，不知其境。特别是我们学校还处于创业时期，更是如此。而且我们学校还处于变革时期，大家更是忙得晕头转向。但是，无论多忙、多累，我们一定要沉着应对，一步一个脚印，踏实向前走。

开学前两周，各种会议较多，有的老师颇有微词，大家切记："抱怨是魔鬼，抱怨于事无补，只能徒增烦恼！"要完成好任何一件事情，必须团结协作，否则将影响工作进度，甚至一事无成，团结意识、合作意识是我们学校发展不可缺少的重要精神！我们一定要齐心协力，我们一定要团结协作，我们一定要无怨无悔，我们一定要任劳任怨地做好自己的本职工作，我们的声音要一致，我们的目标要一致，我们要形成合力，以一鼓作气的勇气，把学校经营好，我们不能光喊口号，我们要拿出实际行动来！希望大家能站在"学生发展的高度，学校发展的高度"来理解我们学校教育教学改革的必然性。

2009 年岁末，"中国导弹之父"钱学森留下的"为什么我们的学校总是培养不出杰出人才"之问，激起全国上下反思教育问题的新高潮；2010 年 2 月 28 日，《国家中长期教育改革和发展规划纲要（2010 ～ 2020 年）》（公开征求意见稿）开始向社会进行第二轮公开意见征集，中国教育有望出现新的气象。这一切都表明，如果我们不能与时代同行，必然会被时代所淘汰。我们正处于一个全球化竞争的时代，虽然没有血流成河的残忍，却有着优胜劣汰的无情。

我们在取得成绩的同时也还存在一些问题，比如早读的质量还不是很高，每天上午和下午唱歌的质量也不是很高，上课偶尔还是会有学生趴在桌子上睡觉或上课不参与教学活动的现象，在总校的行政督查中发现在 3 月 2 日的第五节课上：初一（2）班外教课期间，有学生吃零食，不参与教师的教学活动，对外教的劳动不尊重；初三（2）班后门损坏严重，并已无法锁门，没有及时报修；初二（1）班某男生周一早上跑操期间戴耳饰，跑步时还有部分学生手放在裤兜里，容易出现安全隐患。我们一定要知不足，然后知进步！

另外，需特别强调的是，我们学校的招生工作是更为重要的工作，学生是我们的"发展之本，生活之源"，如果没有学生，我们的一切工作都无从谈起，所以布置两道作业题（必答题目）：1. 从现在起，工作之余，每个人都要为初中招生工作做一些力所能及的事情，请初中部、高中部和行政系统的每位老师为活动推荐学生来学校参加体验；2. 从现在起，工作之余，每个人都要为高中招生工作做一些力所能及的事情，4月17日是校外学生初升高的体验活动，5月22日是校外学生中考指导说明分析讲座，请初中部、高中部和行政系统的每一位老师推荐学生来学校参加体验活动。

这两道题是为我们学校聚集人气、优化生源在非常时期采取的非常措施，请大家予以理解，并积极执行！如果我们今年学生的数量和质量都招好了，我们学校以后的发展真的是会越来越好，请大家一定要克服困难，开动脑筋，充分挖掘人脉资源，推荐学生来学校参加"小升初"和"初升高"的体验活动。谢谢大家！

你们的战友：梁勇

第八封信 知行合一

各位老师、战友们：

　　人大闭幕又逢雪，两会为民送福音。伴随着初春的又一场雪和 2010 年"两会"闭幕的号角，忙乱的第三周已经结束，我们知道一年之计在于春，今年春季学期的每一周和每一天对于我们学校来说都显得尤为重要。因为我们学部处于转型和变革时期，我们对转型要充满信心，我们对变革也要充满信心，因为"信心比黄金更值钱！"

　　这个转型和变革首先是我们思想观念上的转变，大家务必深刻地认识到我们学校必须要在过去的基础上有更好的转变，不转变就跟不上时代的步伐，甚至会被市场淘汰，其次是教学方法上要转变，不能穿新鞋走老路，用过去的知识教今天的学生，培养明天的人才。我们的思维一定不能固化，更不能用习惯性思维来思考问题，要在教育教学上勇于创新、敢于创新！不要"知易行难"、要"知行合一"。我相信大家一定会比我更敢想、敢干！做对了，成绩属于你们；做错了，责任我来承担。

　　初一、初二的分层教学实施一周以来，从对学生的问卷调查及老师、家长的反馈中我们可以得知分层教学取得了比预期要好的效果，这说明我们的决策是正确的，大方向是正确的！希望英语老师和数学老师们积极完善和改良"助学稿"的设计和使用，提高课堂教学效率，切实让每个学生能日有所进。

在总校本周对我们学校的行政督查中，总校对我们学校的评价是这样的：初中一年级英语、数学分层教学正式实施，学生反映良好。希望我们管理人员、班主任、相关科任老师引起注意，学生行为习惯和学习习惯比学习本身更为重要，我们一定要在课堂内、外同时培养。特别提醒：3月19日是校内小升初体验活动，此次活动非常重要，组织、筹备好这次活动是本周最重要的工作，希望老师们给予全力支持与配合。

另外，本周一的升旗活动中，罗保文老师做了大量的准备工作，准备得相当充分，初一（1）班的刘志佳和王浩阳在活动中脱颖而出，让人骄傲和欣慰。但由于天气原因，在组织周一的升旗活动中出现了工作失误，按照管理人员考核制度，给予50元的罚款处理，挥泪罚（罗老师）款，情理是情理，管理是管理，这就是制度！

你们的战友：梁勇

第九封信 共勉励，同进步

各位老师、战友们：

今天的信，与大家谈三件事，第一是招生工作，第二是参加 DI 活动后的一点感受，第三是班主任工作，第四是本周工作通报。

第一，招生工作。上一周大家紧锣密鼓地为 3·19（周五上午）的小升初体验活动做了较为充分的准备，取得了预期效果，在 39 名到校体验的家长中，有 23 名家长当时就报名，这是我们到目前为止策划最早、动手最早、效果最好的一次小升初体验活动，为我们学校今年提前完成招生任务打开了良好的局面。在此，我向为这次体验活动付出艰辛工作的老师们、同学们及给予支持配合的其他部门人员致以最真诚的感谢，你们的付出我都看在眼里、记在心里！我们要一鼓作气，齐心协力，争取在放暑假前初步完成初一 4 个班、高一 4 个班的招生工作。我在第二封信中提及的工作，大家在忙里偷闲，站在政治思想的高度、学校发展的高度、学部发展的角度、个人发展的角度尽全力完成，接下来"3 月 27 日、4 月 10 日、4 月 24 日、5 月 15 日是校外小升初的体验活动，请初中部的每一个老师为这 4 次的体验活动分别推荐 2 名共 8 名小升初的学生，请高中部和行政系统的每位老师（含职员）为这

4 次体验活动各推荐 1 名共 4 名小升初的学生来学校参加体验；4 月 17 日是校外学生初升高的体验活动，5 月 22 日是校外学生中考指导说明分析讲座，请高中部的老师各为这两次体验活动推荐 2 名共 4 名初升高的学生；请初中部的每一个老师和行政系统的每位老师（含职员）为两次的体验活动各推荐 1 名共 2 名初升高的学生来学校参加体验活动。"相信大家一定会超出我的期待！

第二，参加 DI 活动后的一点感受。本周六上午，我随 DI 的同学们到天津参加比赛，荣获二等奖。我感触很多，通过这次与学生更近距离的交流和交往，我对我们学校的发展更加充满信心，我们的孩子们真的很可爱、很懂事，只要我们用心去爱，用心去和他们交流，用心去教育他们，就他们每一个个体而言，他们真的都很优秀。我们有这样的教育对象，真的应该很幸运。在 DI 的比赛现场有一句话"团队合作和创意可以解决任何问题"给了我许多启发，我们学校的团队就是一支有创意的团队，还有什么解决不了的问题吗？学生的管理问题，招生问题，发展问题……都不会成为我们发展中的问题。

第三，班主任工作。毋庸置疑，学校最累的、最艰辛的工作就是我们学校的班主任工作，我们学校的班主任工作也是学校最重要的工作，如果每个班主任把每个班级的学生管好了，学部的发展就好了，学校的发展也就好了，但是，就目前的发展现状来看，我们的学生过于活泼好动，自制力欠缺的学生几乎超出一半。所以面对这么多极其活跃的孩子，有的老师和班主任整天疲于在他们之间周旋，有的老师和班主任工作的热情也一天天地在慢慢冷却，有很多的困惑，也有很多的无奈，之所以出现这种情况，我们需要反思，我们给学生的是全身心的爱吗？我们的回答是不是那么有底气？我们给予学生的爱是不是一种仅浮于表层的爱？是不是仅仅是一种出于职责上的工作？是不是一种缺乏穿透力的、一种居高临下的教育？是不是一种没有深入学生心底的不足以引起学生心灵共鸣的爱？直接点说，就是给予学生的爱还不是全身心的无私的爱。我兼任中学校长的这段时间，一直有一种冲动，激发起自己再当班主任的念头，这项工作确实很有挑战性，但是对我很有吸引力。虽然我的工作头绪繁多，战线较长，点多面广，但是我想和大家一起再去努力，我感觉到了一种工作激情在胸中萌生，当然我明白班主任工作会很辛苦、很艰难，但是我有足够的信心来迎接一切，身先士卒就从我做起。如果有谁退却，我愿顶上去，败而无憾！有时候，失败和成功一样，都是一笔难得的财富。但有些人能从失败中得到这笔财富，有些人却得不到，两者的主要区别就在于他们是否勇于面对，是否善于总结。

第四，本周工作通报。中学早操队列整齐，口号响亮，初一年级早操后列队走回教室，大课间活动组织管理有序，我们学校提出"和"文化宿舍建议方案，有创意，有深度，以上这些值得肯定与表扬。

你们的战友：梁勇

第十封信 梦想

各位老师、战友们:

今天我给大家的信主要谈四个问题,第一是招生问题,第二是骨干老师和骨干班主任的培养和发展问题,第三是对学生的管理问题,第四是关于本周工作通报。

第一,关于招生工作。招生工作永远是私立学校最重要的工作,每个人都必须有招生的意识和招生的责任,招一个学生非常艰难,所以大家更要有保生的意识,所谓保生就是要竭尽全力做好自己的本职工作。"3·19"和"3·27"的小升初体验活动大家都做了许多工作,特别是招生办全体、信息中心全体、艺体中心全体、后勤总务相关老师和高中部相关老师给予了大力的支持,初中的刘文忠、江承明、崔淑红、徐永锐、罗保文、刘红霞、宋冬梅等老师做了大量的工作,刘秀灿、刘秀武、李卫红、寇金龙等老师为公开课和拓展训练做了充分准备;冀青霞、曲园、崔岩、樊华、才华、汪颖等老师也积极参与其中,在大家的努力下,使我们的小升初体验活动取得了预期效果,特别是崔艳军、渠来柱老师为了小升初体验活动,做了大量的拓展和宣传工作。在此,给予特别表扬!

在组织"4·10"小升初体验活动中，我们要认真总结反思前两次活动中存在的问题，在前两次的基础上进一步提升活动的质量和效果（注：3月29日即周一晚上7:00召开总结反思和4·10小升初体验活动协调会议，以及我们学校网站改版协调会议，请招生办陈静和严俊杰老师，信息中心卢正红和柯昭勇老师，校办余晖老师和我们学校全体管理人员及年级组长参加此次会议，有自习的老师请尽早调整）。

第二，关于骨干老师和骨干班主任的培养和发展。骨干教师和骨干班主任是学校发展的中坚力量，学校将把骨干教师和骨干班主任的培养和发展作为学校的中心任务来抓，以进一步提高教师队伍的整体素质。结合学部实际，骨干教师要主动成为承担教育教学改革的载体，在教育教学中锻炼和提高自己，作为骨干老师，我们要大胆地改变原有的教学方式，积极倡导自主、合作、探究的学习方式；改变原有的工作方式，在合作中求发展，在协作中求创新，从各方面挑战自己，改变自己，完善自己，以适应我们学校的发展要求。学校将对骨干老师给予特别的照顾，从工资福利待遇的提高到下一步的产权住房分配，包括今年暑假可能会组织骨干老师到世博会游览并参与爱心之旅等等。希望每个人都力争成为骨干。引用《骨干教师成长的秘诀》一书结尾的话与大家共勉："一定要以扎实的工作作风潜心实践，做到持之以恒，坚持不懈；要以自觉的精神坚持学习，不急功近利，不心浮气躁；要以踏实的态度思想问题，力求兼收并蓄，博采众长；要以独特的眼光大胆创新，做到不拘一格，匠心独运；要不断完善自己多元而合理的知识结构，保持积极而健康的心理品质，逐步形成巧借外力的综合素养，让自己的工作，生活与学习始终处于一种研究的状态，让自己的生命处于不断探索与追求的过程之中。"

第三，关于学生的全员管理。"民办教育不能担心生源流失而一味迎合家长，甚至于不敢管理学生。我们要爱学生但不能溺爱学生，我们可以让学生自主但决不能让学生自流，我们可以放开学生的思想但决不能放纵学生的行为，我们可以让学生有个性但不可以让学生任性。"这是我一贯坚持的对学生的管理原则。德育处要开动脑筋，创新工作方法和管理方法，构建起"管理育人，教育育人，服务育人，全员育人，全程育人，全面育人"的德育管理机制和"教师全员参与和学生自主管理相结合"的德育管理模式。推行"首遇负责制"的全员育人制度，不管是学生安全还是学生德育管理，不管是文明礼貌还是日常行为规范谁先遇到谁负责，增强全体老师的责任感，而不能有"这不是我的学生，不关我的事"的思想。在此，我要特别表扬信息中心的柯昭勇老师，他在3月20日遇见初中三位学生王少智、李宇峰和段晔抽烟，不仅当面制止他们的行为，而且把这三个学生叫到办公室进行了批评教育，并且让他们写了深刻的检查。如果我们每个人都能有这样的责任感，都能这样用心地管理学生，教育学生，我们的学部一定会更好。

另外，德育处牵头的班级分组落实情况，明天晚上协调会后，要给我做详细汇报，第一封信就布置下去的工作，第三周的信我给大家把表格都设计好了，到现在落实了多少，做了多少工作，没有动静，没有反馈。要求每个班级，根据学生"学习互补、性格互补、性别互补"等原则，成立"合作互助小组"，以后的评价以小组集体评价为主，内容包括学习、纪律、劳动、卫生、活动等等各个方面，这样的评价方法可以极大地调动小组成员的积极性，可以增强他们的集体荣誉感，加强他们团结、合作、互助的责任感。"分层和分组"是本学期改革的两个基本立足点，"课堂和课程"是本学期改革的两条主线。

第四，关于本周工作通报。总校在进行工作督查时指出：第一，高复班学生课堂纪律好，学习进入状态，班级非常安静；高一（1）班课堂纪律好，同学们善于提问；中学各班级晨跑组织有序，坚持两操检查评比，领导按时到现场督查；各位老师要认真管理自己的课堂，管理好自己的班级，管好自己的学生，为学部争光、争气！

最后，附一首小诗《梦想》，即兴而作，不要见笑。

梦 想

因为梦想，我们聚于学校

因为梦想，我们披星戴月

因为梦想，我们风雨兼程

有梦想，谁都了不起

有梦想，一定能够实现！

你们的战友：梁勇

第十一封信 每天提高一点点

各位老师、战友们：

大家好！今天我给大家的信主要谈四个问题，第一是关于课堂教学、学生的学业成绩和德育活动的问题，第二是关于我们学校的网站改版问题，第三是关于中华传统文化的学习问题，第四是关于本周工作通报。

一、课堂是我们教学的主阵地，学生的学业成绩是我们的生命线，而德育活动则是提升学生能力的抓手。针对如何改进和进一步完善这三方面的工作，我提出以下三点意见：

第一点，我们的课堂教学效率需要提高。（1）有部分老师的课堂存在"教"和"管"严重脱节的情况。作为优秀的老师，教的能力和管理的能力应该平分秋色，既要会教还得会管。而在我们的课堂上，有部分教师只注重教师教的行为而不注重管理学生的课堂行为，无论学生在课堂上是睡觉，还是玩手机、打游戏，或者是做其他事情，我们有的老师都视而不见，充耳不闻，听之任之，上完课了事，这是一种极端不负责任的表现！有的老师只注重教师的教而不注重学生的学，以完成教的任务为目的，而不是以帮助学生完成学习目标为责任，教完本章节（本堂课）就万事大吉，学生学到了多少不重要，重要的是"我都讲过了，甚至我都讲过 N 次了"，这更不是一个称职的老师应该发出的呼声。希望老师们在课堂教学和课堂管理上下功夫、做功课。（2）有部分老师的课堂存在"教"和"学"不能互动，更不能交融的状况。讲授、灌输得太多，一堂课下来教师几乎是唱独角戏，学生几乎没有参与教学。教师的"教"是为了学生会"学"，希望老师们放开手，让他们大胆发表意见，畅快讨论问题；让他们大胆质疑，主动探究；让他们小组合作，尽情交流；鼓励他们尽情体验，认真思考。我们要大力推行"师生共用助学稿，小组合作，五有五导"的课堂教学模式，即有目标地预习：学生交流，老师指导（课前）；有目标地教学：学生探究，教师引导（10 分）；有目标地落实：学生合作，教师辅导（20 分）；有目标地检测：学生互动，教师教导（15 分）；有目标地活动：学生自主，学生领导（课后）。希望老师们认真领会，大胆创新，提高课堂效率。

　　第二点，我们学生的学业成绩需要提高。学生的学业成绩是衡量一个教师教学业绩的重要标准，也是社会评价学校的主要标志。一个不重视学生学业成绩的校长肯定是个不称职的校长，一个不关注课堂的校长也不是一个称职的校长，我，梁勇！为了做一个称职的中学校长，既要关注课堂，更要关注成绩。（1）每个老师的教学成绩如何？每个人要心中有数，不要顾此失彼。世界上任何一个国家和地区，都很注重学生的学业成绩，而不是不要成绩，所以我们提高学生的学习成绩是必须的，也是必要的。而影响学生学业成绩的因素是多元的，也是复杂的，提高学生学业成绩的关键因素是教师如何调动学生学习积极性，在教学工作中要有责任心，同时还要讲究策略，教师之间、教师与家长之间也要相互配合。提高学生的学业成绩，要加强学生的良好学习习惯培养。（2）每个老师的课堂如何，每个人要心中有数，不要顾此失彼。课堂是教学的主阵地，更是提高学生成绩的主阵地，课堂前的备课，课后的作业和辅导也是课堂教学的有机组成部分，我在上学期给老师们的三封信中就提到过关于备课、上课、批改和辅导及考察的相关问题，在这封信中不再重复，孰轻孰重，各位比我更明白。

第三点，我们的德育活动组织需要提高。（1）每次活动的组织要严谨。我发现我们每次组织活动座次分散，前台后台衔接不够流畅，特别是吵闹之声不绝于耳，每次活动，我都要充当黑脸，站在台前，教育批评学生。希望我们的班主任、副班主任、科任老师、德育管理人员和学部领导面对学生在公众场所大声喧哗、吵闹，在遇见学生犯错误时能在第一时间主动及时制止，形成全员管理的局面。客观上说我们的生源层次不一，部分学生存在理想信念不坚定、奋斗目标不明确、缺乏学习的兴趣和动力、行为失范等问题。在此，我强烈呼吁，我们学校的全体老师都可以管理我们学校的全体学生，不分你班我班，不分高中初中。（2）德育活动的计划性要强。要有目的、有计划、有组织地落实。把德育活动课程化、系列化、生活化，通过德育活动，对学生有教育的作用和效果。德育活动不能任意而为，随意而为。德育活动不能只看表面现象，只做表面文章，德育活动更不能活动起来一阵风，活动过后让学生浮躁不安，虎头蛇尾；德育活动也不是例行公事，升升国旗，捐捐善款，应付了事；德育活动不能"只管耕耘，不问收获"。希望德育处的老师们开动脑筋，把最难做的德育工作做好、做实、做细。

二、我们学校网站的改版问题。当网站运营一段时间效果不佳或者希望获得更好效果时，对网站进行重新规划，改版设计，往往就可以取得明显的效果。网站改版，在这次网站改版中，初中的董敏娜、李卫红老师，高中的闫兴华、刘丽华老师，艺体中心的肖吉利老师，特别是信息中心的柯昭勇老师做了大量的工作，在此，给予特别的表扬，向你们表示感谢！我们学校的网站改版相当于我们学校网站的二次重建，网站的改版、更新、后期维护不仅仅只局限于简单的文字更换和形式调整，应该是将我们学校的办学思想、办学理念和发展动态及发展方向充分展示，要把各个老师、各个班级和每个学生都融合进去，成为我们大家交流和展示的一个平台和载体，随着时间的流逝，能使我们学校的网站沉淀下许多精彩，所以希望我们学校的老师们和同学们在相应的栏目（特别是个人博客上）完善相关的内容。

三、关于中华传统文化的学习。开学初，我们开始了国学的学习，在三月底，我们组织了《弟子规》的背诵比赛，老师们抑扬顿挫、声情并茂的背诵让我很感动、很激动，这次活动的组织完全超出了我的预期，在活动组织中，刘虹霞老师和党凤倩老师做了大量工作，精心策划，认真准备，圆满成功，向两位教研组长表示真诚的感谢！建议四月份《大学》背诵比赛要植入艺术的元素和加入学生的互动环节，希望提前安排和策划。本次比赛中，刘红霞老师技压群雄，获个人赛一等奖，田雷、夏蔚老师获二等奖，杨向东、党凤倩、冀青霞老师获三等奖，赵立杰老师获特别奖；初一年级组略高一筹，获团体优胜奖，向获奖的个人和团体表示祝贺！希望你们继续努力，争取更好！初二年级中西合璧，外教参与，学科搭配，大小相携更值得表扬，高中三个年级都参加了比赛，值得肯定！需要反思的是我们老师都能背下来，为什么学生没有背下来？希望语文教研组和语文老师们反思其中缘由，我建议让我们的学生学习经典，背诵经典，领悟经典，让经典温暖学生的心灵。

四、工作通报。本周总校对我们学校工作进行督查后进行了简要评价，指出我们学校邀请山西教科院副院长、教育部课题组专家贺斌院长到我们学校听课、评课，专家引领教师专业成长在有序开展；初中部晨读琅琅书声，初一、初二年级晨读状态较好，教师领读、学生齐读；3月31日晚，我们学校组织教师《弟子规》背诵比赛，比赛分为个人背诵和年级组集体背诵，形式多样活泼，参加背诵的教师背诵流利、语言优美且节奏感强，让我们学校师生震撼，既提高了我们学校中华传统文化底蕴，又是对全体中学生的一次"言传身教"的教育；我们学校招生工作扎实有序，小升初体验、外出拓展公关，教师招生积极性很高，提供可用招生资源和信息，我们学校招生形势喜人，目前初一新生报名缴费人数达22人。学生早起被子叠得很好，多数学生宿舍卫生情况较好，初一年级某班男学生因宿舍卫生不到位，副班主任付老师在早操后要求学生重做，严格管理，全员育人。

你们的战友：梁勇

2010 年 4 月 11 日

第十二封信 品德教育

各位老师、战友们：

　　大家好！我每周日熬到深夜，给大家写信，辛辛苦苦的劳动成果，希望老师们不要搁置在一边理都不理，此信至少应该是我们交流思想的载体，统一思想后化作我们的行动。只有这样，才有意义。

开学一个多月已经过去了，我兼任中学校长以来，我越来越喜欢我们学校这个团队，喜欢我们学校的每一个学生，我这个人的性格，老师们可能已经感受到了，我很容易动情，很容易感动，当然也很容易发脾气（这是我最不能原谅的自己的缺点）。这几天，我一直沉浸在感动中，周三晚上组织的"校园十佳歌手大赛"和今天晚上的报告会学生的纪律很好，中途没有一个学生请假离场，应该安静的时候就安静下来，应该互动的时候就互动起来，真正做到了严肃而活泼，体现了我们学校学生的素养和内涵，看到孩子们的表现，我非常高兴，非常感动，希望我们全体老师继续努力，让学生在文明礼貌上更上一层楼。

孩子们的健康和德育教育永远比学习要重要得多，有句话说，人品不过硬是次品，身体不健康是废品，如果精神不健康，那就是危险品了。通过语数英、政史地、理化生、音体美等学科，把我们的孩子教育得更有人性，才显得重要。我们一定要教育学生做一个有人性的人，永远不要用我们的辛勤劳动，去栽培学识渊博的危险品，身怀绝技的次品，或者是锻造受过教育的废品。

这学期以来，我们学校全体师生的工作、学习热情都是很高，也正是这种热情驱使着我，一定要把我的感动和一些想法告诉老师们。本来昨天和今天工作很多，昨天是"小升初体验活动"，今天上午接待了应聘老师和学生家长，下午又开了"DI协调会议"，晚上和大家一起听了报告，之后又去宴请了余博士，回来已经是晚上10点多了，虽然很累，但是我还是要坚持给你们写信，谈谈我的想法。我想告诉老师们以下几点感悟：

第一，希望老师们把现在的激情化作持久的行动。马云说，短暂的激情不值钱，持久的激情才有意义。"激情""持久"和"行动"，这三个关键词很重要。心血来潮的激动是很容易的，说什么更容易，开始做什么也容易，但是能够坚持做下来很难，只有持久的激情、持续的行动才能够结出理想的果实。严格说起来，学校教育改革的序幕还没有拉开，还有无数艰难险阻等待着我们，有一些困难我们能预料到，但更多的困难其实我们无法预料，那时才是真正考验我们的时候！我很欣赏唐僧取经的团队，因此，我们不能仅仅有热情，还要有坚韧不拔的意志和克服困难的智慧，让我们一起顽强挺进！

第二，希望老师们更加正确、全面地认识"学校教育改革——分层教学和分组评价"。一些老师对"分层教学"提出了一些质疑，坦率地表示了担忧甚至不信任。感谢这些老师的真诚，我完全理解一些老师的想法。是呀，这么多年来，各种各样的教育改革打着各种花样翻新的旗号，很是热闹，最后都烟消云散；同时，也有不少假科研招摇撞骗，欺名盗世。我也很反感，因此理解老师们的心理。但是，不要紧，实践和时间会证明我们现在的教育改革是真正的教育改革。这也是我不搞什么"启动仪式"的原因，只是在润物细无声地做，在改革的过程中一定会出现诸多问题，这是在预料之中的事情，比方说如下问题：1. 教统编教材的老师都既教初一又教初二，而且所教的学生分散在初一、初二五个班级中，这给布置作业及督促作业的完成带来了一定的难度；2. 课堂上学生实现了分层上课，但是课后辅导也就是晚自习以及早读并没有实现分层，辅导不能到位；3. 处于 A 层的学生英语水平比较高，统编教材对于他们来说相对比较简单，按教材内容去讲，学生总觉得收获不大，不讲教材又担心统考成绩；4.C 层学生基本功普遍较差，因而对数学无兴趣、缺乏自信、耐力不够易放弃；5. 小组合作学习如何来操作？在小组合作学习中，怎样保障所有的学生都有事可做、不出现"看客"现象……这些问题都仅仅只是教育改革中出现的表层问题，深层次问题可能会更让我们头痛，要说明的一点是，"教育改革"不可能在短期内很快就提高升学率，能立竿见影地提高升学率的实验，我至今都没有看到，这也是为什么我特别强调"坚持"的原因——需要耐心、毅力和智慧！

有的老师说，如果现在轰轰烈烈，将来冷冷清清怎么办？对于这个问题，我想说：这个问题不应该仅仅问我，更应该问自己：我们是在坚持不懈地做教育吗？当然，作为我们学校教育改革征途上的领跑人，我一方面要身体力行，身先士卒，另一方面还要组织、指挥、鼓动大家一起做。但是，如果老师们不认可、不支持、不参与，那么仅靠我一个人的力量是完全不够的。因此，教育改革是否会虎头蛇尾，是否会像许多教育实验一样半途而废，不仅仅取决于我，更取决于我们学部的每一个人！有的老师焦急地问下一步该具体怎么做呢？对于这个问题，我想说：关校长和我正在结合我们学校的实际，召集相关教育专家制定可操作的方案，我们会尽快公布方案。但是我要说的是，方案也不可能具体到每一个人，只能是一个框架，需要每一个老师去填充。我打算在"分层分组、五有五导"的基础上展开我们的探索。从现在起，老师们就可以结合我们的教育教学实践先自己动起来，也许你的做法可以为我们提供一个范本。

第三，感谢你们尊重我的个性。不少老师说我这个校长有个性，有点"另类"。对此我也不想辩解什么，因为要做的事太多，如果我把心思花在考虑别人怎么说、怎么评价，那我还有时间认真做事吗？不要以为我们周围的人都对我们学校的教育改革持正面的态度，至今仍有许多善意的质疑或恶意的讽刺。但是，只要不做事，就没人说，而一做事，免不了就会被人说三道四，这很正常。我这个人就是在争议中成长起来的，只要别人说得对，我们就真诚地接受并改正或改进；只要别人说得不对，我们听了就是；有人恶意诽谤，我们理都不理！让事实说话，用时间证明！

我还有许多话要说，但时间一晃就凌晨了。头依然昏胀，敲击键盘的手依然无力。但如果老师们能够理解我的苦心，并坚定不移地为学校的发展而努力，我受点累又有什么关系呢！我并不是想要彰显我有多么高尚，而是我真的不希望我们的劳动白费。老师们，战友们，我们的万里征程已经开始！我们深知，教育不仅仅有浪漫，更有无奈的现实和数不清的绊脚石；改革不仅仅有高歌猛进，更有身陷绝境的时候，但是无论前面有什么在等着我们，我们前进的步伐都是不可阻挡的！写到这里，我想到"妇女节"那天我和江承明老师给大家唱的《水手》"擦干泪，不要问为什么，至少我们还有梦"！其实，我还会唱《敢问路在何方》。下次有机会，让刘文忠老师和我一起把这首歌献给大家，表示对战友们的激励，我们有理由相信通过自己的努力，力争让我们的学校成为北京教育的骄傲乃至中国教育的自豪！让我们学校的全体老师怀着我们的光荣和梦想，面对未来激情放歌——"擦干泪，不要问为什么，至少我们还有梦"！和"敢问路在何方？路在脚下！"

虽然我每周给大家统一写一封信，但是我依然会给每一位给我写信的老师和家长一一回信，只是这需要时间，请耐心等待。另外，我希望以后老师们若有什么想法可以直接通过电子信箱及时与我沟通。另外，上周四，我没有按时跑步，特别进行通报批评并罚款 50 元，请人力资源部执行！

你们的战友：梁 勇

第十三封信 关注教育教学

各位老师、战友们：

本周我和大家谈几个问题，一个是教育教学质量的问题，一个是分层教学的问题，一个是招生的问题，最后是工作通报。

第一，关于教育教学质量。学校的中心工作是教育教学，即老师的教和学生的学，教育教学质量是一个学校的生命线，这里的教育教学质量一定包括考试成绩，但又不限于考试成绩，通过对学生的课堂行为习惯和学业成绩的分析，可以折射出一个教师的总体状况。

下一步，我将着重关注教育教学质量和学生的课堂行为，我们将注重对老师和学生的过程性评价和结果性评价，请相关管理人员着手起草《教师考核制度》和《教师考核细则》，过程性评价主要从常规管理（出勤、备、批、辅、工作任务等）和品格习惯（学生课堂表现和导师与导生）着手进行考核；结果性评价主要从学生学习水平（科任教师的期中考试成绩和期末考试成绩）着手进行考核，争取在 5 月份能够实施。结果性评价，我们要通过加强与兄弟学校、顺义或其他区的统一考试，对学生的期中和期末成绩进行学习水平结构分析：第一是常规分析：群体优秀率、良好率、及格率、边缘率、极差率、平均分、分数段频数、总分及名次进行分析；第二是拓展分析：等级频数、最高分、最低分、得分分布、名次频数、生源类别质量分析。用这些数字与兄弟学校、顺义或其他区的成绩进行纵向比较，以此来知道我们的情况。

第二，关于分层教学。上周，初中召开了两个会议，一个是中学数学分层教学专题会议，另外一个是中学英语分层教学专题会议。会议中我们在明确了课堂分层的基础上进行辅导分层和作业分层，希望参与分层教学的老师们研究分层教学，研究我们学校学生存在的差异和共性，我们应"正视差异和共性、承认差异和共性、利用差异和共性、消除差异和共性、发展差异和共性"，为分层教学的实施和落实做到有的放矢，做到堂堂清、天天清、周周清。

1.课堂教学分层（30+15，即30分钟教学，15分钟落实）：课堂教学是分层教学的核心，针对不同层次的学生，采取的课堂教学策略是：对于A层的学生，课堂以分析为主，揭示知识内部联系与规律；讲清思路，板书为辅，加大容量，针对性强；多用"发散"和"探索"的教学方法，培养学生的思考、创新能力；对于B层的学生，课堂强调基本知识和方法的应用，讲练结合；分析与板书并重，鼓励学生参与，多用"启发"和"问题"的教学方法，培养学生的逻辑思维能力；多鼓励、少批评，培养学生的成就意识；对于C层的学生，精选内容讲解基本概念，了解基本知识和方法的应用。课堂分析细致，板书详细，充分调动学生注意力，教会学生理解概念，模仿操作。多用"情感"和"赏识"的教学方法，培养学生的条理性。课堂精讲多练，培养学生的专注意识，多鼓励、齐进步，培养坚持学习毅力，多应用"模仿"方式，抓好基础知识学习，使学生思维得到初步锻炼，保持学生学习兴致，重点培养学生模仿思维和可持续性，逐步提高想象力。

2. 练习、作业分层（把课堂练习和课堂作业设计到助学稿当中）：把课堂练习和课堂作业设计到助学稿当中，针对教学内容和学生的实际学习能力，教师分层次选编基本巩固性练习、拓展性练习、综合性练习。在一节课完成 30 分钟的教学任务后，应配备难易程度不等的习题来巩固所学到的知识，不同层次的学生可以完成不同量的作业。调动学生学习的积极性，提高他们的成绩。同时教师批改作业可以用不同的方式，同桌互改，小组互改，全班轮换改等等。如果学生当堂不能完成，即用下午第 9 节课的时间来继续完成。我们要做到堂堂清、天天清。

3. 自习辅导分层（利用自习时间"把作业当考试"）：自习辅导分层要把作业当考试来完成，20 分钟作业，20 分钟讲评，在讲评时，可以以学生为主导，可以是一帮一的互评，也可以是五人小组互评，也可以是某一个学生在讲台上展示的评。不同层次的学生从学习内容、学习方法的指导都因人而异。对于 C 层的学生辅导要及时、细致、耐心；而 B 层的学生要加强检查、督促，注意反馈；对于 A 层的学生要定期、定时检查，加强课外辅导和设计实验的探讨和研究。如果达不到目标，晚自习后要留下学生来加以继续辅导，如果不能堂堂清、天天清，在周五放假的时候要和家长沟通留下来给其补习，老师按加班对待，学生收补课费用，做到周周清。

第三，关于招生。初中已经组织了三次"小升初"体验活动，每次活动都有进步，组织活动精益求精，因为大家的努力，初一已经录取74名学生，其中有32名学生缴费，而且这些学生都是精挑细选的优秀学生，为我们学校的下一步发展奠定了坚实的基础；高中于昨天组织了第一次"初升高"体验活动，共有43名学生参加（不包括本校初三学生），本次来的学生大多数是优秀的初三学生，我们这次录取了8名学生，崔艳军老师对初升高体验活动做出了比较详细的总结，希望下一次的"小升初"和"初升高"活动人更多，人气更旺，组织得更有序、更严密、更有效。我们不仅要招生，更要招质量好的学生。

第四，关于本周工作通报。高三学生晚上在宿舍活动室加班加点复习到12点，副班主任全程陪同；早晨跑操中学生进退操场秩序很好，跑步步调整齐一致，越来越有气势；中学在手机、头发等行为习惯上的管理越来越严格。

你们的战友：梁勇

第十四封信 生命线

各位老师、战友们：

　　本周我和大家继续谈几个重复的话题，一个是教育教学质量的问题，一个是课堂教学的问题，一个是招生的问题，一个是关于活动的问题。这几个问题是老生常谈的问题，更是我下一步非常关注的问题，请大家一定要认真对待！

　　教育教学质量（学生的考试成绩）是我们的生命线。提高教育教学质量是学校的主要任务，是学校的立校之本、发展之基。没有教育教学质量，一切都是空谈，有的人认为，素质教育就是不要考试成绩，纯粹是不懂教育者所言，包括中国在内的世界上任何国家在选拔人才时都需要考试，例如：雅思、托福、SAT、AP、A-Level 等等。申请任何一个国家的名校，都要看成绩，成绩是一个学校录取的必要条件，但不是充分条件，教育教学质量是教育工作始终不可偏离的生命线。下一步，我将带头深入教学第一线，参与各环节管理之中，坚持听课指导教学，亲自检查教师教案和学生作业，定期组织领导和教师进行教育教学质量分析，通过一张张统计图、一份份数据表来和老师们交流得与失，分析取得的进步和存在的问题，定期召开经验交流会或研讨会，沉下身子潜心研究教育教学，以实际行动当好促进教育教学质量提升的组织者、指导者、引领者，努力带出一个务实的中学集体、向上的中学集体、责任意识强的中学集体。同时，我会重视教科研工作，而且要亲自参与、了解情况、靠前指挥，形成宽松和谐、合作向上的教研氛围，进一步提高教师队伍素质，积极实施"名师工程"，建设一批骨干教师队伍。树立质量是本、质量是根、质量为先的质量意识。

课堂教学是我们的主阵地。课堂教学是实施素质教育的主阵地，希望我们能真正聚焦课堂，积极改革课堂教学的方式方法，使我们对学生的素质教育真正落到实处。如果课堂教学组织得不好，课堂教学的"主阵地"功用丧失，"实施素质教育"就会成为美丽的肥皂泡，色彩缤纷却可观而不可碰，轻轻一碰便会化为乌有。

我们有的教师谈起教学工作，便认为是我们的学生水平差、不好教。追根究底，造成这一认识的主要原因是我们把课堂教学的功能极大地"缩水"了。部分教师仅仅把传授知识或者是灌输知识当作唯一的目的，而不是把课堂教学当作一个平台，把学生获取知识的过程当作一个载体。正确的做法应该是通过课堂教学这个平台或载体激发学生的学习兴趣，培养学生的治学能力，提高学生科学思维的能力，潜移默化地引导学生积极参与，引导学生学会倾听，引导学生学会合作，引导学生懂得尊重他人……在课堂教学的过程中要注意培养学生的兴趣和自信，提高他们的思维品质，而且要重视在此过程中帮助学生养成学会参与、倾听、尊重、合作等做人的品质。我相信持之以恒这样去做，不仅能上探学生情感、态度和价值观的养成，而且必定能下求学生知识和技能的牢固，从而使课堂教学的"三维目标"真正幻化为灿烂的现实。

在实践的过程中，我们要冲破传统课堂教学模式的束缚，在此，我提出，课堂教学要努力实现四个"突破"、四个"着眼"：(1) 突破教材的束缚，着眼学生的实际；(2) 突破灌输式的束缚，着眼学生能力的培养；(3) 突破所谓标准答案的束缚，着眼学生知识形成的过程；(4) 突破课堂固化的束缚，着眼学生思维的发展。课堂教学改革的总原则是要体现学生在课堂教学中的参与性、自主性、交互性和创造性，真正着眼学生素质的提高。

希望每个人都把自身的课堂教学模式总结出来，在五一放假前把电子版交到教学处，并按相关要求调整好格式，压缩打包后发至我的邮箱，我将亲自过目。五一过后，我将听课了解大家所写与所说的是否一致（这是在 4 月 20 日的会议上布置过的）。

招生工作是我们当下最重要的工作。从 3 月 19 日到目前，我们已经组织了 4 次小升初体验活动（共录取了 91 名学生，目前已有 37 人缴费），一次初升高体验活动（录取了 8+2 名学生）。总的来说，这 5 次活动组织严密，达到了预期效果。对于这几次的活动，刘文忠老师表示高度的认可，并总结道："大家接待热情周到，与家长交流耐心真诚，与家长学生共同拓展，其乐融融，其情其行感人至深。"大家能感觉到，我们录取的学生、家长们素质高，质量好，这也将为我们学部的下一步的发展奠定良好的基础。

特别要说的是在我们这5次的体验活动中，招生办和信息中心的老师们全程参与、无怨无悔、次次不落，我们学校的全体老师应该向这两个部门表示真诚的感谢，给他们鞠躬深谢！后勤部门的车队、餐厅和总务给予大力支持和保障，在此，也向他们表示真诚的感谢，给他们鞠躬深谢！更应该表扬的是徐永锐和吴春仕老师，每周都主动外出拓展，目标性强，针对性强，为体验活动的成功举办做出了卓越的贡献，在此，给予特别表扬！希望我们学校的老师们主动拓展，介绍学生来参加体验或者考试，为学部的发展尽自己的力量。初三的石庆珍老师给我们介绍了中德学生，刘秀灿老师给我们介绍了廊坊学生，他们带着初三毕业班，心系招生，精神可贵，这就是主人翁精神的具体体现。

此外，学部的活动要少而精：我们的活动的确是有点多和乱，没有章法，这主要是没有计划性随意而为导致的，以后我们的活动一定要有计划，计划内的活动我们就组织，计划外的活动大家有权利拒绝参加，学部的活动要持之以恒，比如每月一次的我们学校师生共同参与的国学活动（国学课程），每月一次的国际文化、开阔视野的报告会（国际课程），初中部每月一次的主题月教育活动（品格教育植入艺术元素），这三个活动，内容要丰富，形式要新颖，组织要有序，让学生们在活动中能有收获，能够感动，在活动中提高品质，开阔眼界，真正实现活动的目标。

你们的战友：梁勇

✈ 2010 年 5 月 3 日

第十五封信 请保持你的教育情怀

各位老师、战友们：

我把"教育教学质量是学校的生命线""课堂教学是教育的主阵地"作为每一封信的页眉和页脚，表示我对"教育教学质量"和"课堂教学"的关注。请大家一定要把"教育教学质量"和"课堂教学"作为最最重要的工作来落实。

第一，关于课堂教学的问题。上一周，我给大家布置了一道作业：希望每个人都把自己的课堂教学模式总结出来，在五一放假前把电子版交到教学处，请按相关要求打包发我邮箱，我将亲自过目。五一过后，听课了解你写的与你说的是否一致的（这是在 4 月 20 日的会议上布置过的）。这个作业有的老师完成得很好，比如高中的薛志辉、于美荣、于佳、梁辰、付和平、刘丽华、宋和平、刘芳、李建文、闫兴华、闫小花、巴小雅老师；初中的郭伟老师（只交了郭伟一份）完成得很好，把自己多年积累的课堂教学经验做了很好的总结分析和提炼；有的老师上交了作业，却没有详细地说明和分析，读而不知其义；而有的老师没有按时上交，请学部领导关注。课堂教学的工作都不重视，还有什么比课堂教学更重要的工作吗？还有什么比教育教学质量更重要的吗？请没有上交的老师忙里偷闲总结完成你的课堂教学特点，毕竟总结提炼也是一次自我升华！

第二，大家要领会全校教职员工会议精神。今晚召开的全校教职工会议，关校长以《让学校更有文化，让学校人更有思想——从教育阅读谈起》为主题对前一阶段的工作做了总结，对下一阶段的工作做了统一安排和部署，强调了课堂、课程和课题，强调了学校文化和宿舍文化，着重强调了导师工作和家校沟通工作，特别是对"阅读"做了很好的解释，请大家认真学习并领会其要义。关校长说：教师的教育情怀与教育力量、教师的专业尊严与专业价值、教师的灵性与智慧、教师的秩序与自由都蕴藏在阅读中；教育阅读是为了孩子的阅读，是教师和学生共生共长的阅读。关校长强调：不管怎样，总要读书。未来不是我们要去的地方，而是一个我们要去创造的地方。阅读应该成为教师成长的生命节律和精神高地；不管怎样，读书吧！不要为自己找理由，挤出二十分钟的时间读书吧！我们要带头开始阅读，然后影响我们的学生也学会阅读，让阅读成为孩子们终身的习惯吧！号召我们的家长和孩子一起读书吧！我们若想做得更优秀，就需要智慧、文化、思想的支撑。所以，不管怎样，读书吧！如此，我们学校才会有文化的力量支撑，才会有智慧的思想引领，我们才会走得更好，才能与众不同。

关校长还引用苏霍姆林斯基、丘吉尔首相等古今中外名人言语和案例证明读书的重要性。苏霍姆林斯基曾说："学校教育的缺点之一，就是没有那种占据学生的全部理智和心灵的真正的阅读。"丘吉尔首相曾说："宁可失去一个印度，也不能失去一个莎士比亚。一个民族之所以伟大，是因为有它的文化；一个人之所以高贵，也是来自他的文化素养。素养怎么来？阅读。"古语云："舌根生智慧""每日必读，读则必进，进则必思，思则必悟。"他还举例："南京师大附中校史馆存的 20 世纪 30 年代的一份教师进修计划：读书。首先读与任教学科无关的书，其次读与任教学科距离较近的书，最后读学科方面的书。任何领域的书都会对教育有用。"老师们，让我们和孩子们、家长们一起阅读，让阅读成为我们的习惯！让阅读丰富我们的思想，滋养我们的智慧，温暖我们的人生。

第三，"安全工作大于天（警钟长鸣），招生工作生命线（常抓不懈）"：在会议上，我对"安全工作"和"招生工作"做了具体部署和动员，根据学校的部署，大家一定要理解学校采取的一系列安全举措。无论是家属和亲朋好友到校来访的管理，还是对私家车的严格管理，都是为了学校的安全，也是为了我们自身的安全，请大家积极配合学校的工作；为了学校的发展，请大家一定要积极参与招生，因为招生关系到学校的生存与发展。生源，特别是优秀生源，是学校发展的重要保证。本周我们学校又有初升高体验活动，下周又有小升初体验活动，请相关人员提前策划，争取把这两周的体验活动组织得比前几次的体验活动更有序、更严谨、更高效。

第四，关于艺体和国学。我们学校一直强调艺体、英语和国学是我们学部的特色。在今晚的会议上，魏老师对5月份"艺术月"活动做了详细的安排，请大家积极参与，在活动的同时教育学生，让学生从活动中能有所收获。如果学生的中学生活充满艺术，必将对他的未来带来很好的影响。3月份和4月份我们学习了《弟子规》和《大学》，中学部的师生们都积极参与背诵，虽然没有预期的好，但是能有这样的效果，已经很是不错了。因为大家都有了学习国学的意识，我们要继续在早读的时候要求学生背诵，我们自己也要在忙里偷闲背诵学习，《四书五经》在学校中学阶段（3—5年）内一定要完成，因为这对学生的未来发展大有益处。5月份和6月份我们即将学习《中庸》，本周刘虹霞和田雷老师将会把《中庸》的学习材料发给大家，6月底将根据要求继续组织《中庸》的背诵比赛，让更多的学生参与进来。暑假作业就是巩固背诵《弟子规》《大学》《中庸》，要求家长监督，开学后要认真检查落实。下学期和下学年，我们将主要学习《道德经》《论语》《孟子》，让国学学习伴随我们3～5年，然后再循环往复。

你们的战友：梁勇

第十六封信 只要努力，一切都能做好

各位老师、战友们：

本周我和大家谈几个问题：第一是关于我们的信念，要始终坚信：只要努力，一切都能做好；第二是关于家长会、家校沟通和导师的工作；第三是关于招生的问题；第四是关于课堂改革的问题，最后是工作通报。

第一，只要努力，一切都能做好。上周我们组织了以"唱响我校——班班有歌声"为主题的活动，整个活动让我非常感动，如果用一个词来形容的话，那就是很震撼。"太棒了！""棒极了！""太精彩了！""精彩极了！"用这些词来描述当天晚上的情景，一点都不夸张，我们的学生们在近一个半小时的时间里动静结合、内外兼修、文理兼备，更重要的是每个班级的创意都丰富多彩，各个班级都具有新颖的想法。

让我特别感动和记忆犹新的是高一（3）班每个同学的全身心投入，那是一种闪光的震撼，是破旧立新的创造与良好人性的体现。虽然最终他们没有获得一等奖，但是在我心中他们的精彩表现却比一等奖的分量更重！初一（1）班是从宏观到微观的表现形式、点题造势的把握和画龙点睛的方法；高一（1）班则是跳出庐山之外的思路，超越自我、超越常规的导引；初二（1）班以打破常规来体现本班的精神风貌；初二（2）班以导引递进升华的方式来体现本班的向心力；高一（1）班是一种智能拓展，体现了其丰厚的文化底蕴；初一（2）班是思想库、是智囊团的能量释放，以团结协作体现了整个班级的凝聚力；高一（2）班是将深度情感与理性思考相结合并用舞台实践来反映，是学生们思维碰撞、智慧对接的结果；初一（3）班的孩子们在内敛中又闪现着追求向上的积极性和主动性。在这里，我要向为此次活动的顺利开展付出心血与努力的班主任老师们和孩子们表示感谢与高度的认可，同时也要感谢艺体中心的大力帮助和指导、德育处的配合与协助，以及对参与此次活动的科任老师和副班主任们给予我发自内心的感谢和表扬！

第二，关于家长会、家校沟通和导师工作。上周五我们学校召开了家长会，比较圆满。有部分家长找我沟通，提出有两点不太满意，第一点是对某些学科的成绩不太满意，第二点是对导师与家校沟通不太满意。客观来说，我们的家长真的很好，他们的要求并不是很多，也不是很高，对学校很少有不合理或者额外的要求，我们的家长大多都非常支持学校、理解学校，即使孩子们只有一点点的进步，大多数的家长都会对学校持一种感恩、感谢的态度。我们应该反思，我们做的是不是不够好，有些科目的教学成绩，的确是没法跟家长交代，有的导师在半学期内连一次家校沟通都没有，既无电话，也无信息，连留言也没有。我们一定要认识到，家校沟通工作是民办学校最重要的工作之一，只要沟通得好，家长是会理解学校的。

第三，关于招生工作。招生工作是我每封信必谈的工作，请大家务必要关注学校的招生，有意识地去招生拓展，你不经意间的一句话就可能招来一个学生，你不经意间的一句话或者一个行为也可能会让一个学生对学校不满意而转学。所以，对于我们民办学校来说，要时刻谨记："无时不招生，无人不招生，无处不招生，保生比招生更重要。"

第四，关于课堂教学改革工作。我每封信必用大量篇幅与大家交流这方面的工作，大家有必要揣摩一下我的用意。课堂教学改革势在必行，锐不可当，改也得改，不改也得改，课堂教学模式确定之后，"助学稿"和"分组"是我们改革的切入点和载体，希望大家抽时间学习一下贺斌教授关于课堂教学改革的资料，并请大家在学习参考的基础上，继承和发扬的前提下，结合我们学校的实际情况，创造性地设计出适合我们学校的课堂教学模式。本周二下午四点，贺斌教授将会来到我们学校与教研组长沟通，本周三或周四将会邀请一个英语特级教师（英语教学专家）来我们学校听课、评课、做课和交流，希望老师们以学习的态度和谦虚的精神对待学校"请进来"的做法和思路。

你们的战友：梁勇

第十七封信 "情"和"理"

各位老师、战友们:

本周我和大家谈几个问题,教育教学成绩、班级管理和全员考核的话题,课堂和招生也是我必谈的话题,最后是工作通报。

第一,关于教育教学质量。在教育教学质量这个问题上,我要特别指出一点:教学成绩绝对不能出问题,这是最起码的底线。各位老师都应该从各种信号中体会到学校对教学成绩的重视,无论是谁,若教学成绩有问题,一定要承担责任,没有任何理由,没有任何借口。学校活动多、学生基础差、学生没有学习动机、学生没有学习兴趣……这些都是客观存在的事实,但是我们必须接受并承认这个事实。抱怨没有任何作用,只有通过想办法提高课堂教学效率,提升学生对课堂教学的兴趣来改变这些现象。教育教学质量是学校生存与发展的生命线,教育教学工作是学校的中心工作,也是老师的本职工作,我们绝对不能顾此失彼!

第二,关于班级管理和班主任工作。班主任工作是学校最重要的工作,所以学校非常重视班主任队伍建设,班主任也是学校最重要的力量,我们可以推理一下,如果我们学部的每个班级都自主管理好了,那么我们学部就好了;如果我们学校的每个学部都管理好了，那么我们学校就好了。民办学校的教师很辛苦，班主任工作更辛苦，更让人尊敬！班主任工作不是一个概念，而是一个反复操练的过程，而这个过程应立足"情感"，讲究"激励"，注重"人文化教育"。

"情"比"理"更容易让人接受。"水击石则鸣，人激志则宏。"巧妙运用"激励"措施，往往会收到"事半功倍"的效果。一切良好的教育都是"以情动人"。伟大的教育家陶行知先生说过"真的教育是心心相印的活动，唯独从心里发出来，才能达到心的深处。"作为班主任，必须富有爱心，"爱心"像阳光。愿我们每位教师都能成为散布阳光的太阳。如果说教师的人格力量是一种无穷的榜样力量，那么，教师的爱心就是成功教育的动力源。爱就在生活中，就在不经意中，这种不刻意营造的爱若能走进学生心田，就会起到润物细无声的伟大作用。我们的学生在社会和相对成功的家庭影响下，脾气、秉性各不相同，性格也千差万别，反映到集体中，有的学生热情奔放，有的沉默寡言，有的遇事开朗，有的则顾虑重重……面对形形色色的学生，只有发自内心地了解他们、爱他们，才能走进每一个学生的内心世界，才能在今后的学习和生活中给予他们最好的帮助。

对于班内纪律懒散、成绩不太理想的同学，我们不能放其不管、听之任之，有的老师用一些强硬的手段将其"降服"也不是好办法。对于这些学生，要了解他们内心的想法，以及深入分析导致他们现状的原因是最重要的。我们要想办法用积极的思想去攻击他们意识里最薄弱的地方，让他们真正认识到自己的不足并真心改正。其实，对于这些被老师冷落惯了的同学，一声关切的问候会使他倍感温暖；精神上的一点鼓励会使他奋发向上。但是，对于这样的同学必须时时关注，隔几天就要敲敲警钟，防止他再回到老路上去。当看到这些同学有了进步，我由衷地感到高兴，我忽然间体会到了教育的伟大，我也相信，在今后的生活中，只要大家继续努力，我们定会带着他们走向一个更高的台阶。特别提醒各位班主任，即使一个再有精力、再有能力的班主任也不可能一天二十四小时守在班里，因此，巧用班干部是必须的。班干部就是老师的无数双眼睛。我们德育处和班主任要加强对班干部和学生会及团干部的培养和培训，充分调动他们的积极性和主动性，实现自我管理的目的。

第三，关于全员考核。我们不仅要重视对班主任的考核，更要重视对科任老师和学生的考核。

第四，关于招生工作。5月12日下午我们举办了新初一录取学生的家长和老师见面会，见面会举办得很成功，远远超出了我的预期，我引用老师和家长的话来总结一下这次活动：有的老师说："活动太有创意了，太精彩了！"有的老师说："让家长选择我们太刺激了，如果我们不自信，不能充分展示我们的实力，那就会面临着淘汰。"有的老师说："竞争太残酷了，有这样的体验活动，我们才能真正认识自己。"还有的老师说："有选择的教育才是充满人性化的教育。"有的家长说："你们四个班都很优秀，我们都不知道应该选择哪一个班了！"有的家长说："这样大胆的选择，的确是学校实力和自信的象征。"有一个家长给我发来信息，说道："梁校长，您好！小升初家长见面会办得非常好！非常有创意！让人耳目一新，我们也经过充分考虑为孩子选择了适合他的班级，谢谢你们给我们提供了一个与老师面对面认识和交流的机会。祝安好！——孙哲"。

通过这次活动，我们共计招生 60 人，提前完成了 5 月份的预定招生目标，数字和老师及家长的评价就是对此次活动最好的总结。我只能说，我们的团队正在从优秀走向卓越！我还要提醒我们的团队，我们不能妒忌他人的优秀，只有欣赏别人的优秀，学会取人之长，补己之短，一个人的成功与否在于他的胸怀是不是宽广，思想是不是高远，是不是能向周围的人学习，是不是能互相补台而不是相互拆台。请大家切记："创意和团队可以解决任何问题！"

你们的战友：梁勇

第十八封信 创业艰难辛苦多

各位老师、战友们：

　　大家好，因为我明天早上 5:30 将带队去美国参加比赛，这几天忙于杂事，还没有来得及收拾和准备赴美的行李，今天的信只是提醒大家两件事情，请全体关注。等我去美国之后，会在第一时间把在美国的所见、所闻、所感发给大家，与大家一起分享。

　　第一，从现在起到期末止，要让学生安静、安宁。5 月是艺术月，上周是校庆周，学生们在艺术月当中参加了"校园十佳歌手赛""校园钢琴比赛""班班有歌声比赛"，通过亲身体验和参与，学生们饱尝艺术大餐，感受了艺术的魅力，享受了艺术的盛宴，提高了艺术的品位。但是，也正是因为本周活动较多，学生们稍有浮躁，变得不安静、不安宁，头发长了，自习乱了，玩手机的问题又有所反弹，请全体关注，德育处牵头抓，班主任重点管，导师加强导，从本周开始到期末考试，我们的活动要少而又少，精而又精，集中精力抓学习，聚精会神抓常规，除此之外，想方设法提高自己的课堂效率。初三一定要把中考工作抓好，高三一定要把高考工作做好，初一、初二和高一、高二一定要重视期末考试。我去美国这段时间期间，关校长将兼管我们学校，会关注学部的动态，老师们有什么问题可以找学部主任或找相关校长沟通，也可以发邮件的形式与我沟通，希望大家做到梁勇在与梁勇不在一个样。等我从美国回来之后，我将给大家做一个《美国美还是不美》的报告。

第二，招生工作要冲刺。一是高一招生咨询量已经增加，要继续抓紧，争取在中考前录取或者预录取更多的学生，100人为录取或者预录取的目标；二是高考复习班招生要提前策划，尽可能早地收集高三学生的信息，早做准备与打算。同时，8月份要早开学，争取为招到优秀的复读生而努力；三是初中招生，在我回来之前力争到达到80人缴费。同时，把初、高中的毕业典礼策划及7月15日的新生适应性训练策划好，我相信初中部和高中部都会超越我的预期，加油，我们学校！我们学校，加油！让我们师生共勉励，同进步！

你们的战友：梁勇

2010 年 5 月 31 日

第十九封信 旅行记

各位老师、战友们：

现在是美国首都华盛顿时间 2010 年 5 月 31 日晚上 12:01，我在给大家写信。

我上周一早晨 5 点钟起床，五点半与艺体中心的刘楠机老师及郑方怡的家长方霞女士一起带 DI 小分队的学生准时从学校出发，在信息中心 5 个年轻人的护送下到机场飞赴美国。

出差已经有一周的时间了，自从来到美国之后，每天吃着汉堡，喝着可乐，刚来的前几天感觉还不错，但是到了第三天身体就开始不舒服了，嘴唇发痛，拉肚子，睡不好觉，而且现在还带着倒时差的疲倦，这几名学生来到美国之后非常兴奋，很让人费心，但是我还是愿意写下这种记忆与大家分享，更因为这种经历值得记录下来。

虽然我人在美国，但是我始终心系着我们学校。咱们中学部初一交费有 72 人，大家还需努力把 6 月 5 日的小升初工作做好、做实、做细，争取在 7 月 15 日适应性训练以前达到预期目标，按时开学进行适应性训练。无论是生活区建设，还是学部活动，我都在关注。高中的文综教研、数学教研、英语教研及初中开展的"站在圆明园的废墟上"的活动，都开展得非常好，我很欣慰！另外，在两操和国学活动方面，大家坚持得也很好！望继续努力！大家辛苦了，谢谢！

你们的战友：梁勇

于美国首都华盛顿

第二十封信 远方的牵挂与祝福

各位老师、战友们：

我现在在美国纽约飞往日本东京的 DL173 飞机上给你们写本学期第十五周的信，现在是美国时间 6 月 6 日下午 16:40（周日），中国时间应该是 6 月 7 日凌晨 4:40（周一），飞机将于中国时间周一下午 17:05 抵达日本，在日本东京成田机场短暂停留后于当晚飞北京，大约 22:30 到达北京。这次飞行是追着太阳在飞，即将能够见到你们，我很是开心与激动。我给你们每个人带了一张美国的明信片，我将为你们每一个人写一句祝福，送给你们，礼物虽小，蕴含着我对你们的牵挂和思念，寄托着我对你们的爱和良好祝愿。

你们早晨起床后，我们高三的学生即走进考场，我甚为牵挂，在登机前我给康庆老师发信息："高三学生一切正常吧？要保证学生的营养和充足的睡眠，您和高三的师生们辛苦了，代我向高三战友们鼓劲加油，祝他们高考成功，金榜题名！"康老师立即回复："一切都好，都已安排妥当，您的祝福我一定带到，在外注意安全，等您回来喝庆功酒。"大洋此岸和彼岸信息沟通之后才得以安慰！孩子们在参加考试的时候，我在太平洋的万米高空中为他们祈祷与祝福！让我们一起为高三的学子们祈祷与祝福。

我在美国的两周并非你们想象得那般美好，我在美国并不轻松，虽然见识了许多，开阔了视野，但是因为带着学生，所以始终在为他们的安全而操心。通过这两周和学生近距离的接触我更理解了我们老师特别是班主任老师的辛苦和不易。两周来，通过亲自带学生、管学生，我把我们的学生和其他学校的孩子进行比较，我想说以下几点：

第一，孩子们自信，视野开阔，敢于发表自己的见解和主张，甚至于敢于为捍卫自身的正当利益而据理力争，敢于用自己的观点对事物进行批判性思维和理论。这一点，值得肯定。

第二，和美国的孩子及大庆外国语学校的孩子们比较起来，我们的孩子秩序感不太好。我们的孩子团队意识不强，喜欢特立独行，感恩意识和他人意识淡漠，要求别人为自己做得多而想别人少，甚至于以自我为中心，不顾周围人的感受和感觉。在文明礼貌方面，我们更应该向美国的孩子学习（我在日记中会认真反思和剖析），希望我们一起探讨怎么样可以让我们的孩子更优秀，当走出国门站在国际舞台上的时候毫不逊色。

第三，我们的孩子家庭富足，父母为孩子们创造了比较好的学习和生活条件，其实是一件很好的事情。从教育的角度，似乎"富门寒教"更是一笔教育财富，也许是因为他们从小在家不唯父母是听，在花钱问题上不太节制，我们应该和家长沟通，要延迟孩子们欲望的满足，培养他们的节俭意识，因为"俭可以养德"，是我们中华民族的传统美德与优良品质。

第四，培养孩子的品格很重要。无论孩子们学习多么优秀，个性多么张扬，如果品格不健全，习惯没有养成，我们的教育就是失败的教育。我们学校有"12个品格月"的教育，每月第一周的升旗仪式上也都有启动仪式，月底也有品格月主题活动，我希望我们在品格和习惯的培养上要开动脑筋，落实在学生的行为之上，内化成学生的品质。如果一个孩子有杰出的品质，良好的习惯，那么他的未来一定是美好的。

第五，抓学习成绩不等于应试教育，我仔细观察了美国的学生，并且利用了一切机会和一些在美国旅居多年的华人交流沟通，我吃惊地发现：与我们所认为的美国中学教育逍遥轻松的印象相反，许多美国的初中学生为了能进入一所好的高中院校，很是用功学习，他们除了学习之外，还会利用一切课余时间参加各种活动和社团，因为高中录取的标准除成绩之外，还有社会实践。而美国的许多高中学生一天只睡六七个小时的大有人在，就是为了能上更好的大学，在美国的有些地区，上高中比上大学还难。他们的课堂是开放的、对话式的、互动式的，他们的课堂是自主的，这一点真的值得我们好好学习！！！

以上五点是我这几天通过直接带领和管理学生而产生的一些心得体会，仅为随笔。如果有更好的观点，我愿意和大家共同交流探讨，只要是为了教育，我愿意听到更多的声音。因为飞机上没有网络，昨天晚上住的宾馆的网络也不是很畅通，所以等到抵达东京之后，如果有无线网络能上网，我会在东京把我在美国期间写的信发给大家。如果网络不畅通，那就等我回到北京后再发给大家。

你们的战友：梁勇

于 DL173 飞机 62 排 H 座

美国时间：2010 年 6 月 6 日（周日）18 时 36 分

中国时间：2010 年 6 月 7 日（周一）06 时 36 分

2010 年 6 月 13 日

第二十一封信 寓教于乐，科学施教

各位老师、战友们：

　　从美国回来已经有一段时间了，回来时恰逢高考和高三毕业典礼举办期间，能感觉到同学们的精神状态非常不错。高三的毕业典礼，组织得严密而有序，虽有美中不足，但是在没有彩排的情况下，能够如此圆满，我真的很是满足。在此，对宋和平老师、钱欣老师、崔艳军老师牵头策划、组织、落实和执行工作表示真诚的感谢。为此，崔艳军老师还写了《高中部 2010 年毕业典礼总结》。希望初中部加以借鉴和参考，争取把初三的毕业典礼组织好，给学生们一个美好的记忆，凡事都应该有良好的开头和完美的结局。高考已经结束，高三老师去厦门考察学习，同时放松一下身心。预祝他们旅行愉快，平安返程。

下一周，工作任务繁重，初中还有小升初体验活动，高中即将拉开复读班招生序幕，高中和初中都有公开课展示活动，还有初三的毕业典礼和初三的中考，希望初中德育处的江承明老师、徐永锐老师，高中德育处的宋和平老师和招生办协调把小升初体验活动开展得有声有色，把复读班招生工作尽快开展起来，争取在7月15日那天初一适应性训练人数突破100人，在7月底前复读班能正式满员开课。希望初中和高中的教务处把期末的公开课展示活动组织好、展示好，刘文忠老师和康庆老师给予大力支持和关注。

进入6月份的这段时间，临近期末，诸事繁杂，请大家静心把各自的工作做好，不能有浮躁之举。随着高考、中考的陆续进行，其他年级的学生也感觉学期结束脚步的临近，很多学生出现纪律涣散、学风不端、作业完不成、上课不听课、大脑不思考等学习问题，对自己的要求放松。老师也抱怨学生越来越难管理，布置的作业不做，抄袭作业风气渐现，混日子的现象有抬头之势，与老师产生矛盾的甚至不服从管理的学生时有发生。那么，怎么解决临近期末的这种现象呢？我提几点要求：

一、班主任要加大管理力度。班主任是班级的核心，是引领学生精神世界的领袖人物，班主任的工作要做到前头，思想上要更严格，不能给学生留下班主任老师都放松了的错觉，日常管理要事无巨细，让学生感觉到：咱们班主任比以前更严格了，更细致了，要求更高了，来得更早了，坐班更多了，对卫生的检查更频繁了，对作业要求更规范了。对学生的思想工作要做到提前安抚，很多学生对自己的放松源于看老师的脸色，他们心里觉得老师最近不太管他们了，所以班主任的思想工作需要强化，将表现突出优异的学生树为榜样，让全班学生有学习的典型，灵魂人物的出现会使学生模仿，促使学生不断自我强化、自我加压、自我赶超。对于出现思想松动的学生，班主任要早发现、早做工作，把问题消化在萌芽状态，可以谈话，找同学谈心，了解思想深处的问题所在，有针对性地解决问题。最后要取得家长的支持，常与家长联系，利用我校的家校沟通平台多与家长沟通，让家长及时了解孩子在学校的近期表现，同时老师也及时了解孩子在家的表现，建立家校互信的机制，让孩子时刻处在被关怀、被爱护、被爱包围的环境中。

二、任课老师要对自己的课堂负责。任课老师要和班主任及时沟通了解，有针对性地解决学生思想上的问题，对学生负责。能自己解决的问题绝不推给班主任，不能解决的问题要向班主任提出科学的意见和建议，使教育形成合力。最重要的一点是任课老师要精心备课，让课堂更有吸引力，让学生更有兴趣。很多老师到了期末阶段就是做题、讲题、订正错题，一遍又一遍，一张又一张，反反复复、周而复始，学生变成了做题的机器，兴趣荡然无存，哪来的心情去探索呢？所以老师要精心备课，挖掘教材的知识性、趣味性，把枯燥无味的题库变成智慧的仓库。同时，要加大反馈的环节检查，及时调整教学策略，对于布置的任务一定要有要求、有检查、有落实、有记录、有补教补学的措施。

事实证明：很多学生厌学是因为临近期末各个学科的作业量太大造成的。作业量大，机械重复，让学生仅存的一点学习兴趣在翻来覆去的题海中消耗殆尽，留下的就是应付消沉和懈怠。解决好这一问题的关键是为学生的发展优化策略，不能一味地为眼前的功利扼杀学生的学习后劲。只要各科老师齐心合力，为学生的发展去着想，为学生的成长做铺垫，做好学生的思想工作，对照自己所教的学科，寓教于乐，科学施教，我想临近期末的学风会更浓。

另外，我从美国回来时给大家每个人带的明信片上的祝福语还没有写完，争取在期末写完送给你们，礼物虽小，寄托着我对你们的爱和良好祝愿。

你们的战友：梁勇

第二十二封信 做什么样的老师

各位老师、战友们：

在现在这样一个高速发展的社会中，许多人难免拒绝这样或者那样的诱惑，在各种会议或者不同的场合，我经常跟大家说道："选择了教育就是选择了贫穷，选择了教育就是选择了奉献，选择了教育就是选择了辛苦并快乐着……"今天的信，我与大家主要交流一下"我们到底应该做什么样的老师"的话题。

第一，做自尊自信的教师。一个人，不是有多少钱就有多少成就。身边有人中奖 500 万元，你会羡慕，但内心不会产生敬重，敬重和羡慕是两回事。我们敬重功成名就的企业家，并不是因为他拥有雄厚的资产，而是因为他在打拼企业的过程中表现出来的卓越才能，以及他的企业为社会做出的实实在在的贡献。人生的成就，重在"有为"而非"有钱"，尽管没有钱是万万不能的。作为一名教师，完全可以成为一名受人敬重的"有为者"。我们每教一个班级，就为一批孩子一批父母一批家庭做出了实实在在的"为"，我们教书育人一辈子，就做了一辈子实实在在的"有为"事。不管经济大潮如何席卷而下，面对人生，请自尊自信：我，能成为大写的"有为"之人。

第二，做富有勇气的教师。课堂之于老师，犹如舞台之于演员，一个教师，对课堂应该有着一种展示的冲动和欲望，有此情结，教学才会给人以美感和幸福感。勇者无敌，成功其实很简单：面对一项实验，能勇敢面对；受邀请进行大会交流，你勇敢地接受；有论文比赛，你勇敢地参与；交给你一个乱班，你勇敢地接受。每一次的接受，或许都是一次阵痛，但同时也是一次无可抵挡的成长。告诉你，成长的代价就是接受挑战，此刻，你不妨扪心自问：我用勇气接受了几次工作的挑战、生命价值的挑战呢？是否有勇气接受挑战，实际上就是"主动"与"被动"的两种人生态度。

第三，做脚踏实地的教师。在我看来，一个有奋斗感的教师，一定是个脚踏实地的教师，一个踏地而行的教师，一定是个愿意把教育中的小事做好的教师。教育本无所谓惊天动地，也正因如此，每一个教师只要投入工作，都能把这样的小事做好、做到位。每一个把这样的小事做好的教师，就是中国教育的脊梁，大家一起来把教育中的小事做好、做到位，就能把中国教育的大事做得让政府放心、让老百姓满意。当你尽力把教育的小事做好时，你就做起了真正的教育——我不是说纯粹指向于分数的教育，真正的教育、能影响到人的教育，往往就蕴藏于那些很小的小事之中。老师们，你不妨回忆一下，印象中老师对你留下的永不磨灭的东西，就是那些不经意间的小事：一次简短平和的谈话，一个举动，一个眼神，一个期望，一个微笑，饱含着教师浓浓的真情，传递出师生间短距离心灵交流的火花，经由这些小事，教育进入人的心灵，持续影响着人的一生。世上原本就没有什么惊天动地的伟业等着我们去做，世上等我们去做的都是些小事情。一个真正做大事的人，当他做大事的时候，一定会觉得像是做一件小事，举重若轻，这才是真正做大事的人应有的风范。而这样一种意志和能力，正是集腋成裘、聚沙成塔般积累而成。教育原本也不是什么惊天动地的伟业，教育只是一些小事，教育只有一些微不足道、平平淡淡不成体系的片段或细节，每天你微笑着对待孩子，每天都摸一摸孩子的脑袋，每天你都和孩子亲密地接触一下，每天你都准备好了去上课，每天你都想一想教得怎么样，每天你都记下点教育的轨迹，每天你都做着这些小事，几年后，你将肩负起学校的一些管理与改革上的重任，便是顺理成章的了。

第四，做耐得住寂寞的教师。人走向成功的过程其实就是自我价值实现的过程。这种自我价值的实现是艰辛的，是一个人勤奋努力地工作，用自己的能力干出一番周围人认可的成绩，并获得大家尊重的过程。谁都无法跳过这个"艰辛"，如果你想跳过这个"艰辛"，那么你得到的最多是表面的尊重，背后却是不屑和鄙夷。用自己的力量成长，既要扛得住教育探索的艰辛，又要耐得住教育研究的寂寞。一个真正的教师，他会沉浸在别人以为的寂寞无聊中，乐此不疲，像周国平所说的"丰富的安静"。在我看来，不管是太空年代，还是新人类时代，教育都要拒绝浮躁，都要静下心来，任何虚浮的行为，只能导致教育的失误乃至失败。成长需要忍耐，全世界的人都看得到运动健儿在奥运会上的荣耀，但是，又有多少人看到了他们背后所付出的、常人难以忍受的艰辛与寂寞呢？

第五，做永不放弃的教师。1948年，丘吉尔应邀在牛津大学举办的主题为"成功秘诀"的讲座上发言。演讲那天，会场上人山人海，全世界各大新闻机构的记者都到了。丘吉尔用手势止住大家雷鸣般的掌声，说"我的成功秘诀有三个：第一是决不放弃；第二是决不、决不放弃；第三是决不、绝不能放弃！我的演讲结束了。"说完他走下了讲台，会场上沉默一分钟后，爆发出经久不息的热烈掌声。

丘吉尔的演讲简短但发人深省，人的追求，起初激情洋溢，仿佛有使不完的劲儿，结果成功，锦上添花的支持者会有很多。最难的是中间那段奋斗，那段需要"决不、决不、决不放弃"的坚韧岁月。这段日子，确实会有很多迷惘、很多困难、很多意外，但很多时候，不是走向成功的路异常泥泞、艰辛，而是我们自以为走不过去了，以为前面那个困难大得难以想象——不错，前进路上的很多困难，正是从我们心里生出来的，这把心里的锁，把我们锁得透不过气来，把我们锁得心力交瘁——从而一次又一次地放弃了。其实，那个困难只是个气球，看起来很大，只要你走过去，它就会被你呼啸而来的风给吹跑了。你要坚信，所有困难加起来，都不如我们"人"能够想出来的克服困难的办法多。

年轻的老师们，请不要放弃，不要在5年内放弃。朝着奋斗的目标，坚持做上5年，你一定会做出拥有自己的一片教育的天空。

我们教一门功课，带一个班级，认真地坚持做上5年，研究上5年，一定能够出成绩。这5年里，你也可以选择某个内容，作为教育教学上的一个点进行突破性研究。如果你是一位班主任，可以研究班队活动，或是班集体建设，或是晨会课，或是和后进学生的谈话等等；如果你是一位语文老师，你可以研究阅读教学，或是研究作文教学，或是研究课外阅读，或是研究写字教学，或是研究识字教学，或是研究提前读写等等，先把这个点做好，做出自己的特色来，再迁移或拓展。我想再次请你记住的是，这5年里，不管发生怎样的困难，你都要"决不、决不、决不放弃"。5年，并不是很长。我坚信，5年能给你带来一个全新的教育人生。

记得我做"我的作文革命"时，也遇到了各种各样的困难。起初，我们办的是手抄作文周报，但效果很不理想，一是因为小组轮流手写出版，速度慢，也难以正常出版；二是容量太小，只能写下四五篇习作，不能使更多的学生获得成功的感受，也不能形成一个"我写、我能"的氛围；三是耗时太多，从版式到写字插图，一张手抄报耗费学生大量的课外时间；四是手抄报只能出一张，无法让每个学生都拥有，也就是说，这张报纸，其实"假"得很。现在想来，斯蒂芬孙的故事对我启迪很大。1814年斯蒂芬孙制造出世界上第一辆蒸汽机车，它丑陋笨重，速度赶不上马车，周围人嘲笑他制造出了一个笨重的丑八怪。斯蒂芬孙没有后退，他坚信机车有着马车无法媲美的优势。他不断实验，不断改进，近两百年过去了，我们都知道，高速火车的速度已经超过了每小时300千米，而马车，还是那么点劲儿。我也坚信，写作就是人的另一张说话的嘴巴，是一种别样的自我展示，搭建一个展示的平台，让学生在平台上对话，在对话中作文，是具有生命价值的。不久，学校配备了电脑房和"一体机"。我立刻想到，依托先进科技，办班级作文周报，完全可以克服手抄报的缺点。实验马上得以顺利开展，正是这点坚持，才有了今天的"我的作文革命"。"决不、决不、绝不能放弃"，遇到挫折，请和我一样在心底狠狠默念。

第六，做超越失败的教师。任何人的成长都不可能一帆风顺。一个在事业上一帆风顺的人，一个没有经受过失败煎熬和挫折折磨的人，不可能具备很强的心理承受能力；一个没有优良心理素质的人，不可能经得起漫长人生路上的各种压力和考验，而心理承受力就是在失败的体验中诞生并不断增强的，就像面粉要揉成具有韧性和柔性的面团，放上水后捏，捏一遍两遍不行，再捏，再揉，捏上百遍，揉上千遍，它就不散并且有韧劲了。你看，教育界的名师、大师们在大型课堂教学观摩会上，没有丝毫紧张与慌乱，谈笑风生，妙语连珠，在众人钦佩的眼神中余音绕梁。但是如果你有机会走近他们，如果你能深入了解他们，我相信，每一位名师都经历过失败的痛苦。小语界著名特级教师薛法根，屡次提起年轻时上的一堂公开课，那节课是学校隆重推出的，邀请了三省一市的专家和领导，但他上砸了，砸到自己都不知道是怎样走出教室的，但是那一次的失败带给他很多教益，暴露出的问题，让他真实地、彻底地了解了自己，失败让他拿出了从零开始的勇气，失败让他静下心来沉浸到再研究中去。每次谈及教育教学经历，薛老师都会聊起那次的失败。毫不夸张地说，每一个成功者的脚下，都有失败的基石垫着，他们之所以伟岸，是因为他们站在了那些我们不愿意站的失败的基石上。我们只是看到他们成功的风光，但其实他们的脚下，曾经和你我一样，都是泥泞不堪的。

是的，成功者之所以成功，就是因为他们在失败的熔炉里冶炼了，因为他们忍受了常人不能忍受的困境，因为他们懂得困境后的 5 分钟就是光明和温暖。年轻的老师们，一个没有经历过失败的熔炉考验和锤炼的人，即使获得成功，那也难逃"偶然"之说，难逃最终的低落和失败。此刻或许你正为一次赛课的失败而痛苦，或为自己的一项教改实验没有取得相应的成效而懊悔，或许你的教学论文评比又名落孙山，或许你带的班没有取得理想的成绩，那么你要知道，这是上苍对一个成功者必然的垂青，这是上苍在帮助你获得优秀的心理承受能力啊！跨过这一道坎，你将处变不惊，你将从容优雅。所谓"烦恼即菩提"，没有烦恼的锤炼，怎么能证得菩提呢？

英国劳德保险公司曾从拍卖公司买下了一艘船，这艘船1894 年下水，在大西洋上 138 次遭遇冰山，116 次触礁，13 次起火，27 次被风暴扭断桅杆，然而它一直没有沉没，据英国的《泰晤士报》说，截至 1987 年，已有 1230 万人参观过这艘船，仅参观者的留言本就多达 170 本。人们为什么对这艘船有这么多的感慨？仅仅是它的传奇经历吗？当然不是。人们从船的身上读懂了人生，那就是："在大海上航行，没有不带伤的船。"失败与伤害是如此正常，因此，年轻的老师们，在失败面前，全世界都可以指责你，唯独你不可以指责你自己；全世界都可以放弃你，唯独你不可以放弃你自己。用失败惩罚自己，到最后会把所有的自信摧毁，会对以后的教育人生的追求抱着无所谓以至麻木的态度，这是最可怕的惩罚。这种惩罚将使一个积极向上的人从优秀人生的大部队中淘汰出来，陷入人生真正的可怕困境。

　　年轻的老师们，不管你经受何种失败，你不会贬值，只会升值，因为你已收获失败。成功带给人的是荣誉——人是一种很容易在荣誉面前失去方向和前进的勇气的动物，唯有失败，能真正给人带来进步的思索。不管此刻的你或未来的你将遭遇怎样的失败，请你记住，你没有贬值，在这些磨炼中你已得到升值，只是这些价值，目前还没有适当的方式和机会展露出来，它需要在下轮的实践中给你惊喜。可以说，99%的成功者都经历过一次次的失败，只是他们懂得，失败之后自己没有贬值，他们知道，失败100次，第101次成功了，这个生命就有了真正的价值了。而就此沉沦下去，那不仅是一种人生的遗憾。我对你的期望是，从你开始奋斗的教育人生算起，5年内不管遇到怎样的风浪，请不要放弃，你应该知道，种在泥土里的花，一些在春天绽放，还有一些在秋天绽放，这个时候你或许担心了，马上就冬天了，我的花怎么还没有开呢？你知道吗？你种的是梅花，只有到了冬天，才绽放其傲雪的风姿。

第七，做挑战自我的教师。有位年轻的老教师找我。他30岁出头，已有10多年教龄，他感慨地说，像他这种年龄做教师没戏唱了，35岁即在眼前，一过这线，转入中年教师队伍，什么教育教学评比都将与之无缘，教育人生从此平淡而过。我理解其感慨，很多地方把培养目标锁定在刚出道三五年的青年教师里，之后大都由教师自生自灭。那位年轻的老教师的感慨也是出于这种管理上的缺陷发出的。但我认为，导致这位老师有这样的想法，纯粹是主观的看法。有位著名的语文特级教师，35岁后才转行教语文，但他取得的成绩是99%以上的、一入行就教语文的老师无法比的，内因决定外因。35岁左右的年轻的老教师，有一定的教学经验和社会经验，家庭生活也比较稳定，不用谈恋爱也不必给孩子换尿布，进入一个相对清闲的状态。而"清闲"，正是消磨人奋斗志向和勇气的杀手。就像找我的那位年轻的老教师，他所说的"没戏唱"，只是为自己进一步心安理得地"清闲"下去找一个冠冕堂皇的借口罢了。

35岁对众多的人（当然包括教师在内）来说是一个年龄的隘口。这个时候能振奋起来的人，将使教育人生成为一种自我实现。我常为老鹰的自我挑战所钦服，老鹰是世界上寿命最长的鸟类，它能活70岁左右。要活那么长的寿命，它在35至40岁的阶段必须做出困难却很重要的决定，因为在这个阶段，老鹰的爪子开始老化，无法有效抓住猎物，它的喙变得又长又弯，几乎快要碰到胸膛；它的羽毛长得很厚，使它飞翔的翅膀变得十分笨重。

它只有两种选择：等死或者经过一个十分痛苦的更新过程。在这个十分痛苦的过程中，它必须努力地飞到山顶，在悬崖上筑巢，停留在那里 150 天。它先用大喙击打岩石，直到喙完全脱落，然后静静等待新的喙长出，再用新生的喙把指甲一根一根地拔出来，新指甲长出后，再用它把羽毛一片一片地拔掉，5 个月后再长出新的羽毛，老鹰就可以又在蓝天上威武地翱翔三四十年。年轻的老教师们，如果你对自己的教育人生现状不满意，那么就应拿出鹰的勇气来改变自己，把身上的懒惰摔打个粉碎，再把身上的清闲一片一片地拔掉，最后把身上的借口一个一个地无情揭穿，像鹰一样勇敢地向自己开刀。当然，老鹰如果不这么做会有生存的危机，我们不这么做，不会有生存的危机，但是我以为这正是我们最大的敌人。试想，如果鹰被人圈养起来，有吃有穿有住，35岁后的鹰还能有搏击蓝天的快乐和自豪吗？

我对那位年轻的老教师说："如果你不满足于生命现状，那么请不要用年龄大了这样的说辞来逃避改变，如果不尝试着做出改变那就永远无法改变。"而一旦一个人下定决心改变，那么什么时候起步都不嫌晚。被动等待，总会落空，只有主动追求才会成功，我们无法改变整个教育的大环境，但是正像一位知名人士说的，"上个世纪最伟大的一项发现就是人可以通过改变自己的态度来改变自己的命运"。我们无法改变环境，那么就让我们改变自己的态度吧。

我愿意坦诚我的教育经历：教了十年书，我才在本地区获了一个赛课奖，而这个奖很多青年老师出道三四年就获得了，我就想，减去十年吧，那我不就是一出道就获奖了。一个一出道就能获此奖的教师，将来一定不会太平庸；26岁的那年，我发表了第一篇文章《豆腐干》，这同样不值得炫耀，出色的年轻老师那个年纪已发表好多了，我就想，减去10年吧，就当16岁，16岁能发表教育文章，天赋不错呀；32岁那年，我出版了第一本书，这个年龄出书也很普通，我就想，减去10年吧，就当22岁，22岁能出版专著，该是个有前途的青年吧。又想，一个22岁能出书的青年老师，努力到44岁，一定能做出点成绩吧，而到那时，再加回那10年，也不过54岁，54岁能做出点事来，人生没白活呀！要知道多少人从朝气蓬勃到白发苍苍，一无所获。

因此我要说，如果你今天是30岁，不妨看作是20岁，如果是38岁，不妨看作是28岁，人定胜天，从某种意义上来讲，倦怠期只是一个定义，书上的定义，它只是一种善意的警告，警告我们要唤醒心灵深处的教育激情，把教育人生活得更积极、更充实些。年轻的老师们，无论你们是否处于倦怠期，我们的心灵深处都应该有一种不断挑战自我的精神和力量，它使我们的教育生命同青春一样热血沸腾、轻舞飞扬，一个善待教育的教师，才是一个善待自己生命的教师——要知道，我们的生命，已经注定和教育血脉相连；要知道，一个人活着总要对人生、对社会有一个交代。一群教师如果迷惘，这个学校就非常可怕，一个民族的教师如果迷惘，那么可怕的将是整个国家。

2010 年 6 月 27 日

第二十三封信 完美的艺术

各位老师、战友们：

上一周我们学校发生了四件比较重要的事情：第一是高考成绩已经揭晓；第二是举行了初三毕业典礼；第三是参加了北京市统一组织的中考；第四是小升初学生数已经突破 95 人。在信的最后我将安排几个重要工作，希望全员参与其中。

第一，关于高考成绩。关校长经常说："教育是缺憾的艺术"，这句话很有道理。今年的高考用这句话来概括很是适中。

我们学校 2010 年的高考成绩为：1. 理科：高复班 1 班（重点班）：重点升学率 81%，最高提分 112 分，平均提分 76 分；高复班 2 班（普通班）：二本升学率 82%，本科升学率 98%，最高提分 116 分。2. 文科：高复班 3 班（文科班）：二本升学率 68%，本科升学率 98%，最高提分 78 分。3. 今年高考的总体情况是：理科共有 41 人，重点上线人数为 17 人，二本上线人数为 35 人，三本上线人数 40 人，本科上线率为 98%；文科共有 19 人，其中二本上线人数为 13 人，三本上线人数为 17 人；有美术考生

5 人，全部达本科线。其中专业全顺义区第一名是我校学生郭子淇同学，另外还有提前录取的一些学生，总体算一下升学率的话，我们学校的本科上线率为 100%。

我们学校 2009 年复读班的录取情况为：1. 理科复读班中一本上线人数 0 人，二本上线人数 4 人，三本上线人数 7 人，合计理科本科上线人数 11 人，400 分以下人数 15 人。2. 文科复读班中一本上线人数 0 人，二本上线人数 0 人，三本上线人数 8 人，合计文科本科上线人数为 8 人。3. 由于 2009 年是新课改第一年高考，2009 届考生大多抱着"能走就走"的心态，所以导致复读生人数下降，好学生的复读比例下降，差生比例也比 2008 年大，尖子生不突出，无论从点还是面都比往年复读生的质量要差一些。客观地讲，通过将 2009 年和 2010 年的成绩进行对比，我们应该肯定我们取得的成绩。虽然说教育是缺憾的艺术，但是我们还是要致力于打造"完美的艺术"而不是"缺憾的艺术"，我们可以在一届又一届的学生中改进我们的教育。但如果我们从学生的角度看问题，我们必须认识到每个学生只享有一次中学时代，而我们的教育失误会给学生带来许多不良的后果，那将是很难弥补的，特别是对学生的心灵和前途带来的伤害，很可能伴随或者伤害学生的一生。我们可以对自己说，我的经验不足、工作粗心、方法简单等，但有一点我们绝对不能做的就是：对学生的心灵或前途造成伤害或负面影响。希望我们每个教育工作者不要让自己的教育留下太多的遗憾。

第二，关于初三毕业典礼。我很没有出息，在初三毕业典礼上我没有控制好自己的情绪，在全体初中师生和领导面前，我哭泣着讲完我的口头致辞，我哭泣是因为我代表着教育的良知和责任。人时不时地在拷问自己的良心，孩子们在我们的教育中得到了什么？失去了什么？我们怎么样才能做得更好。蓝董事长和关校长还经常提醒我一句话，很有道理，"教育是慢的艺术"。我在就职演说表态时说过以下的话："如果我们是为了追求永恒，有必要匆忙吗？""急事缓办，快事慢做，宁缓勿躁，事缓则圆，急则生变，快是慢，慢是快。""中国的教育（学校的教育）要顺势而为，不能强来，不能急来……看准目标，然后拐弯，不要临时拐急弯，拐急弯容易熄火。""我们要做松树式的教育而不做杨树式的教育。"……这些话仍然萦绕在我的耳畔。然而，我往往过于急切地盼望着出成效，成正果，能够"立竿见影"，缺乏期待与从容；"缺乏一种悠闲的心态，缺乏闲心"。不知从何时起，我常常被超负荷的日常工作弄得焦头烂额。我有一种贪多求快的非理性化潜意识。需要反思，需要调整。

教育是慢的艺术。慢，需要平静和平和；慢，需要细致和细腻；慢，更需要耐心和耐性。教育是慢的艺术，也就是说教育是个"慢活""细活"，是生命的潜移默化的过程。所谓的"润物细无声"，恰如其分地反映了教育的变化过程是极其缓慢、细微的，它需要生命的积淀，需要"深耕细作式的关注与规范"。要知道：孩子接受教育需要一个过程，需要将外在的教育内容内化为自身的素养，一切均需在潜移默化间进行。对待学生的成长，来不得半点儿急躁，不需要越俎代庖。放手是必要的，尝试是必要的，等待是必要的。但是，我们依然要珍视内心的声音，依然要对自己有一个期待，要严格要求自己，要让自己的心情更好，让孩子们过得更好。让教育润泽我们的生命，让我们对教育永葆激情，用最初的心情做永远的教育，让我们携着平凡追逐和超越我们永远的梦想。当有一天，孩子们毕业离校的时候，我们是因激动而饱含泪水而非其他原因。

第三，参加了北京市统一组织的中考：所有初中领导和初三老师们与初三孩子们认真准备，在此，我特别要向初三的老师们说一声："你们辛苦了！"另外，在三天的中考中，我们和新京报合作组织了"北京市中考送水活动"效果显著。不仅宣传了学校，更提升了学校的美誉度和知名度，也为招生工作奠定了广泛的基础。

第四，小升初学生数已经突破 95 人。我在上一周的信中提到"争取在 7 月 15 日初一适应性训练人数突破 100 人"。这个目标已经没有一点悬念，一定能提前完成，今年 4 个班的招生满员任务也已经提前锁定胜局，但是我们不能躺在成绩簿上睡觉，应该做好如下一些工作：（1）着手制定并细化 7 月 15 日的初一适应性训练方案。在这 5 天适应性训练当中，要做到以下几点：让全体初一学生早操统一步点和口号；全体初一学生统一学会唱《感恩的心》《我的中国心》《团结就是力量》以及我们的校歌《四季芬芳》并且以大合唱的艺术方式成为初一年级三年初中生活的保留节目；组织一次全体学生的家长教育报告培养会，在会议中要组织一次活动，即让全体学生在阳光下给家长洗一次脚并捶背，进行现场的感恩教育；在教育培训会上，要让学生和家长及老师一起为孩子选择自己的社团活动，将孩子的特长培养好，保护好，我们要成立管乐团，并且成为特色；另外就是中学生活的适应性课程教育；（2）做好保生工作。保生比招生更重要，这是我每次招生会上都要重复的问题，保生并不是期末的事情，保生工作要做在平日，要用心去做，与孩子用心沟通、与家长的坦诚交流、家校平台的利用、电话联系、邮件联系、学生评语评价……都是保生工作的必要补充。我们从春节到现在，除了迫不得已必须劝退的几个学生之外，没有一个学生主动流失，今年暑期会怎么样，我胆战心惊，如履薄冰，希望我们的流失不超过5%；（3）做好期末工作。上一周的信已经专门谈及此事，不再唠叨，进入7月份的这段时间，临近期末，总结、表格、考试等等，繁杂而琐碎，请大家静心把各自的工作做好，不能浮躁和急躁。

临近期末，还有几个重要工作：（1）小升初体验及接待活动要有创新性地搞得有声有色；（2）复读班招生工作要只争朝夕，争取在7月底前复读班能正式满员开课；（3）中考已经结束，高一招生工作进入关键期。特别是在7月5日中考成绩揭晓之后，更要主动出招，跟踪目标学生。争取在规定时间完成我们的招生计划。英才宏志班、普通班、创意班最好班班满员。如果有可能，也可以提前适应性训练锁定招生任务；（4）上学期的几个工作除早操（在世界杯开幕之后，我并没有严格要求管理人员和老师，但是我们的大部分领导和老师还是一如既往地坚持，令人感动）之外，没有落实到我们的预期，早读、唱歌、分层教学、学生成绩、导师、社团、国学……我们都需要继续坚持和努力！（5）下周日晚上 9:30 召开我们学校全体教师例会以补充因高三老师外出使得 6 月 20 日没有召开的例会。

　　本周，总校的通报如下：在初二（1）班、初二（2）班的晚自习中，学生课堂安静、纪律良好；高一（3）班的班会课由学生自己组织，针对期末复习进行展示交流，充分调动了学生自主学习的积极性；晨跑无迟到现象，队列整齐，口号响亮；高三、高复班学生离校后，教室课桌椅摆放整齐，物品摆放有序。最后，再次提醒大家，越是期末，越要坚持向上，向好！

你们的战友：梁勇

2010 年 7 月 4 日

第二十四封信 因为有你

各位老师、战友们：

今天晚上 21：30 在针对全体教师召开的会议上与大家交流了我们学校一个学期以来取得的成绩和进步，同时也指出了我们客观存在的一些问题，并向大家通报了下学期及未来的发展战略构想，并邀请相关校长参会鼓励，目的只有一个，那就是我们要对我们的未来充满信心！

暑假即将到来，在过去的一学年里，大家在各自的工作岗位上，兢兢业业，无私奉献，把美好的青春年华、巨大的热情和力量都献给了前进中的学校，奋进中的学校。在此，我特别向在假期当中仍然坚守在工作岗位，不能回家与家人团聚的一线值班老师，表示最亲切的问候和最诚挚的感谢和祝福。

一个学期以来，你们不辞劳苦地陪着孩子们在学校度过每一天，教育工作每一天都不轻松。高强度的工作让我们几乎没有周末，在堆积如山的琐碎工作里，有的老师在自己孩子的不解中爱着别人的孩子，有的老师在家人与工作两者中选择了工作。把自己大量的时间放在了工作上，甚至使得你们的家人对你们的不满一天胜过一天。这并不是一个简单的抉择。对此，学校领导都心怀歉意。但我们相信，你们是因为热爱着教育，热爱着学校，热爱着学生才会愿意付出。你们的付出，学校领导不仅会看在眼里，更会记在心里。学校的每一点进步，都有你们的功劳！

一个学期以来，我们有过失败的沮丧，也有过胜利的欢呼，点点滴滴犹在眼前，前面的道路还很崎岖，但是我们要坚信；只要我们不懈地努力，对学校一如既往地忠诚和努力工作，不遗余力地为学校的发展贡献出自己的聪明才智，用更坚强的意志迎接挑战，让我们擦干奋斗的汗水，留下昨天的辉煌，用更迅捷的行动把握学校下学期的发展机遇，用更平实的心境做人做事，让我们携手并肩，同舟共济，团结一心，鼓足干劲，向着更远、更美好的目标奋进。

新的学期，将会是一个比去年还要艰难的一个学期。课堂改革势在必行，教育教学成绩必须上一个新的台阶，我希望大家能有一定的思想准备。但我相信，大家有能力面对即将到来的挑战。这不仅仅是因为你们有一股愿意为工作付出的热情，更是因为你们经历了这么多年学校的洗礼。新的学期，我们要继续发扬"学校人"的精神，加快我们学校发展的步伐，转变思想，更新观念，提高教育教学能力，提高驾驭课堂的能力，规范管理，进一步增强学部的凝聚力、向心力，直面挑战，迎接新学期的新辉煌。

暑期当中，提醒大家要做的几件事：(1) 多多关心家人：抽点时间，带着礼品回去看望一下父母，与父母聊聊家长，吃顿饭，留点钱，让父母感受到我们的孝心；陪孩子逛逛公园、看看电影，甚至是旅行一次，让孩子感受到我们的关爱；(2) 与家长和学生之间有一些正向的互动：适时、适度、适量地与家长和学生进行沟通，让家长与孩子感觉到我们时刻在牵挂着孩子；(3) 不忘学习，多多读书：在假期中，老师们要多读书，多学习以充实自己。在假期当中，如果您觉得我们的学校愈来愈好了，而且有亲朋好友正在选择学校，请您告诉他们！学校可以给他们多提供一个选择的机会，口碑很重要；如果大家觉得我们学校还有可以改善与进步的地方，请大家结合本学科、本班级和学部实际，每个人在放假前（7月9日前）给我回复一封信，为我们学校的建设和发展出谋划策，对我本人有任何建议或意见也可以坦诚地告诉我，我将很是感激你们，因为你们的鞭策是促使我不断取得进步的保证，再一次向大家鞠躬致谢！

最后，还想跟大家说：因为我工作压力比较大，又急于希望我们学校能用最短的时间成为"中国的伊顿公学"，以至于我有了焦虑、抑郁症状，反映在生理和身体上就是头痛和头晕。希望大家以我为鉴，在假期中多多保重身体，愉快地生活。

你们的战友：梁勇

2010 年 9 月 5 日

第二十五封信 聚焦课堂，提高质量

各位老师、战友们：

新学年刚开始，第一封信较长，我有耐心写，希望大家有耐心看。暑假在不知不觉中结束了，每周日的信随着新学年的到来再次开始。新的学年，新的开始。学年伊始，诸事繁忙，请大家分清主次，有计划地安排好新学年的各项工作，因为好的开头是成功的一半！上学期的口号是"铁的纪律，爱的教育"，这学期的口号是"聚焦课堂，提高质量"。新的学期，我们学校有了新的气象，全校师生数量达到了1500人的规模，这是很鼓舞人心的事情。新的开端容易让人产生美丽的遐想，我们看到了新的希望，也给我们所有的人带来了再创优异成绩的好机遇。

今天和大家交流以下几点：第一，老师们的暑假生活很是辛苦；第二，今年的培训很有收获；第三，新学期开局很受鼓舞；第四，第一周的工作很是充实；第五，本学期的工作重点。

第一，老师们的暑假生活很是辛苦。我们学校的老师更辛苦，特别是高一、高三和初一年级的老师们，你们几乎没有暑假，每天都在招生和教学的第一线，接待家长，接待学生。高一年级从7月15日至8月底一直在不停地拓展、招生，直至8月23日又开始军训一周，马不停蹄地工作；高三的老师们自高考结束从福建考察学习回来后即开始招生、拓展和体验，7月底开学上课，夜以继日地工作；初一年级的老师们在7月15日至7月20日的暑假当中组织的小升初衔接教育活动，非常震撼，感染了在场的每一位家长，5天时间你们创造了奇迹，把不可能变为了可能，是你们这些高一、初一、高三为代表年级的所有中学老师们为我们学校的发展奠定了坚实的基础，真诚地向你们表示感谢！

第二，今年的培训很有收获。培训期间我们总结了过去的三年，展望了未来的三年，明确了新学期的发展目标，特别是南京市东庐中学的校长陈康金的报告和交流给了我们很多启发，使我们明白我们的课堂提升的空间还有很大，那么怎么改？坦白来讲，这是我一直想的，不改不行，怎么改？首先我们不能陷入功利主义，要重视教育科学，遵守教学规律，要以人为本，关键就是以学生为主，今年的课堂教学改革要扎实推进，稳步进行，我们不能折腾，更不能瞎折腾。

第三，新学期开局很受鼓舞。我们学校的学生数突破了 500 人大关，在上学期的基础上增加了 140 名学生。初一新生 135 人，高一新生 83 人，都创造了历史新高，而且学生的质量也上了一个新的台阶，更加规范，更加明理了。老师队伍的凝聚力更强了，向心力更强了，师生的精神面貌焕然一新，合作和协作多了，摩擦和纷争少了；和气和人气多了，怨气和火气少了；群体意识和团队精神多了，互相猜忌和内耗敌视少了，这个良好的开局要继续发扬，争取更好！

第四，第一周的工作很是充实。从学生 8 月 31 日报到至 9 月 3 日的学生离校，无论是"学校开放怀抱等你"的接待工作，还是"欢迎同学们回家·开启梦想之门"的主题班会；无论是"我的生活我做主"的生活教育课，还是"我们一起跑步"的早锻炼，抑或是"清晨的读书声"的早读；无论是"学校人是怎么炼成的"报告还是"我的梦，中国梦！"的央视版《开学第一课》；无论是"我们的班级，我们的团队"的活动展示，还是"我是一名中学生"的初一测试；无论是"我的课堂我做主"的初三物理精彩课堂，还是"我的青春，我的梦"的初二青春励志报告；无论是"我的兴趣，我的未来"的社团活动解读，还是"艺术和人生"的报告；无论是上课还是上自习，所有的活动和教学都安排得井井有条。全体中学师生第一周都过得非常充实。特别要指出的是，初中老师在 8 月 31 日晚上加班印制装订《开学第一课，开启梦想之门》学生培训手册到凌晨，次日 6:25 又准时到达操场与学生们一起跑步，9 月 1 日晚初一老师阅卷又到凌晨，次日 6:25 就又准时到达操场与学生们一起跑步，这种吃苦的精神、奉献的精神就是我们学部的精神，学校的精神！有这种精神，我们的梦想一定能够实现！

第五，本学期的工作重点。主要有十个方面，力求细致。（一）聚焦课堂，大胆改革；（二）提高质量，不折不扣；（三）德育活动，少而精彩；（四）德育常规，狠抓不懈；（五）导师工作，扎实推进；（六）社团活动，丰富多彩；（七）分层教学，因材施教；（八）师生评价，完善机制；（九）学部特色，更加鲜明；（十）规范管理，力求精细。这封信里我着重谈第一和第二个方面，其他的工作在随后的信中再与大家交流，使大家更容易接受。

（一）聚焦课堂，大胆改革。康老师给高中部老师们的邮件真诚而坦诚，希望以后，我们学校要形成真诚、坦诚交流的良好氛围。新的学期，我们一定要关注课堂、研究课堂，深入推进课堂改革。倡导真实、朴实、扎实的教学风格，讲求效益，力戒浮躁、肤浅。各教研组坚持每周一次的教研活动，加强集体备课，加强"常态课""常规课"的研究，通过案例分析、公开课观摩、经验交流等形式树立确立正确的好课观，切实提高课堂教学水平，扭转课堂教学效率不高的局面；充分发挥教研组成员的集体智慧，加强"精品课"建设，总结我们学校优秀教师的教学经验，努力形成具有特色的课堂教学新模式。

（二）提高质量，不折不扣。提高教育教学质量是学校永恒的主题，是学校生存和发展的生命线。教育教学质量的提高并非一朝一夕的事，重在持之以恒，应该发扬"咬住青山不放松"的精神，进一步突出教育教学的中心地位，从学生实际出发，从学生学习需要出发，从质量目标出发，增强学生学习动力。强化科学管理，加强教育教学管理，细化教育教学管理的各个方面、各个环节、各个细节。要特别关注教学过程管理，领导要带头深入教学第一线，参与各环节管理之中，要坚持听课指导教学，要亲自检查教师教案和学生作业，要定期组织教育教学质量分析大会，要定期召开经验交流会或研讨会等，沉下身子潜心研究教育教学，以实际行动当好抓教育教学质量的提升的组织者、引领者、指导者、领导者，努力带出一个务实的集体、向上的集体、责任意识强的集体，为提高教育教学质量保驾护航。

另外，从本学期开始，有以下几点要求：（一）每周三早晨全体中学老师要与学生一起跑步，目的是让大家加强体育锻炼，保证身体健康。学部领导，班主任、副班任每周有一天（周二或周四）可以轮流在早锻炼时间自由支配；（二）每月进行一次全学部老师考试，初中老师考中考试题，高中老师考高考试题，目的是促进大家对中考和高考试题的研究，把握考情；（三）倡议老师们每周五下午3：00在阶梯教室参与国学学习，由中学国学教研组组织，本学期学习的内容是《论语》和《道德经》。

亲爱的中学老师们、亲爱的战友们，你们踏踏实实、默默无闻、辛勤耕耘，把教育当事业，视工作为生命，你们是我们的学校的栋梁！我们学校因为你们而精彩，因为你们而灿烂！新学期，我们要讲实效，办实事，讲真话，有创意，我们要信心足，方向明，有激情。要在自己平凡的岗位上努力工作，大胆开拓，创造新学年学校的新辉煌！另外，本周五是第26个教师节，周四下午活动课时间我们学校的全体老师在报告厅自行安排一台自娱自乐的晚会，以开心快乐为主，每个年级组准备一个搞笑版节目，由初、高中语文教研组组长的郭老师和党老师负责策划组织和落实，学部领导给予支持和配合，届时就如去年的三八妇女节一样，会有意外的快乐和惊喜。提前祝老师们教师节快乐！

你们的战友：梁勇

第二十六封信 抬头看路，埋头拉车

各位老师、战友们：

问　候

当周日的深夜

问候通过月亮

邮寄到您的梦中

同在学校校园的您

不知是否会在梦的故事里

有我问候的故事

用一首诗作为题记和问候，开始我第二周的信，屈指算来，我是去年冬天（2009 年 12 月 20 日）开始兼任中学校长的。兼任以来，我们一起度过了历史上最冷的冬天，一起走过了温暖的春天，又一起经历了史上最热的夏天，现在又一起迎来了即将收获硕果的秋天！虽然这几天天气很热，气温很高，但是秋天的确已经到来。忙忙碌碌中，开学前两周就这么很快地过去了，我们大家忙于备课、上课、批改作业、开会、与家长沟通、与孩子交流、组织活动……忙得不可开交，忙得焦头烂额。不过，当我们抛开自己的劳累，更多的是看见了孩子们的进步，看到了我们学校在大阔步地前进。虽然还有许多亟待解决的问题及许多不尽如人意的事情，但是我相信所有的问题会随着大家的一起努力迎刃而解！虽然工作是艰辛的，但我们只要不放弃我们的目标，不抛弃任何一个孩子，再多一点耐心，再多一点坚持，发挥我们的优点，避免我们的缺点，明天真的一定会成功！因为成功是优点的发挥，失败是缺点的积累。

今天的信，我和大家谈以下两个话题，即本学期的另外两个工作重点，"社团活动，丰富多彩"和"师生评价，完善机制"。

第一，社团活动，丰富多彩。各位社团指导老师，你们能带一个社团，说明你们有某项特长，我强烈地建议每一个老师要带一个社团，每一个学生至少要参加一个社团。社团活动作为课堂的延伸，在学校必不可少。社团活动是一种激发学生自发活动，是发展学生创造性思维的手段和艺术，是对第一课堂的补充。在活动中产生的愉快反过来又会激励学生去设想和创造某些现实中尚不存在或不完善的东西，激发他们实现这些设想的热情。学生在自发地、愉快地学习时，他们的灵感和才华就能得到充分的体现。如果社团开展得好，就会成为校园文化的主力军和风景线。各种社团就会以其特有的魅力丰富着学生的校园文化生活，无形中促进学生综合素质和创新精神的提高。

上一周，罗保文老师为了社团活动，付出诸多辛苦，在上周三的第一次社团活动中，组织有序，管理严谨，考核严格，是罗保文老师及所有参与社团活动的人员共同努力的结果。在明天的社团展示活动中，请参与社团活动的所有人员积极准备，全力支持，为新学期的社团活动营造一个良好的氛围。我们大力开展丰富多彩的学生社团活动，是为了给学生创造一片属于自己的天空，让学生充分发挥自己的兴趣爱好和个性特长，从而达到培养创新实践人才和实现人的全面发展的目的。学生对社团的组建、发展有着巨大的热情，这是一片属于学生自己的天空，在社团的组建中我们的指导老师要大胆放手，充分调动学生的自主性和积极性，让社团成员在活动中充分发挥出学生自己的自主创新和实践、自主管理的全面性、全员性和全程性，即使稍显幼稚，也会极富生命力。

　　加强对社团活动的引导是社团活动成功的关键。由于参加社团的学生并不都是整齐划一的优秀生，有的学生是非观念不清，有的学生组织纪律性和集体观念淡薄，有的学生自律和自控能力较弱，这些就会导致有些学生参加社团只是为了凑热闹，不明确社团的宗旨和努力方向，因而就会使不少活动起不到预想的效果。所以加强社团的引导至关重要。指导老师要静下心来踏踏实实地扶持和发展自己的社团，一切从实际出发，不搞花架子和形式主义，努力在学生的素质教育、能力培养、个性发展上下工夫，切实使社团活动收到实效。让学生从社团中得到创新的灵感，获得创新的素材，激发创新的欲望，培养创新的能力，使学生开阔眼界，感受成功，找到创新源泉，使社团活动真正成为学生提高综合素质和创新能力的大舞台。

第二，完善师生评价机制。这段时间，我一直在思考并着手解决一个问题，即建立一种能激活师生内驱力的评价激励机制。我希望通过评价发掘教师和学生的潜能，调动老师和学生积极性，加速学部的发展，促进三个主体的发展。我们虽然有一整套相关的流程制度和标准，不客气地说，更多的是成为一纸空文并束之高阁的文字，有的老师甚至不知道有这么一套制度，要将这些文字性表述转化为现实中量化的形态，评价的实施就必须务实。本周的工作重点就是相关管理人员不吃饭、不睡觉也要把师生评价制度（讨论稿）在原来的基础上修订出来！在 9 月 20 日的全学部教职工会议中公布出来，经大家讨论定稿后立即执行。

这一次的评价制度制定的原则是渗透和贯彻在教师日常的每一项工作之中，注重过程评价、结果评价、多元评价和团队评价，突出对主体评价的自主性，注重对主体评价的检测性，强调对主体的调节性和发展性，同时，随机性与周期性相结合，阶段性与连续性相结合。在评价方向上，标准统一，注重过程，更注重结果；在评价过程上，自下而上和自上而下相结合；通过运用评价这种管理手段，促进我们学校的管理更加规范和有序，课堂效率和教学质量进一步提高，也使我们学校在自主发展中更有内涵。相关制定评价的执笔人员一定要在周二上午完成初稿，周二下午我亲自把关审核，周二晚上召开我们学校管理人员会议统一安排，分组审议。

最后，我将一段话分享给大家，作为今天信的结尾，请大家认真体会，仔细琢磨。

一个绝望的组织，每个人既不抬头看路，也不埋头拉车；一个平庸的组织，只有领导者会抬头看路，其他人只会埋头拉车；一个失败的组织，每个人都争着抬头看路，却没有人埋头拉车；一个卓越的组织，每个人都会抬头看路，也会埋头拉车。

你们的战友：梁勇

2010 年 9 月 19 日

第二十七封信 让课堂焕发出生命活力

各位老师、战友们：

在中秋即将到来的时候，我给大家发出本学期的第三封信。昨天和今天连续两天，中学的部分老师到顺义去听课，我因有别的事情未能和大家一同前往参会。

昨天下午 1:30 我赶回学校后，与魏老师、泓源老师一起去参加了在温都水城举办的首届企业家国学论坛，晚上参加完晚宴之后就住在了那里。为了能按时参加早操，今天早晨 5:30 我们就往学校赶了，回来正好是我们的早操时间，当我看到我们学校的全体班主任老师全部到岗时，我非常欣慰。教育工作上的许多事情，不是做给校长看的，而是给孩子们看的。如果有一天，学校有校长与没有校长一个样，有老师与没有老师一个样，老师能够自主，学生能够自主，这是多么成功的教育！

今天的信，我主要交流课堂问题，今年解决课堂问题是促使我们学部更上一层楼的关键。课堂问题解决了，成绩自然就提高了，自然就杜绝了部分学生在课堂上的睡觉现象！关校长在假期给我们的一封信中说："无数成功的学校案例告诉我们，成功的课堂有多重要。学生享受收获的快乐，我们享受成就感的愉悦。成功的课堂不应该唯一种模式，也不应该是一成不变的模式，但一定有符合学科学习规律和学生思维规律的更科学的方法与流程模式，好的课堂一定有确定的标准，我们的课堂还可以更精彩。大家都很辛苦，大家都在努力。我们要通过我们的努力，形成一套科学高效的系统方法，把我们自己从过去不断重复的辛劳烦忧中解放出来，把学生从无心、无法、无序、无效的状态中解放出来。" 高中部的负责人康老师也在周二给高中部的老师们发了封邮件，初中部的负责人刘老师也在今天晚上给初中部的老师们发了封邮件。对比，我想说：关校长的信也好，康老师和刘老师的邮件也好，都说明了一个问题，那就是我们必须反思我们的课堂。如何让我们的课堂更好？在此，我提几点意见：

一、注重自身形象，营造良好气氛。有人把课堂比作舞台，一堂课，就是一场精彩的演出。老师的形象、气质、精神状态，将会影响和感染教室里的每一位学生。其言语、神态、举手投足都要有吸引力、感染力，通过饱含情感的语言和富有激情的动作，将学生带入预想的境界。但是在平日上课时，部分老师不大注重自身形象，上课时随随便便穿身衣服，有时甚至衣衫不整，精神萎靡，有时睡眼蒙眬地走上讲台。面对这种形象的老师，学生怎会有心思听其讲课呢？还不如大睡一觉痛快。这就要求老师走进课堂之前整理好自己的仪容，调整好自己的心态，必须是精神饱满、情绪振作地走进教室，使学生望之而精神一振，端坐静盼，这样自然就营造了一种良好的课堂气氛，从而为成功上好一堂课奠定基础。教师为人师表，就应做好表率，用我们自身的形象去感染学生，用我们的激情去点燃孩子们的心灵。正如叶澜教授所说："让课堂焕发出生命活力。"

二、精心设计导入，激发学习兴趣。俄国大作家托尔斯泰说："成功的教学需要的不是强制，而是激发学生的兴趣。"兴趣往往是学习的先导，有了兴趣就有了学习的动力。精彩的课堂犹如优美的文章，文章开头写好了，就能吸引读者，让人产生兴趣，有经验的老师都比较注重新课的导入。精美的课堂导语，能使学生对你这堂课一见钟情，有先声夺人之效。像一块磁铁牢牢抓住学生的心魄，唤起他们求知的欲望，使每一个学生都积极思维，全身心地投入课堂中来。因此，我们应该精心地为每堂课都设计精美的导语。比如我们可以利用多媒体播放音乐和画面，从一开始，学生就被精彩的画面和气势磅礴的歌声所吸引和感染，自然趣味盎然，兴致百倍。当然，教学内容不同，教师的素质和个性不同，导语的设计方法也就各不相同。不管是采用哪一种导语设计方式，都是为了达到激发学生兴趣、调动情绪的目的，都是要为全课的教学目的和教学重点服务，与讲课的内容紧密相连，自然衔接。常言道，响鼓还需要重槌擂，老师要用导语这一"重槌"敲响课堂"响鼓"第一槌。这一槌一定要浑厚，声声击到学生的心扉上，让学生的思维在碰撞中产生智慧的火花，用语言弹奏出美妙动人的乐曲。

三、巧妙组织课堂，调动学生情绪。"知之者不如好之者，好之者不如乐之者"，学生上课睡觉，也反映出他们对课堂不感兴趣，不"好之"，更谈不上"乐之"了。我们的教学，很大程度上仍没有跳出"满堂灌"的思维，仍沿袭着传统的课堂教学模式 ——"教师一讲到底，学生昏昏欲睡"。课堂是师生互动、学生学习的主阵地，老师的"一言堂"已不再适应现代教育理念，更不适应学校的课堂，如果我们的课堂姹紫嫣红，风光无限，学生只要全身心地投入，自主地探究，用心地展示，用心去感受欣赏，就能领会到"蓦然回首，那人却在灯火阑珊处"的美妙意境！教师可利用一切可行的手段，巧妙地组织课堂教学，充分调动学生情绪，使学生始终保持着一种间断式、波浪式的兴奋状态，每个人都拥有求知的冲动，把学习的激情最大限度地调动起来，从而营造良好的课堂学习气氛。"手里拿着小提琴，就不会干坏事"，也就更不会"睡觉"了！如何巧妙地组织课堂教学，每位老师都有自己独特的方法。教师在设计时，要充分考虑学生的学习需要、学习特征、可能出现的问题等，寻求最佳课堂组织模式。只要我们善于观察，巧妙组织，就能把每一个学生都吸引到我们所讲授的教学内容上，让其为你的精彩而倾倒，并自始至终参与到教学活动中来。我们的课堂也就会变得更加生机勃勃，充满智慧欢乐与创造的快意，哪还会有"呼呼大睡"者？

"课堂教学是一门科学，又是一门艺术"。作为一名教师，在努力加强自身修养、塑造良好教师形象做好学生表率的同时，应经常考虑如何灵活巧妙、富有创造性地向学生传授知识，培养学生能力。从助学稿的设计，课堂的引入，到精妙地组织课堂教学，以及如何启发、引导学生，使课堂教学呈现出生动活泼的局面，一改课堂死气沉沉、学生昏昏欲睡的状态。每一个环节都需要我们去做精心准备，努力追求。希望我们的老师用真情拨动学生的"情感之弦"，让课堂"激情飞扬"！

你们的战友：梁勇

第二十八封信 精益求精，进步升华

各位老师、战友们：

开学以来，千头万绪的工作压得大家有点喘不过气来、缓不过神来，课堂改革的探索、考核方案的修订、社团活动的开展、运动会的彩排、学生会及家长委员会的换届选举、中高考试题的考试等等。

周六晚上 23:10 下班回家时，初中部的刘老师、戴老师、罗老师等许多中学部的老师仍在加班，在寂静校园里，只有我们学校的教师办公室仍亮着灯，在回公寓的路上又遇见高中部的宋老师和崔老师刚查完学生宿舍边谈着工作边回公寓，我们一起走在回寝室的路上，刘老师说："许多事情做不完，心急如焚。"次日早晨 6:20，大家又都不约而同地来到操场与学生们一起跑步……这就是我们学校中学部老师们的真实写照，起得最早、睡得最晚、压力最大、学生最难管、家长最挑剔，真是"而今识尽愁滋味，欲说还休。欲说还休，却道天凉好个秋"。

秋天来了，天气突然变得有些无常，或冷或热，或阴或晴，中秋过后，秋高气爽，与夏天闷热的天气相比舒适了许多，这几天学校的天空发出柔和的光辉，澄清又缥缈，是一年中美丽的季节，带着这份美丽，今天我和大家谈一些琐碎的话题，一是关于运动会，二是关于学生会，三是关于家校委员会，四是关于社团活动，五是关于考核和考试。

第一，关于运动会。在这次运动会的筹备过程中，为了展示好我们学校的风采，各年级组在艺体中心的统一协调下群策群力、精心组织、认真准备、加班加点、集思广益，看到大家的这种精神，甚为欣慰！希望我们中学部全体师生，在29号、30号这两天的运动会中，特别是在开幕式的团队展示上，拿出我们的信心和力量，彰显出我们学校的精神与风采。在最后这两天的训练中大家一定要严格要求、精益求精、精雕细刻，争取做到极致与完美。我相信，孩子们一定会超越我的期待！自从学校接管力迈以来，连续四届运动会，连续四个不同的主题：2007年的混龄万国国际运动会；2008年的中华民族运动会；2009年的和谐大自然运动会；2010年的中华传统文化运动会。连续四届精彩的运动会，不仅成了学校的特色，更成为学校一道亮丽的风景线，每年九月份，在充满希望和收获的秋日里，运动的气息和拼搏的步伐，谱写了永不消逝的乐章。我们学校必定是乐章中最为精彩的一段。

第二，关于学生会。本次我们学校的学生会换届竞选超乎我的预期，这次换届竞选，高中部的许多老师都做了非常充分的准备，特别是罗老师更是精心策划，认真组织，上下沟通协调，在此特别表示感谢和表扬！同学们为了竞选做了充分的准备，他们的PPT做得很漂亮，有的同学的开场很有创意，他们精彩的演讲、激情的呼喊、热情洋溢的豪情，让我深感欣慰！每位参与竞选的同学都在演讲中充分表达了愿意热心为我们学校服务的意识。每个候选人都在这次演讲中展示了自我，他们就各自的基本情况、取得的成绩、爱好、特长及对参选职务的认识作了简要的介绍，并将自己的决心、经验、工作设想等都在自己的演讲中体现得淋漓尽致。通过这次竞选活动，我再一次感受到我们学校的学生非常了不起。本次学生会换届竞选以公平、公正、公开为原则，组织井然有序，为我们学校的学生会吸收了新鲜的力量，注入了新的活力，同时也是培养新一批学生会干部的开始，给同学们一个实现自我价值的机会。通过这次竞选，同学们表现出的良好精神状态以及志愿发展壮大学生会的积极态度。他们精彩的演讲和出色的表现真的让我感觉到学生的潜能无限大，我们要相信孩子们。德育处和团委要让更多的学生进行自主管理，把一些学生活动交给学生会去策划、落实和执行，让学生会发挥其真正的作用！

第三，关于家校委员会。在中秋节和国庆节给家长们的信中，我专门提及了"成立家校委员会，架起家校沟通的桥梁"和"招募家长当义工，形成家校教育凝合力"的两个话题，目的就是要让家长们感受到我们学校今年要比往年更加重视家长工作，充分调动家长的积极性和家长的资源，为学校的发展出谋划策，为孩子的发展贡献力量。9月30日下午运动会结束以后，2:00左右，在我们学校阶梯教室（或者三楼会议室）举行家长委员会改选会议，本次家校委员会将通过民主选举的方式产生，请刘老师、康老师协同德育处负责组织好这次活动，要充分调查与了解、精心筹备，争取把这次家校委员会换届改选工作组织得精彩有序，有意义。

第四，关于社团活动。我在第二封信里专门与家长们做过交流，罗老师已经将要求在上次例会上专门讲过一次，但是没有引起大家足够的重视，本周六上的是周三的课，社团活动也应该如期举行。虽然此次社团活动恰逢运动会紧张的筹备彩排阶段，但是我仍要指出本次社团活动存有以下问题：一方面，初一年级部分女生被抽调去参加运动会团体操训练及各年级举牌彩排，相关责任人没有按照例会要求通知相关社团指导老师，既没统计彩排名单，也未按要求履行请假手续，或电话通知指导老师，给社团统计和管理工作带来被动局面。例如：个别学生既未参加团体操训练，也未参加社团课，但社团老师又误以为学生排练去了，使学生钻了空子；另一方面，我们一再要求指导老师在上完课后必须反馈课堂情况和学生出勤情况，但有的老师没按照要求做沟通和反馈，甚至于有个别老师提前下课，未达到两节课的时长。诸如此类问题，说明我们的责任心还不够强，管理还不够精细，团结协作还不够默契，希望我们大家能够从问题中进步与升华。

第五，关于考试和考核。9月份将要结束，关于老师考试，我们之前提出的对初中部和高中部的老师们每月进行一次中、高考试题测试，要在国庆放假前落实和执行，说了就要做，说到就要做到，请刘老师和康老师协同教学处组织落实；关于教师考核评价，我们在开学工作中就安排布置了，请德育处和教学处收集相关原始数据，我今天晚上把教师考核报表发送给大家，请把每个老师的考核评价情况填写完整，国庆放假前发给我。以后班级考核评价每周一报、每月一评，教师考核评价每月一报，当月工资及时兑现。本学期开始一定要严格执行，可能在开始执行的过程中会出现各种各样的问题，例如：老师们只做表面文章、管理人员不公平的问题、考核评价方案不科学的问题……诸如此类，但是考核总比不考核要强，评价总比不评价要强，等方案完善了，就不知道要到猴年马月了，我们要在执行的过程中完善，我们要在发现问题的过程中纠错。但是，不管困难有多大，阻力有多大，考核评价是必须的，宁愿犯错误也要在错误中成长！关于学生评价，我们将以修订后的《中学生手册》为依据，在这次修订过程中，江承明老师亲自把关和校对，在此给予表扬和感谢，大家抓紧时间争取在国庆放假前一定要印刷出来，发放下去。让孩子们在国庆假期期间认真学习，用心体会。

最后一点，属于额外的话题。上周三放假，周六我们上的是周三的课，按照常规，我们是应该跑步的，但是因为没有正式通知，所以有的老师参与了周六的跑步，有的老师没有参与，参与跑步的老师应该受到表扬，名单如下：班主任、副班主任和管理人员全部准时到场，另外到场的任课老师还有罗保文、郭东升、逯华、秦福海、严俊杰、胡强、崔岩、张芸、张梅、宋婧、徐永锐、于永平（邸存先、才华、郑瑞格在按要求值班，崔海华老师替孙春丽老师带班）。当然，没有参与跑步的老师也不应该受到批评，虽然上的是周三的课，但毕竟不是周三，有充足的理由不参与跑步。秋凉了，大家要注意身体！国庆节快要到了，大家用国庆假期好好休息调整一下，陪陪家人，提前祝大家国庆节快乐！

你们的战友：梁勇

2010 年 10 月 10 日

第二十九封信 回归原点 完善自我

各位老师、战友们：

国庆放假，送去忙碌的九月；国庆收假，迎来淡定的 10 月。9 月份我们的确是在忙乱中度过，幸运的是中秋和国庆的放假让我们有所休整，10 月份不会像 9 月份那么忙，但是大家也要和学生一起自我加压，迎接期中考试。

今天的信，与大家交流以下几点：第一是关于运动会的总结；第二是关于家校委员会；第三是关于几个家长找我交流的心得与体会；第四是关于我到上海学习的一些情况介绍。

第一，关于运动会。上一封信，我已经谈过运动会。今天主要是对本次运动会的小结。本届运动会充分展示了学校的精神面貌，五千年中华文明震撼了所有的来宾，这充分展示了我们学校师生的智慧和力量，更展示了我们学校师生的精神气质，它的价值不仅止于运动，更反映出了师生的春秋情怀和唐风古韵，当我们的学生或穿春秋铁甲，或挂三国战衣，或者汉服唐装，或披中山装出场，将颇具现代感的学校运动会演绎成一出中华题材的历史剧时，不仅给我们学校的运动会穿上了历史课的外衣，更给我们学校的历史写下了浓重的一笔。我们学校在这次运动会中的表现非常出彩，每个年级都有奖，这说明我们学校全体师生的凝聚力越来越强，向心力越来越强，团队意识越来越强，合作意识越来越强，其中初三年级和高二年级获得了团队展示奖，初一年级、初二年级和高一年级获得了精神文明奖，高三年级获得了特别奖。这些成绩的取得，是我们学校共同努力的结果，希望在以后的岁月里，发扬我们运动会的这种拼搏进取和团结协作的精神。同时，我们也要学习其他学部的优点，小学部组织严谨，着装统一，进场退场有序，掌声和欢呼声热烈；剑桥中心充分调动了学生的自主性和家长的积极性，他们的团队展示创意新颖，气势磅礴；汉语中心的简约而不简单都是我们可以汲取的营养。希望我们从运动会中好好总结我们的成绩，反思我们的不足。运动会结束了，给了我们许多启迪。把运动会和历史结合在一起，也给我们日后的教育教学工作提供了一个思路，教学和课堂完全可以不拘泥于环境和形式。

　　第二，关于家校委员会。上一封信我也提到了这个话题，国庆放假前我们组织了本学期第一次家校委员会竞选活动，部分家长做了积极的竞选准备，投入了巨大的热情与激情。因为国庆放假等诸多客观原因，有许多报名的家长请假没有来参加竞选，希望本月择时再给热心参与家委会的家长一次竞选机会，组织第二次竞选活动，由高中部主任康老师和初中部主任刘老师协调执行，竞选之后成立家校委员会，产生组织机构，并开始引导家长进入角色，参与到相关工作中来，充分调动家校委员会的积极性和主动性，首要工作是让家长协助学校把英语教学的方案做出来，家校委员会通过之后由学校组织执行。我们要加强与家校委员会互动，充分发动家长为学校的管理献计献策，共谋学校的良性发展，充分发挥了他们对学校工作的参谋和监督作用。家长的信任与满意是对学校工作的支持，更是一种鞭策。

第三，关于几个家长和我交流的心得与体会。10月8日晚，因为老师善意地对学生提出批评遭到学生的投诉之后，老师与家长及时做了沟通和解释，学生家长为了给老师开脱，专程从内蒙古开车赶到学校与我沟通，这说明家长非常开明，但是也给我们一个提醒，我们学校提出的"三条高压线"任何人不能碰，一碰就麻烦，就会引火烧身，所以希望大家自律；10月9日晚，我又接到另外一个家长的信息和电话，我们通了半个多小时的电话，她迫切地希望学校多关注学生学习的落实过程，并营造良好的学习氛围，善意地提醒我们有的班级学风需要提升，有的教师在课堂教学中没有注重落实知识目标，没有注重落实知识技能，更没有教给学生学习方法。所以，我们的课堂一定要关注孩子们的学习落实情况，注重提升学生的能力。教是为了不教，学是为了社会学，当然我们一定要克服学生"有知识，没能力；高分数，低素质"的现象。期中考试快要到了，今年的期中考试一定要和兄弟学校联考，而且要严肃考风考纪，考试不是对师做出评价的唯一方式，但是它是评价的一个重要手段，我们一定要让孩子们既能考出好成绩又能全面发展。

第四，关于我到上海学习的一些情况。昨天到华东师范大学报到后，我开始了教育部中学校长第40期中学校长的研修学习，来到上海以后感受到了上海的现代和繁华，但是缺少了北京的人文与厚重。本期全国高中校长高级研修班为期85天，研修时间为12周，共480学时。其中，综合教育考察2周80学时；集中教学10周400学时，课堂教学占204学时，研讨、交流考察等教学环节占172学时，自修与动机占24学时。此次研修学习共分10个模块、46个专题，主要通过专题讲座、案例教学、经验分享、专题研讨、现场教学、综合教育考察、情景模拟、开发行动计划8种方式进行。我们班一共有48名学员，对象为各省（自治区、直辖市）示范性高中担任校长职务的优秀校长，可以结识一批教育界的精英朋友。我们每天早上是8:30上课，下午是2:00上课，晚上会有一些联谊活动，原则上不让请假，上课不让带手机，房间目前还没有开通网络，我今天下午专门出去买了3G卡以便与大家邮件联系。

今天上午举行了开学典礼，并进行了班级交流，收获颇丰，受益匪浅。下午听了教育部中学校长培训中心主任的专题报告。晚上我们几个校长进行了小范围的交流和联谊活动。每天的课程安排比较紧张，从课程安排来看，我感觉学习内容比较全面丰富。既有对传统学校管理理念的探究，也有对前沿学校管理实践的介绍；既有对管理理论和原理的探索，也有对管理实践的反思；既有对国际教育发展现状的介绍，也有对我国教育发展现状的分析，可以说基本上做到了过去和未来、国际和国内、理论和实践的有效结合。授课的既有大学的专家教授，也有一线的校长教师。整个学习课程对拓宽发展视野、深化理论修养、提升办学理念，借鉴成功经验、反思办学实践、增强发展信心都能起到积极的促进作用，解决我在实践中遇到的思想、理论和实践等各层面的问题，为带领大家进一步推动学校的改革创新增添了信心和决心。这次研修也是回归原点的一个机会，我也担心带着大家冲刺 100 米之后回头一看，是朝着我们相反的方向跑。通过学习和放下，通过回归原点，可以反思自己的不足，梳理自己的思路。以避免走弯路，有你们做我坚强的后盾，这也将带给我无限的勇气和力量。上海之行将会不虚此行，会成为我职业生涯新的起点。

你们的战友：梁勇

第三十封信 做教育的行者

各位老师、战友们：

这是我来到上海的第三封信，本周我想和大家谈一谈学校工作中关于学生作息时间的调整和深化课堂教学改革的话题，及我这一周学习的体会和感悟。这封信很长，因为本周听了3场报告、考察了3所学校、参加了3场教育思想研讨会。昨天考察回来后，今天我们还在上课，满满的课程、紧张的行程、严格的管理，我从中学到了不少东西。

一、学校工作。学校工作千头万绪，面对的是千家万户，家长的群体又千差万别，听到的声音是千言万语，教育工作就是要在"知不足，然后知进步"中发展，关校长经常讲"我们应有问题意识"，只有发现问题，我们才能寻找教育、教学、教研、课堂管理过程中的症结所在，才能改善教育行为，才能做到求真务实。但实际工作中，我们常常倦怠，不屑于去发现教育问题，对每天发生在自己身边的教育现象熟视无睹，不会用审视的眼睛去搜寻教育现象所传递出来的教育问题所承载的信息。"教育问题"总是存在于教育现象中，我想，作为教育工作者，有义务去发现教育现象中的问题，并做一个有思想的行动者，去解决这些教育问题。这就要求我们用一双敏锐的眼睛去捕捉周围的信息，去发现问题，反思调整，进而才能顺利地解决问题；这就要求我们不仅要用眼睛去发现问题，也要用"心"去发现问题，我认为后者更为至关重要。今天我与大家主要探讨两个问题：我们的作息时间是不是科学？我们的课堂到底还有多大的提升空间？请大家不仅要用眼睛去发现问题，更要用"心"去思考这两个问题。

（一）关于学生作息时间的调整。康主任和刘主任在作息时间的问题上，几经商讨，几易其稿，征求意见，调整时间，动了许多脑筋，但是如果我们学校的全体师生的思想没有统一，就先维持现状，直到我们统一思想后再进行调整与执行。有个别管理人员和老师分别给我发信息和写邮件，建议取消早操或者是转移锻炼时间，他们的出发点和动机是为了学生好，想给学生更多的学习时间，我非常理解，但是从我的出发点来说，坚决不同意，什么都可以改，唯有学生的早锻炼时间表绝对不能改，这是我做中学校长的原则和底线。如果学生的休息时间不够，宁愿牺牲一节课、一个早读或一个晚自己也不能取消学生的早锻炼。趁着学生年轻，就应该让他们更多地到运动场上去展现健康与健美，让他们在运动场上挥洒旺盛的生命活力，享受酣畅淋漓的青春快感。其实早操 800 米并不多，可以改成 1200 米，甚至于是 1600 米或 2000 米，我的理念是加大学生的运动量，加大学生体育锻炼的时间，不仅是早操，包括课间操和活动时间，都应该让学生有更多的锻炼，加大锻炼的强度和运动量，不仅是学生要锻炼，我们老师也应该加强锻炼，因为工作强度的原因，我真的体会到了体育锻炼的重要性，学生的学业、我们的事业都是0，但是健康身体，却是0前面的1。健康不代表一切，没有了健康就没有了一切。我所倡导的四个习惯：第一个就是运动的习惯，第二个是阅读的习惯，第三个是明礼的习惯，第四个是科学学习的习惯，好习惯可以让孩子终身受益。请大家认真引领并培养学生的这四种习惯。遗憾的是知易行难，在体育锻炼和按时休息这两个方面我做得并不是很好，严重缺少体育锻炼，严重缺少睡眠，我得深刻检讨，并且希望大家监督我、提醒我，让我们一起加强体育运动，增强我们的体质。比如本周我们学校组织人家参加集体跳长绳，男、女羽毛球单打比赛和男女混合双打的体育比赛，就非常好。希望通过丰富多彩的文体活动丰富师生的生活，提高我们的体质和生活品质。

（二）关于课堂教学改革的深化与升华。这是我在给大家的信中使用频率最高的一个词，也是在所有信件中提及最多的话题。本周，关校长给大家发了邮件，把几个学校课堂改革的经验归类整理并发给我们全体，可谓情真意切，用心良苦。有东庐中学改革备课模式、推行"讲学稿"的具体做法；有洋思中学的"先学后教，当堂训练"模式操作要领；有杜朗口中学的"三三六"自主学习模式；有兖州一中"三步六段""35＋10课堂循环教学模式"；有衡水中学的常规落实措施……我们应该从这些成功的经验中汲取营养，结合我们的实际，大胆创新，大胆改革，相信学生，相信自己。

9月份，我们到顺义区参加了中国教师报组织的课堂研讨会，本周初中部的语文、数学、英语老师又到北师大附中去听了课。下一周，高中部的老师们将到山西晋城泽州一中去学习，初中部的老师们将要到东庐中学考察学习，初中部的刘主任和高中部的康主任发给我的考察学习计划方案很完善，学习的内容和方式我都非常认可，有听课、有探讨、有展示、有交流、有座谈，我们一定要本着谦虚的态度带着我们存在的问题去学习与取经，而不是带着挑剔的眼光说三道四、指手画脚。这两所兄弟学校之所以能成功，一定有可取之处，我们要学习其精髓而不能只了解其皮毛，在此，我提两点：

1. 基于课堂组织层面发现我们的问题，做一个问题发现者，带着课堂问题求解我们的课堂。这次外出取经学习，首先是认真分析别人的课堂是如何组织实施的，东庐的"讲学稿"也好，泽州一中的"学道"也好，还是我们学校的"助学稿"也罢，这些都是老师们课堂组织之前的功课。作为教师，如果每天只是按部就班地写着"助学稿"，实施着课程、主导着课堂，只是把自己定位为教材与学生之间的媒介或桥梁，上完课后就完事，没有去发现和思考教育过程中学生的反应或反馈，那么这是非常不敬业的。学生的显性或隐性的反应都能从不同的层次和维度反映出教育问题：学生的课堂积极性如何？学生喜欢回答哪一类的问题？回答的创新程度如何？教学活动的设计是否符合学生的年龄特点？在教学活动中，教师是否做到了深入挖掘教材的内涵或教育价值？学生从教学活动中有多大的收获？教学的三维目标落实得如何？……一系列的问题都应该置于心中，并在这些问题中去发现和审视教育现象中存在的问题，带着这些问题去思考、去学习，进而不断完善教学活动设计，甚至在我们的教育方式或手段方面做出调整。

2. 基于教研活动层面发现我们的问题，做一个问题的探索者，带着教研问题求解我们的课堂。针对课堂教学，本学期我们的教研活动开展得有声有色。但是，我们教研组长却时常面临着吃力不讨好或收效甚微的尴尬情况，那么，这是什么原因导致的呢？通过这次考察学习，我认为我们可以从以下几个角度进行思考：是不是因为我们缺少了一种发现问题的意识和执行力？是不是因为我们没有从教师的困惑和教育教学实践中出现的问题着手？是不是因为教师们觉得参与教研活动是在浪费时间，所以激情不高？是不是因为我们没有真正考虑教师需要的什么？是不是因为我们没有深入思考教师的哪些教育观念需要改变或教育行为需要改变？是不是因为我们没有考虑到教师的个人专业成长中出现了哪些障碍？……然后，我们再根据这些问题与兄弟学校进行教研交流，汲取别人的智慧，从宏观和微观层面对我们的教研活动都做出调整，再细化成可操作、易实施的教研活动，有针对性地去解决一个个的教育问题，深化教研主题。然后，再组织第二次的教研活动……反复如此。我相信如果我们这么做的话，我们就不可能不解决问题。希望此次去学习的老师们带着这些问题去学习、去取经，回来以后写好考察报告，做好交流并与大家一起将所学、所悟应用到实际的工作当中。另外，这次没有去学习的老师也不要着急，不要觉得心理不平衡，我们的外出研训会轮流进行，以后我们还会有更多的机会到更好的地方去学习。

二、学习感悟。这一周的培训有两个部分，分别是聆听专家报告和教育思想研讨。

（一）聆听专家报告，感悟智慧人生。从周一到周日，我们一共听了3场报告，每场报告都是半天时间，分别是华东师大教育教学系主任、博士生导师杜成宪的《从历史中寻找答案——中国传统管理文化》专题报告；华东师大体育与健康学院院长、国家中小学《体育与健康课程标准》研制组长李浏的《中学体育与素质教育》专题报告；江苏省常州市教育局长、原江苏省常州市高级中学校长丁伟明的《不为彼岸只为海——一所学校的存在要义和实践探索》专题报告。从这三场报告中，我感悟到了许多智慧。

（二）感知浙派教育，研讨教育思想。按照课程安排，在中心的统一安排下，周三上午7点出发，3辆大巴，共100多人，其中有我们高中校长40期高研的48人及长三角名校长班及优秀校长研修班60余人。我们共同前往浙江省先后参加了三场教育思想研讨会，分别是浙江省新昌县澄潭中学校长李辛甫教育思想研讨会、浙江省杭州市第二中学校长叶翠微教育思想研讨会和浙江省杭州市长河高级中学校长陈立群教育思想研讨会。他们的许多教育理念让我受益匪浅，很受震撼。今天我想谈一谈自己的一些感悟和体会。在此之前，我与江南水乡有许多机缘。2001 年我在老家任中学校长参加晋中市教育局校长提高培训期间，曾到华东五市考察学习，留下了我取经的足迹；2004 年底至 2007 年初，在新东方江苏扬州和泰州工作时，留下了我创业的汗水；今年 8 月，我曾带着部分老师到上海看世博会，10 月再到上海参加教育部全国高中校长高级研训，四次长三角之行，并无倦怠。相反，每一次到江南水乡，总有一种如梦如幻般的温暖与静美，让人心醉，汽车在高速公路上快速行驶，我痴迷地眺望着江南美景，独享着那份淡定与从容。

1. 澄潭中学和李辛甫：到达新昌县城时，正好是中午 12 点，吃过午饭后 1 点 20 分我们就去参加了李辛甫教育思想研讨会，研讨会由教育部中学校长培训中心主任代蕊华主持，参会领导有教育部中学校长培训中心主任陈玉琨教授、副主任沈玉顺博士、浙江省教育科学研究院院长、博士生导师方展画先生和浙江省新昌县人民政府副县长丁虹女士，领导致辞结束之后，李辛甫校长开始了他以《教育：培育美好人性》为主题的报告，他分别从教育是什么、教育为什么、教育能做什么、我们的教育该追求什么、现在的教育在追求什么、我们的学校在社会上扮演着什么角色，能给社会、学生留下什么的问题……为我们做了非常丰富精彩的报告。他开口讲的第一句话就让我觉得是找到了知音，他的普通话比我更不标准，按照我的普通话理论逻辑"一个人的普通话水平和他的能力成反比"，可见他的水平比我更高！后来的报告和交流也进一步验证了我这个理论的正确性，他的激情与执着，他的细心与敏感，时常能在不经意间发现教育的真谛。他自嘲地说自己是"草根式"的校长，主持人幽默地说他的普通话很有特色，从这种特色中体现了人性之美，人性之光，教育之美，教育之光。虽然不是在说我，但是这些话让我很受鼓舞。最后是教育部领导的点评与总结发言，为整个研讨会画上了一个圆满的感叹号。

李校长所带领的澄潭中学，在新昌县的澄潭江畔，这是一所让人尊敬、令人感动的学校，占地200亩，建筑面积6万平方米，既具有现代气魄和都市风情，又有学院气息、田园风光，是一所将人、教育、自然完美交织在一起的生态学校。10年前，她还是一所非常普通的农村中学，地处新昌农村澄潭镇，无地理优势；优秀生被县城的学校统招，无生源优势；不少优秀教师被城里的学校挖走，无师资优势；校园面积只有25.5亩，无硬件优势。最困难的时候，在校外租了5处师生宿舍，吃饭要分5批轮流吃，280名学生同住一个大礼堂。但就是在这样艰苦的环境里，澄潭中学全体师生在校长李辛甫的带领下，在科学管理、教育质量、教育科研、师资队伍、学生素质、校园建设等方面进行了多方位的探索。把许多人认为的"不可能"都变成了可能和现实。虽然没有优秀生源，但该校却培养出了4个县文科状元和2个省体育状元，每年高考上线率都在99%以上，上重点线人数超过很多省的一级重点中学，被评为浙江省文明单位、浙江省二级重点中学、浙江省科研兴校二百强学校、浙江省绿色学校。取得这样的成绩，需要付出怎样的艰辛，只有我们教育工作者能体会其中滋味。晚上7点半到9点半，我们参加了其艺术节名家名曲大合唱，学生们的精神面貌更是让我肃然起敬。

2.杭州二中和叶翠微：周四早晨7点半，我们准时出发前往杭州，从新昌县城到杭州大约有两个多小时的车程，叶翠微校长在西溪湿地谦逊地恭候着我们的到来。特别值得一提的是，西溪湿地因拍摄《非诚勿扰》时有一个场景是葛优在此地约会而一夜出名。中午12点40分，我们到了学校门口，一瞬间就被学校的大气与厚重所吸引。校园里，见不到标语，也没有看到口号。雪白的墙壁上，以一种特别的方式悬挂着自1899年创办以来学校各个时期的老照片。在那些发黄的照片中，有低矮破旧的老校舍，有身穿长衫、面色凝重的办学先辈，也有现代的校友和学友。特别是我们几个学员坐在报告厅的阳台上平静聊天时，轻风拂过，感觉特别的舒服与惬意，那是一种融入血液的平静。我早在江苏工作的时候就久仰叶校长大名，因为叶校长对教育有着一份天然的依恋；"行者无疆"一直是他的信条，20多年来，他出湖北、上广西、进浙江，从未停止过前行的脚步，一直在教育的路上前行并求索。2000年，杭州市教委面向全国公开招聘重点中学校长，他一路过关斩将，出任"百年名校"浙江省杭州第二中学校校长，去年他又提出"校长实名推荐制"而闻名全国。下午两点半研讨会正式开始，参会领导有浙江省教育厅副厅长何杏仁、浙江省杭州市教育局书记、局长徐一超、浙江省教育科学研究院院长博士生导师方展画先生、教育部中学校长培训中心领导陈玉琨主任、沈玉顺副主任和戚业国博士。研讨会由教育部中心校长培训中心副主任沈玉顺博士主持，领导致辞之后，叶翠微校长以《教育是心灵相铭、理想共约的生命活动》为主题从他的"教育实践"层面具体讲了"我做了什么？我为什么这样做？我还想做什么？"然后又从四个维度十个角度告诉我们"道常无为而无不为"和"知其不可而为之"的深刻内涵。毕业校友、在校学友和家长代表的讲话更是饱含深情，这是"树叶对根的情意"。特别是戚业国博士的点评更是对他和他的思想的真实写照："他为寻找实践教育思想的土壤而流离，他为探索教育的人性而跋涉，他在与教育功利的搏斗中苦苦挣扎，是教育的使命把他变得坚强，是孩子们人性的光辉给予他激情，是教育同仁的期待使他看到希望，他跋涉而来，还会蹒跚地跋涉而去，因为行者无疆！"最后，陈玉琨主任的点评"铭心相约教育思想——约在共同的愿景，即相互理解、相互宽容、相互交融；重在心心相印，即以心换心和以心换心；难在知行统一，即教育思想和教育实践。"堪称是画龙点睛之笔。我不禁在内心感叹，大家就是大家！

叶校长所带领的杭州第二中学积极推进以"促成学生自主发展"为宗旨的教育改革，构建了"面向全体学生、坚持全面发展、承认个体差异、充分发挥学生主观能动性"的"自主发展教育"体系，形成了自己的办学特色。他们坚持以高远的大学理念，彰显现代学校的基调与底色。学校先后提出"一个中心（人性的成长）两个基本点（个性和灵性的和谐发展）"的教育观，"高境界做人、高水平学习、高品质生活"的成才观，"思想解放、行为规范"的管理观，"开明、开放、开化；宽松、宽容、宽厚；人性、理性、灵性"的文化观，要求学生做卓越的"二中人"，杰出的"中国人"，优秀的"世界人"。近年来，他们在德育改革方面，构建了以"立意高、渠道宽、实践性强"为特色的"体验式、感悟式"自主德育模式。德育工作重基础、重创新、重实效，形成立体网络，达到整体优化；在学校管理改革方面，制定了"全、优、尖的素质教育发展目标管理体系"，强化学生的主体意识，促成学生的"全面发展，充分发展，突出发展"；在课程结构改革方面，形成了以学科课程、活动课程、隐性课程为内容，以必修、选修、自修为修业方式的"三三制"课程体系；在教学方法改革方面，建立了以"目标达成度""学生参与度""时间利用率"等为必要条件的"理想化课堂教学模型"，引导教师努力探索趋近"理想化效果"的最优化教学。晚餐之后，烟波浩渺的西子湖畔，游人如织，我们全体学员漫步苏堤，眺望雷峰塔，不由得想起了影视剧中的白娘子、许仙和法海。

3. 长河中学和陈立群：周五上午 8 点，我们一起出发前往长河中学。从给我们发的参会证就知道这所学校的管理很注重细节，他们将参会者的名字都非常认真地打印在了代表证上，让人有一种被尊重和被认可的感觉，参会领导有浙江省教育厅副厅长何杏仁、浙江省杭州市教育局书记、局长徐一超、浙江省教育科学研究院院长博士生导师方展画先生、教育部中学校长培训中心领导陈玉琨主任、沈玉顺副主任和戚业国博士。研讨会由教育部中心校长培训中心副主任沈玉顺博士主持。研讨会第一项是由陈立群校长作主题发言——《教育：爱与责任》。陈校长从爱与责任的解说、教育中的爱与责任、爱与责任——教育的基石三个方面给我们阐述了他的教育思想和内涵，告诉我们在教育这片土地上，没有爱心就是昧着良心，没有责任感就有罪恶感这个浅显易懂而又深刻的思想。陈校长始终认为教育即心灵唤醒，教育即精神奠基，教育即真爱施与。他在浙江省创办首个"宏志班"，从此带领全校师生沿着"创办宏志班——提炼宏志精神——迁移宏志精神——精神教育"的路径一路前行，并创造性地提出了"榜样激励——实践体悟——课程引领——文化濡染"四位一体的学生精神成长模式建构，在全国基础教育界率先开展精神教育的研究。用他坚定的教育信条无私地耕耘着教育这片圣地。"宏志班"，寄托着他的教育理想，也承载着无数贫困学子的未来；"校长爸爸"，不是一个人的称呼，而是一群人的称呼。当一位校长与如此多的学子命运相系的时候，我们看到的是教育的责任、国家的希望。10年来，陈校长的教育之志从未改变，帮助近700名寒门学子开辟了教育的绿色通道，圆了求学梦。陈校长所带领的杭州市长河高级中学原是钱塘江畔的一所农村中学，在一步步发展为省一级重点中学的过程中，饮水思源，关注弱势，创办了浙江省第一个"宏志班"，向全省招收品行优良但家境困难的学生，此举赢得了社会各界的尊敬。长河中学师生在陈立群校长倡导的"爱心与责任感"的感召下，以"高昂的志气，高远的志向、高雅的志趣"为内涵的"三志教育"为抓手，以"理解、主动、勤奋"的宏志精神为引领，从平凡走向卓越。近年来，学校实现了跨越式发展，先后7次蝉联杭州市"人民满意学校"，学校的社会声誉不断扩大，成为杭城学子竞相报考的浙江省一级重点中学。学校被中央教科所确定为首批全国百所特色学校。报告会结束后是领导的讲话和总结点评，说他像一个辛劳的园丁，种下的是一颗颗爱心，植下的是一株株责任；说他像一只不倦的春蚕，吐出的是一线线白丝，温暖的是千万个身躯；说他像一盏美丽的红烛，把自己燃烧得越来越清瘦，却把千万人的前程照得越来越明亮。教育就应该如陈校长这样，左心房里装着的是爱心，右心房里盛满的是责任。

总有一种谈话，会深深地打动我们的心；总有一种交流，会让我们心潮起伏。这三场思想研讨会，不仅打动了我的心，而且让我心潮起伏。教育真是让人魂牵梦萦。每每到周日，我总是写写停停，不由自主地总是到深夜，今天已是凌晨，掀开窗帘，上海今夜绵绵细雨，冬天快要到了，春天还会远吗？

你们的战友：梁勇

第三十一封信 坚定信念，充满信心

各位老师、战友们：

这是我到上海学习之后的第四封信，由于我本周有事，所以还没来得及及时对本周的学习进行总结，等回到上海后我将总结写在博客当中与大家分享。今天晚上下自习以后的九点半，我给大家做了一个《坚定信念，充满信心，不要被问题吓着，不要被困难吓倒》的主题报告，报告结束已经是晚上 10 点 40 分，在办公室与个别老师交流完回到公寓后已经是深夜了。

本周我想和大家谈谈教育价值观的话题。亲爱的老师们，我们常常说要打造中国的伊顿公学，办一所中国最好的学校，引领中国教育的发展。理想是崇高的，可现实中我们却被一些毫无价值的事情牵着鼻子走；我们常常说学校要为学生的终生成长服务，为学生的未来发展奠基，却常常被学生现在的一些琐事干扰；我们也常常说要点燃学生的梦想和理想，让他们走向光明的未来，但是我们却常常在失去理想的庸碌之中生存和挣扎，失去了本来应该有的沉着和大气。今年招生工作结束之后，我在反思，是不是包括我们的做事心态和方寸出了问题，还是我们做事情的价值观和指导方针出了问题？面向未来，我们学校应该怎么做？今年总校的暑期培训是"回归原点，与经典同行，构建学校幸福教育"，这个主题非常理性，我想我们应该回归本原，从最根本的地方来思考两个问题：我们工作的目的是什么？学校存在的目的是什么？

一、我们工作的目的是什么？是为了生存吗？肯定不是，是为了挣钱吗？肯定不是！是为了生活得更有品质吗？也许是。生存也好，挣钱也好，生活得更有品质也好，应该是正确方向后的一种自然结果。就像一个人拥有理想，努力学习，奋斗拼搏之后成功和成就是必然的回报一样。成功和成就是水面上的睡莲，最重要的是水面下的根系；我们如果不在水下种睡莲的根，就不可能有水面上的花。扪心自问，其实，我们工作的目的是崇高的理想，为了感受存在的价值。我们不要说是为了中国教育的发展，更不要说是为了祖国的繁荣昌盛，我们能踏踏实实把每一个学生教好，让每一个把孩子送到我们学校的家长安心和放心，我们就已经在为中国的教育、祖国的繁荣做贡献！

二、学校存在的目的是什么？是为了让来到学校求学的学生有所收获。让他们有理想、有追求、有崇高的生命目标，有对未来的无穷期待，不管遇到什么挫折，生命都能够勇往直前！是为了给孩子们提供成长的路径，通过我们的努力，使他们从落后走向进步，从低头自卑变得昂首自信；不管是帮助他们提高学业成绩，还是帮助他们提升思维能力，不管是帮助他们提高对美好生活的感知能力，还是帮助他们完善自身素质和人格体系，都是希望每一个学生能健康成长；是为了让孩子们把学习的痛苦变成一种学习的乐趣，让孩子们把要我学变成我要学；是为了让孩子们彻底理解：追求知识和智慧是人生中多么美好的一件事情；是为了让信任我们的家长放心，让他们能放心地把孩子们送到学校来。让我们设身处地想一想，如果我们是家长，我们为什么要把孩子送到学校来？一个孩子，对于我们来说是1/1000，但对于一个家庭来说就是100%，是一个家庭的未来和幸福。我们要让家长放心地把孩子送到我们学校来。不管这个家庭是否有钱或有权，每一个家庭都应该得到同样的关怀和尊严；是为了我们自己的灵魂能够纯净。面对那些天真纯洁的孩子们，面对他们渴望阳光的眼睛，我们能够让自己变得更纯粹、更大气、更充满爱心和善良。人都不乏聪明，聪明也许是与生俱来的，但善良和爱心是后天可以培养的，与其说是我们在帮助孩子们，还不如说是孩子们在帮助我们，帮助我们获得善良和爱心，帮助我们获得高尚，获得一种人格的健全和人格的高贵。基于此，我们不能做一个没有价值、没有梦想、没有崇高理想的教师。

老师们，你们为我们学校撑起了一片天地，你们把自己的青春、梦想和生命寄托在了学校，因为学校的发展和学部的发展还处在创业的初级阶段，我有时候对老师们严重缺乏人文主义关怀，有时候我不反思自己的管理能力，反而抱怨老师们的能力。其实没有无能的员工，只有无能的管理。我们学校全体师生共荣辱、共奋进，才会有真正灿烂的明天。让我们回归吧，回归到最重要的价值上，回归到为我们的内心带来崇高感和使命感的事情上。只有这样，我们才能身处乱局而不惊，面临剧变而气闲，在纷乱中有章法，在琐碎中有远见。脚踏实地，眼看远方，我们才能把学生带向美好的未来，我们学校才能成为大家愿意回忆、值得回忆并且产生美好感情的一个团队和集体。

你们的战友：梁勇

2010 年 11 月 21 日

第三十二封信 珍爱生命，安全第一

各位老师、战友们：

转眼之间，我来上海已经学习一个多月，每天漫步在大学校园，或外出考察优质学校的管理，感受前沿学校的办学经验，或在教室里聆听教育专家的精彩报告，感受华师大深厚的人文底蕴。在丽娃河畔闲庭信步的时候，蓝董事长曾经说过的一些话仍应萦绕在耳畔，"离学校越远，便会看得越清楚。"当我远离学校的时候，许多人、许多事变得更加清晰起来，这是我学习一个月以来的最大收获，跳出学校看学校，似乎更加明白了一些理念，更加厘清了一些思想。周三即将回去参加我们学校的沙龙活动，与大家做一些交流，即将再次见到大家，我非常期待和高兴。

今天的信和大家交流以下五个话题：第一，期中考试顺利举行，联合考试组织有序。这次期中考试，初中和高中部都按照我们的工作安排进行了联考，初中和顺义十中联考，除政治、历史、地理、生物因教学进度原因之外所有科目都参加了联考，试题除个别知识点外，改动极小；高三年级用海淀区的期中试卷、高一和高二年级的英才班用顺义一中的试卷、高一和高二的其他班级用顺义九中的试卷，有些科目因进度不一，进行了局部改动。期中、期末实施联考改革，是我们学校的一次飞跃，这不仅是对我们教育教学的公平检测，而且是对学生学业成绩的一次重要检阅，没有比较就没有鉴别，联考的目的是让我们的教育教学更有公信力和说服力，为对全体老师公平公正的考核提供依据，这项举措，将作为一项长期的制度坚持下去，我们联考的目的不是为了对比成绩，而是希望通过这种措施，提升我们的课堂教学质量，提升我们的教风和学风。

针对此次考试，教学处对考试科目、考试日程和监考教师都作了精心的考虑与部署。在整个考试过程中，大家一起狠抓考风考纪，学部领导反复多次巡视，严肃查处考风不正之风。老师们认真监考，认真阅卷，认真分析同学们的考试成绩。在全体师生的共同努力下，本次期中考试进行得非常顺利，远在上海的我真心感谢全体老师。通过期中考试大家更好地检查和了解了教师教和学生学两个方面的情况，为下一步的教育教学工作安排提供了依据。特别让我兴奋的是在考试结束后，教学处在第一时间把学生的分数发给了我，让我在第一时间了解到了学生们近期的学习情况，与此同时，大家在第一时间进行了期中考试的学情和质量分析，从中找出了得与失。初中部以年级为单位召开了学情分析会，而且每个年级组都写了《学情分析报告》；教学处写了期中考试总结并详细分析了各班期中考试优秀生、学困生人数与上次月考人数对比情况；高中部对每个学生、每门学科的试卷情况和学生存在的问题及改进措施做了深度分析。

通过期中考试，教师们要认真思考总结一下前一段时间教学的效果，把好的教学思想、教学观念、教学方法、教学技巧、教学思路发扬光大，进一步加大课堂教学改革的力度，给星星之火再加点油；通过期中考试，大家要借机改变学生们的学习动机和学习积极性。客观地说，我们的学生身上存在"缺乏自制力、缺乏动力、缺乏活力、缺乏毅力"四缺现象，我们不能从功利的角度解决学生的学习动机，而应该从价值观的角度激发学生的学习积极性，并以此为契机在我们学校掀起"比、学、赶、帮、超"的学习热潮。我们要督促广大同学制定学习计划，树立人生理想，提高学习的积极主动性。我要特别提醒的一点是，对于部分"学困生"，相关科任教师一定要制定出相应的办法，落到实处，下次考试我们要进一步对比，要进一步考核。特别是对于初一和高一这些起始年级的学生们，我们更要关注"学困生"，坚决不能让更多的学生掉队。这次期中考试，学部要召开专题分析和通报会议，按照学期初的考核方案，测算老师们的量化考核数据。

第二，家长会的成功召开，家校合作再上台阶。周五的家长会一结束，初中的刘文忠老师和高中的康庆老师及一些家长和老师们纷纷给我发来信息，告诉我家长会开得很成功，我甚为欣慰。召开家长会是为了进一步增进家长和学校之间的联系，促进学校与家庭、教师与家长之间的交流沟通，更好地形成教育合力。通过家长会，一方面我们可以和家长共同探讨家庭教育方法；另一方面，我们也可以就家长关注的课程设置、德育教育、教学工作开展及学部的发展规划等事项展开相应的讨论。在这一次的家长会上，各位班主任老师向家长们详细地汇报了半个学期以来学生们各个方面的情况，科任教师介绍了自己所教授的学科学生们的学习情况，提出了对学生的希望和要求。家长们进一步地了解到了孩子们在学校的学习情况和生活情况，家长们与老师们畅谈孩子近期的思想、学习情况，对学校和老师提出了中肯的建议。通过本次家长会，让各位家长及时了解了自己孩子在校各方面的表现，获得了一些教育子女的方法，明确了子女今后的努力方向，加强了家长和老师的沟通，构建了家校结合的平台，在学校与家庭、老师与家长间架起了一座友好的桥梁。

高中部的崔老师和初中部的江老师都对家长会进行了总结和反思，给我许多启示。如果我们每次召开家长都采用相同的形式，那么将会造成家长、学生对家长会的审美疲劳。对于家长会，我们应该加以创新，形式和内容都要创新，现在就要考虑期末的家长会如何组织，以后的家长会我们可以开发成对家长教育的课程计划，可以运用汇报式、介绍式、展示式、学生汇报式、专家报告式、经验交流式、心灵沟通式、联谊式等多种方式举行，鲜活生动地向家长通报学校和班级的工作计划、孩子的成绩和各方面表现，广泛征求家长对学校和班级管理工作的意见，共同研究对学生的教育方法和管理方法，交流家庭教育的经验和体会等，让家长会彻底改变呆板、枯燥、一成不变的说教方式，解决实际的问题，让家校都有收获。孩子健康快乐成长，是家校共同的心愿！

第三，沙龙活动筹备工作，团结协作彰显品质。我在前两封信都连续安排了"打造中国最好的中学"的沙龙活动，这不仅是一场活动，更是一场反思与深思，分析我们与最好的中学之间的差距，深思我们如何努力可以做得更好，在筹备期间，罗保文老师付出了许多艰辛的努力，方案策划堪称完美：活动立意健康向上，活动形式创意独特，布局谋篇新颖别致，按照课堂方式亮相，切合学部实际。在沙龙的筹备过程中大部分老师都给予了支持，在沙龙活动筹备工作中，大家的团结协作彰显了我们学校的品质。希望大家继续努力，在周一到周三这三天的时间里，积极参与，认真预习"助研稿形式下的高效愉悦沙龙"教学方案和相关资料，中学上下迅速形成共识，对此次活动不能熟视无睹，事不关己，我们要一起助推此次活动成为本学期开展研究中心活动的最佳亮点，力求以完美的姿态来彰显我们学校愉悦高效而极具品质的工作作风。遗憾的是，也有个别说风凉话的声音和一些执行力不到位的行为，在我几次三番的催促之下才迟迟动手，但是并未影响到整个事情的筹备和进展，这段时间我陆续收到了大部分老师的来信和建议，言辞恳切，建议中肯，这些思考都很有高度，都能给我许多启示和思考。更让我受启发的是初中孩子们的片言只语，虽显幼稚却很真诚和质朴。他们的声音代表的是一个集体，我选取几则，让我们尽心尽力满足孩子们的需要：

初一（1）班陈芯贤：我心目中的好中学：鸟语花香，青草遍地是，听不见汽车和飞机的响声，沉浸在一个快乐学习的世界；课间活动时，大家可以泡图书馆、练琴、打球……，很快乐，而且课间活动时还会给我们发一些零食；教室明亮宽敞，教室后面的柜子上摆一些小仙人掌，看起来很可爱；课堂又活跃又不失纪律，老师和颜悦色地讲课，大家很积极地发言。大家偶尔可以吃一些零食补充体力，而不是趴在桌子上补作业、做题；到了中午吃饭时间时，大家有秩序地排好队，没有插队现象，饭菜可口、健康，有肉类，有蔬菜类，合理搭配；

初一（4）班刘京涛：我心目中的好中学：校园环境优美、学生团结；文化课上，学生可以选择自己喜欢的兴趣班进行学习；可以多与外校师生进行文化交流，提升学生们的综合素质，经常参加社会实践活动，增长见识和知识；学生自信，老师亲切有修养；有足够的睡眠和可口的饭菜，每个人都为心中的理想而努力；

初二（3）陈焦：学习是学生的天职，所以必须定期进行考核。在教学区的纪律要做到安静，不能打扰其他同学的学习，在校园内要做"三管住、四弯腰、六节约",即管住手、管住脚、管住口;看见纸屑弯弯腰、看见石头弯弯腰、看见烟头弯弯腰、看见果皮弯弯腰;节约一张纸、节约一支铅笔、节约一分钱、节约一滴水、节约一粒米、节约一度电;

初二(4)班黄钰倩:我认为学校应该给我们更多的学习压力,毕竟有压力就会有动力,还可以让我们的生活更充实一些。我们拥有私立学校的生活、公立学校的学习环境,希望我们学校越办越好。孩子们的这些声音,我们要听,而且要认真听!

第四,学校工作安全第一。最近学生处和校办已联合给大家发了《夺命大火再鸣警钟》的邮件,提醒我们安全工作是学校中最重要的工作,比考试、比课堂还要重要,我们一定要深刻吸取上海特大火灾的教训,坚决防止和杜绝校园安全事故的发生,按照学校安排,各班级在下周一须组织以安全教育为主题的班会,让学生深刻领悟火灾防控和火场逃生自救的基本常识(包括防震、防灾、防爆等基本常识)。同时,德育处也要不断加强宣传教育和推广工作,除部署之外,更重要的是要认真检查,真正把安全工作落到实处,时刻要把"安全"二字放在做好各项工作的首位,防患于未然。我突发一个奇思妙想:其实每天的早操,全体学生和老师在从公寓到操场的过程,每天的课间操从教室到操场的过程,就是最好的消防和防震的演习,我们可以将两者结合起来加以细化。

第五,招生工作提前启动,不折不扣抓紧落实。本学期,期中考试已经过半，我们应该在不影响教育教学的前提下，提前着手考虑下学期的招生工作，因为招生工作是学校常谈常新的工作，我经常讲，生源的质量、家长的素质，对学校的发展至关重要，每个人每时每刻都要有意识地挂念这项工作，我经常讲"皇帝女儿也愁嫁，酒香也怕巷子深"。

11月24日晚上沙龙活动结束之后，回到学校，到三楼会议室，由我牵头，招办参与，组织召开第一次我们学校招生联席会议，具体安排布置下学期的招生工作任务。下学期的招生工作，要严把入口关，进行"三重两维度"面试，每个学生和家长首先由招生办进行面试和笔试，对于不合格的学生有直接否决权，对于合格的学生由学部领导审核，最后由校长面试审批或者授权面试审批之后再录取。

老师们，在学校工作，也许很累、很辛苦，但是我真心地希望大家能在我们在学校尽情地享受心灵的自由和精神充实的畅快，获得生命质量的整体提升，也获得一生最好的发展。

你们的战友：梁勇

第三十三封信 创新与定位

各位老师、战友们：

我 23 号晚上从上海飞回北京，24 号参加了我们学校的沙龙活动，并在管理人员和班主任工作会议上对期中考试前的工作做了总结，对下一阶段的工作做了布置和安排，25 号一早又从北京又飞回上海继续参加培训学习，27 号随教育部中学校长培训中心第 40 期高研班学员一起从上海又飞到深圳开启广东教育考察之旅，我们将考察深圳中学、深圳高中、深圳外国语学校、广东广雅中学、执信中学、113 中学、东莞中学、中山纪念中学，同时还要参加"中外名校长论坛"和"深圳外国语学校的校庆活动"。

深圳的冬天一点都不冷，穿着短袖，仿佛如盛夏一般；深圳的冬天，树照样绿，草照样青，花照样红，给人温暖的感觉，虽然行程很紧张，但是这样的气候，让人心情大好。今天的信和大家交流两个话题，德育工作创新和我们学校的定位。

第一，德育工作要勇于探索，勇于创新，力争开创学校新形势下德育工作的新局面。我在多封信中提到学校德育工作，今天再次与大家交流此话题，希望能引起德育处、班主任特别是全体老师的重视。

一方面，家校沟通要及时。本周有几位家长反映没收孩子的手机之后没有和家长沟通，导致家长在接送学生的过程中因为堵车没有按时接到学生，这是哪个环节出了问题？没收手机之后为什么没有与孩子的家长沟通？学生家长没有按时来接，为什么没有和家长沟通？有没有让孩子从老师办公室和家长通话？学生有没有自走卡？是怎么出去的？为什么会发生这些的事情？……我多次提醒，德育处、班主任和导师要多和家长沟通，而且遇到问题要及时沟通，和家长一起了解学生，给学生更多的关爱。和家长一起走近学生的心灵，了解他们最需要的是什么？最想说的是什么？最想做的是什么？有什么远大志向？有什么实际困难？我们是否和家长一起用真心和真情去拨动他们的心灵之弦？我们常说，"以人为本，以学生的发展为本，尊重学生，尊重学生的个性"，我们尊重了多少？尊重学生的核心就是要和学生的家长一起尊重学生的尊严，尊重学生的责任，尊重学生的价值，尊重学生在自己发展中的主体地位。再次提醒大家，班主任、导师要和家长要多沟通，及时沟通，家校携手，共育英才。这项工作，德育处要常抓不懈，形成制度，认真落实。

另一方面，习惯养成要坚持。播种行为，收获习惯；播种习惯，收获性格。养成良好的行为习惯是学生健康成长的根本保证。高中部学生会在 9 月 25 日由高中部德育处牵头，学生会的学生们以身边现象为素材，自编、自导、自演《开启日常行为习惯反思之旅》，生动地呈现了发生在我们学生自己身上的行为习惯，从正反两方面予以揭示，带给了我们很多许多思考和启迪。《开启日常行为习惯反思之旅》的六个篇章：开启日常行为习惯反思之旅——第一站：教室、宿舍、卫生间的卫生；第二站：公共财物使用和维护；第三站：仪容仪表；第四站：文明礼仪规范；第五站：课堂违纪现象；第六站：违规违法。内容丰富，涉及学生在学校生活的方方面面，是一堂生动的行为习惯课，更是一堂生动的德育教育课，在德育处的指导下，学生自主组织的活动比说教式的教育效果要好得多。高中部德育处和学生会的这种活动策划值得肯定！同时，这次活动给了我许多启发与思考，应该把学生行为习惯的养成教育作为德育工作的切入点和主要内容，并就学生的安全习惯、生活习惯、运动习惯、明礼习惯、阅读习惯、学习习惯等各个方面抓好落实。着眼于未来的教育不再是单纯对孩子们知识的授予，更多的是对孩子们人格的培养，对孩子良好习惯形成的教育。良好的行为习惯不仅会指导他顺利而有效地完成学业，而且将会影响他的人生。反之，不良的习惯则有可能使之误入歧途，改变其一生的命运。苏霍姆林斯基也说过："如果作为道德修养的最重要的真理在青少年时期没有成为习惯，那么所造成的损失是永远无法弥补的。"同时，学生良好行为习惯的养成是形成良好班风和学校学风的基础，是建设良好班集体的保证。因此，德育处和班主任一定要将学生行为习惯的养成教育落到实处。

此外，德育工作要创新。我们学校的德育工作比以前有很大的提高，但是需要提高的地方还有很多。德育工作到底应该从哪里入手？德育工作苍白无力的原因到底在哪里呢？……值得我们深思。我们不应该怨天尤人，抱怨社会、抱怨家长、抱怨学生，更不应该简单地把账算在当前的教育体制上，而应彻底反思一下我们的教育观念和方法。我们的德育工作是不是脱离了实际的德育目标？是不是我们的德育方法太过于粗糙简单了？是不是我们没有科学体系的德育模式？是不是我们抛开了学生身边的实际东西，还是老一套的只注意空洞抽象的说教？是不是因为德育处的管理和班级的管理仍然以"管、卡、压"为主要手段？……一系列我们没有看到的原因导致我们德育工作的成效性不高，或者是跟不上日新月异的社会形势发展的需要，已经出现了严重的滞后性。事实上，咱们的班主任大多是单打独斗、穷于应付，既严重地束缚住了学生的手脚和思想，成为学生发展的桎梏，也让自己在满腹牢骚中成了"最忙最累最辛苦"的人，多元化、复杂化的社会现实对中学生的思想时时发生着深刻的影响，而在这样的影响面前，过去那些陈旧的德育模式所发挥的作用已经显得越来越力不从心。因此创建新的德育模式变得十分必要，这就需要包括班主任在内的所有德育工作者勇于探索，勇于创新，力争开创新形势下德育工作的新局面。

总之，中学德育工作任重而道远。俗话说："十年树木，百年树人。"要想使班级、学校乃至当前的道德风气得到全面改善，就必须从现在抓起，时刻注重德育的工作成效，切实实施道德素质教育，营造良好的德育氛围，杜绝一切形式主义的德育教育方式，从实际出发，以人为本，努力使德育目标内化为文明、高尚的行为实践，达到我们实施德育的最终目的。

第二，打造中国最好的中学从打造"优质、特色、多元"的学校开始。这也是我们学校目前切合实际的定位。理想要有，但是要从现实出发，我们都要做一位从现实出发的理想主义者。

1. 沙龙活动的小结。上周三我们学校在发展研究中心的统一组织协调下，举行了"打造中国最好的中学"的专场沙龙活动。这次沙龙活动，以课堂方式举行，效果不错，无论是从活动的形式、活动的内容、参与的人数都为发展研究中心成立以来最有创意的一次活动之一。罗保文老师为了这次活动付出了许多努力，策划、创意、组织、沟通、协调、执行和落实做了大量工作，在此，特别给予表扬，美中不足的是活动之后的最后一米没有画一个完美的惊叹号，如果在周四协同家长接待中心把新闻报道写好上传，这次的活动就完美了，瑕不掩瑜，从中学习成功的经验，总结得失，为以后的活动提供范例。

2. 优质中学的思考。前几次我和大家一直在交流关于打造中国最好的中学的交流，这是一种理想，就现实而言，我们学校的定位是"优质、特色、多元"。我感觉这种定位就目前而言比较切合当前实际。打造中国最好的中学从打造优质、特色、多元的我们学校开始。那么，什么样的学校才是真正的优质学校，不同人有不同的理解。有的人可能认为，办成重点中学就算优质学校了；也有的人认为，中考、高考成绩好的学校就是优质学校；甚至可能有人认为，教学设备设施好的学校就是优质学校。这样理解优质学校，是很片面的。我认为，评价一所学校是否优质，最简单、最通俗的说法就是，学生喜欢不喜欢这所学校，学生喜欢去的，就是一所好学校。进一步的阐释是：能让学生找到学习的乐趣，找到成功的体验；让老师找到教学的快乐，找到成功的感觉；让学校管理者找到经营学校的成功与快乐；让学校充满快乐，充满成就感，这样的学校才能算得上真正的优质学校。 校园里，同学们轻松地学习，快乐地学习，开心地玩耍、嬉戏，其乐融融；老师们各有专长，各具特色，教法不拘一格，育人各有奇招，同事们相处无间，开心而幸福地生活……这种情景，不是我凭空捏造，我们的老祖宗孔夫子早就亲身践行了。他作为一名教师绝对不会感到累。他的学生学得轻松，"学而时习之，不亦说乎"，他以自己的学习为乐事，学富五车，同时也教导学生以学习为乐事；他教得也轻松，他没有长篇大论的说教，"不愤不启"，他重视启发式教育，且多数是讨论，探讨式学习；他讲求"因材施教"，能根据学生的特长引导学生，注意培养学生的学习自觉性和独立思考能力。而孔子的"仁"，最简单的表述就是"爱人"，即对人尊重和有同情心。相对于以上的描述，这种教育境界离我们还有一些距离。但我认为，作为一名教育工作者，无论现在大环境情况如何，都不能失去对理想的追求，都应该自觉向我们的目标努力迈进。

你们的战友：梁勇

第三十四封信 "特色学校"与"学校特色"

各位老师、战友们:

今天虽是周末,但是我们并没有休息。中心组织补课,午餐我和同宿舍的同学吃方便面,晚餐我们叫的是外卖,目的是完成老师布置的作业,所有校长同学都呼吁老师给我们减负,就在写信之前,我还没有完成老师布置的作业,尽管笔耕不辍,但是作业还是没有完成,先停下来兑现我给老师们的信,与大家交流我在广东考察过程中的一些心得与感悟。

2010 年 11 月 27 日至 12 月 9 日,教育部中学校长培训中心第 40 期高中校长高级研修班一行 48 人在班主任田爱丽老师和王静老师的带领下赴广东(深圳、中山、广州)进行教育考察,历时两周共考察了广东省 10 所学校:有深圳中学、深圳高级中学、东莞中学、中山纪念中学、广东实验中学、华南师大附中、广雅中学、执信中学、113 中学,参加了一次中外名校长论坛和一次深圳外国语学校的校庆活动,此次广东考察学校之多,内容之广,任务之重,行程之紧,管理之严,每天都是早出晚归,教育部中学校长培训中心不愧为中国中学校长的黄埔军校,名不虚传。考察中既看校容校貌和教学设施,也听校长报告和公开课、既听学校介绍经验和办学体会，也由我们提出问题共同探讨。考察形式多样，气氛活跃。考察中大家边听、边看、边总结、边反思，感到开阔了视野，解放了思想，取得了真经，体会颇深，收获很大。我们还见缝插针，利用边边角角时间，对广东的经济、文化、生活进行了多角度的观察和体验，也有许多发现。虽然不能说在这14天中对广东教育的状况有了切实的整体把握，但是培训、考察期间，用眼、用嘴、用心，对广东省的教育现状以及发展也确实有了相当的认识，对广东所考察学校也有较为深刻的印象。在以后的岁月里，我将把此次考察分模块化（考察日记、学校管理、学校文化、教师专业化发展、课堂教学、课程改革、德育教育）进行总结，和大家交流。

今天把参加中外名校长论坛的感悟与体会与大家分享：12月1日，《中外名校长论坛——中学办学特色研究》在深圳大梅沙京基海湾宾馆开幕，我们第40期高中校长研修班全体受邀参加，甚为荣幸。大梅沙拥有深圳最长的海滩，海水清澈，沙滩广阔，沙质细软，冬天的阳光分外温暖，鹏城的杜鹃分外娇艳，来自美洲、欧洲、澳洲、非洲、亚洲以及海内近百家学校及机构的专家学者、校长及各界领导和嘉宾近300名中外校长相聚于此，论坛于上午9:00正式开始。深圳市副市长吴以环，教育部中学校长培训中心陈玉琨主任、沈玉顺副主任，深圳市教育局领导郭雨蓉局长、唐海海副局长等有关领导和专家出席了论坛有关活动。开幕式上，吴以环副市长代表市政府欢迎中外来宾到会，深圳外国语学校黄海强副校长致欢迎辞，论坛级别不可谓不高。

　　根据论坛活动的统一安排，论坛各项内容围绕大会主题逐项展开。在主题报告时间里，在国际校长联盟秘书长 Edward John Brierley 先生的主持下，教育部中学校长培训中心培训部王俭主任受培训中心主任陈玉琨委托，首先作了题为"培育办学特色，培养多样性人才"的报告。他们在报告中提到了特色建设过程中存在的主要问题，如特色建设"过特""过色"、特色建设功利心过度、伦理不足、特色建设重外加、缺内生，因此造成了特色短命化，肤浅化，片面化，局部化等弊端。他们认为特色学校的建设应从凭直觉的特色建设走向自觉的特色建设，实现"各美其美、美人之美、美美与共、天下大同"的文化自觉，在特色学校的建设上，民族的，才是世界的；特色的，才是发展的。来自新加坡的 Clive Dimmock 教授在报告中介绍了英国和新加坡两国关于建设特色学校的不同模式，强调了在特色学校创办过程中校长的领导力的重要性。

　　随后，由我们的班主任田爱丽老师（她是教育部中学校长培训中心港澳台教育研究室主任）主持安排，来自澳大利亚的 James Spinks 教授就该国多元文化背景下特色学校的建设、特色课程的构建等作了报告发言。主题报告活动的第四个发言人是来自深圳外国语学校的汤佳宏校长，他的报告以"深外20年：创特创优的思考与实践"为题，强调了办优质而特色的学校应成为学校的一种自觉。学校立足于"外语特色"战略定位，以此营建学校核心竞争力，并倾力加以打造巩固，确定了把学校办成"高质量、有特色、现代化"学校的办学目标，制定了为高等院校输送"全面发展＋外语特长"的高素质人才的培养目标。今天的深圳外国语学校业已成为深圳地区学子向往、家长认可的首选学校之一。

中午稍事休息后，与会代表嘉宾不辞辛苦，继续内容紧凑的论坛活动程序。在南非比陀大学 Muvia Gallie 博士主持的专题报告时间里，来自英国的 Tim Andrew，来自澳大利亚的 Sheree vertigan 先生，他们认为，成为特色学校必须制定详尽的战略计划，教育不能一刀切，要尊重差异，使每个受教育的孩子都能找到个性化的成功路径。来自国内的两位校长分别发表了专题演讲，其中郑州外国语学校毛杰校长谈到了丰富学校校本课程，实现特色人才培养的基本思路，以期达到文理兼长、外语突出、多元融合、全面发展的目标。厦门二中的谢志强校长就学校特色形成中的两种渠道，即传承和构建发表见解，他还以本校特色文化建设的大量事实如艺术、体育、外语等特长的培养，介绍了厦门二中的特色形成路径。随后与会代表、专家分成 4 个组，在澳大利亚、泰国、挪威、美国专家学者的主持下分别就办学特色与人才培养模式、校本课程设置、教师专业发展、教育教学评价等专题进行了热烈充分的讨论。在此基础上，各小组推出代表作大会反馈。

最后，由教育部中学校长培训中心副主任沈玉顺先生对大会进行总结。他高度评价本次论坛取得的丰硕成果。本次论坛汇聚了来自国内 31 个省市自治区近 300 多位名校长和 40 多位国外教育专家，共同研讨中学特色办学问题，体现了代表广泛性、国际性及视野开阔的特点。除此之外，本次论坛主题集中，内容全面系统；会议代表思维活跃，观点多样；论坛气氛严谨，研讨认真，是一次成果丰硕的成功会议。论坛取得了以下主要成果：对特色化办学的必要性、重要性和必然性达成了共识；厘定了办学特色与特色办学的内涵及其特征；分享了中外办学特色建设的思想成果和实践经验；丰富并深化了对办学特色的认识；明确了办学特色和优质教育的关系；探讨了特色办学的成本和风险问题；提出了办学特色形成过程中需要避免的误区；指出了优秀校长在学校发展中的关键作用。经过一天紧张有序的工作，在完成了论坛各项工作内容后，2010 年中外名校长论坛至此宣告顺利结束、圆满落幕。

为期一天的论坛，气氛热烈，精彩纷呈。先进教育理念荟萃，前沿思想碰撞，会议内容丰富，既有专家理论前沿问题的探讨，也有校长数十年工作鲜活实践的提炼，我们第 40 期高中校长研修班一行 48 人深受启发，获益良多，开阔了视野，拓宽了思路，进一步增强了自我发展"特色"的信心。他山之石，当可攻玉。虚心学习别人的办学经验，明确自己的发展优势，遵循教育规律，扑下身子，真抓实干，我们 48 所学校一定能实现跨越式发展。

这次论坛，就我个人而言，不仅学习了先进的教育管理经验，更对学校特色的发展和发展特色学校坚定了信念，为下一步深化教育教学改革，创办特色学校启迪了思想，增添了智慧，也有许多感悟与体会。《中国教育改革和发展纲要》明确提出中小学校要"办出各自的特色"。特色化是深化素质教育的有效途径，特色学校建设，也是加强学校内涵发展，提升学校办学品质的必由之路。随着素质教育思想和新课程理念逐步深入人心，张扬学生个性，创建特色学校的工作受到了教育界的广泛认同和高度重视。但是我也发现在一些地方和学校还存在着种种不容忽视的认识误区，亟待廓清。

误区一：内涵理解肤浅化。对特色学校的科学内涵和本质要义一知半解，模模糊糊，把握不准，理解不透，直接制约了特色创建工作的深入开展。创建特色学校首先必须准确把握其科学内涵，树立科学的特色观。关于"特色学校"的内涵，学术界众说纷纭，但比较集中的观点是指在学校的办学发展过程中，坚持从实际出发，创造性地贯彻教育方针，形成具有特色教育思想为核心的办学体系，并被全体成员不断内化为具有独特稳定个性和风格的学校。它的要义有三个方面：一是稳定的个性。学校在办学过程中逐步形成的独特个性和风貌，具有相对稳定的特点，是特色学校定型、成熟的重要标志之一。因此，那些仅是偶发的一时一事的东西，即使具有鲜明的特异性，也不能称之为"特色"。二是全员内化。全体师生员工是特色建设的参与主体和对象主体，因此，唯有最大限度地发挥他们的主动性、积极性和创造性，使体现一校独特办学理念的各种教育因素融合生长，逐步积淀成为一种广泛的、稳定的文化模式，进而内化为全体成员的价值观念、活动方式和行为取向，才能形成鲜明的办学特色。如果仅是部分人的参与，或仅是少数几个特长生的"专利"，那是绝对创不出特色学校来的。三是整体优化。特色学校是一所学校各方面工作的综合外显和整体优化，它要求学校的特色理念和创建目标不仅要化为全体成员的自觉行动，而且要扩展渗透到学校制度、管理、教学、环境建设等各个方面、各个层面，并成为牵引学校各种教育力量和整合学校各种教育因素的火车头，成为一种整体优化的个性文化和独特风格。它应当有助于学校优良校风的生成和整体育人效益的提高，有助于使每个学生在已有的发展水平和可能的发展潜力上，获得积极、主动、全面的发展。如果不能在全面育人、高效育人上发挥作用，那就不是真正的"特色"，并且也没有"争创"的必要。

此外，"特色学校"与"学校特色"是两个互有区别的概念。学校特色是学校在发展过程中逐步形成的某一方面的独特风格或独特优势。学校特色与特色学校前者是初级形态，后者是高级形态，两者互有区别，又互相联系。

误区二：理念主张片面化。这有两种突出表现：其一是为了"特色"而"特色"。片面强调做"特色"，把创特色当成"作秀"，把个性教育绝对化，完全忽略了教育的共性要求，忽略了每一所学校都必须把全面贯彻党的教育方针，遵循教育的基本规律，促进学生的全面发展作为教书育人的根本和前提。特色学校建设工作如果离开了这一为政之本，必然要误入歧途，偏离正确的方向，最终也难有实际效果和持久生命力。《中国教育改革和发展纲要》指出："中小学要由'应试教育'转向全面提高民族素质的轨道，面向全体学生，全面提高学生的思想道德、文化科学、劳动技能和身体心理素质，促进学生生动活泼的发展，办出各自的特色。"这一指示明确规定了学校在办学实践中应正确处理好一般与个别的关系，坚持把建设特色学校与全面贯彻党的教育方针相统一，把特色育人与全面推进素质教育相统一，把个性化办学与规范化管理相统一。要力戒哗众取宠，舍本逐末，始终坚持以人为本，充分开发本校的优势和潜能，为充分张扬学生的个性创设良好的平台，全面提高育人的质量。其二是片面强调创设条件。过分夸大特色学校的建设条件，把特色学校的创建条件绝对化，怨天尤人，不是嫌学校设施设备差，就是嫌教师素质差、生源质量差等等，一句话，创建特色学校不具备条件。诚然，特色学校建设的确离不开上述诸多条件，但在"特色建设"问题上，上述"条件"并不具有决定性的作用，甚至几乎是微不足道，可以忽略不计的。条件好、规模大的学校可以大做文章，铸就品牌；条件差、规模小的学校也能有所作为，大有作为。

误区三：目标追求形式化。一些学校本末倒置，把教育外在的、具有展示、表演性质的东西作为特色学校的建设内容，把特色建设的外在形式当作追求的目标，图面子，赶时髦，好大喜功，追求轰动效应，结果，特色学校建设变成了"作秀"工具和"应景"文章。殊不知，内容与形式是辩证的统一，形式是为内容服务的，没有内容的形式是毫无意义的。特色学校建设的核心内容是"全面育人、学有特长"，真正为学生的全面发展和终身发展奠基。因此，尽管拿到了一些奖牌，尽管也培养了一批特长师生，尽管也产生了轰轰烈烈的社会影响，但这些并不等同于就是学校特色。学校的特色建设应该是着眼于所有教职工共同参与，着眼于所有学生健康发展，是让每个学生在特色建设中得到锻炼、感受成功、获得快乐、健康发展的整个过程。

误区四：选项定位随意化。一些学校对特色建设的基本理论研究不够，对学校校情分析不够，特色选项定位不准，创建方向模糊不清，表现为：一是叶公好龙，好高骛远，脱离实际，结果有心无力，步履维艰，绩效低微，无疾而终；二是漫地掘井，东一榔头西一棒子，什么都抓，什么都漏，结果是贪多嚼不烂，无果而终；三是选题过"平"过"小"，只见树木，不见森林，抓住一点，不及其余，把特色建设片面化、庸俗化，结果必然是发育不良，难成正果。由此可见，能否科学选题，科学定位，对于"特色"建设成效最大化，实在是至关重要的。这就要求学校在选择特色项目时必须坚持因地、因校、因人制宜，从学校环境、基础设施、师资队伍、校本资源等情况出发，扬长避短，认真筛选，发掘亮点，选择具有延展空间和发展潜力的项目作为特色建设的切入点。俗话说"一方水土养一方人""根深才能叶茂"，只有贴近学校实际，贴近学生生活，防止"切口"过大过小，"采点"过高过低，真正找准自己的"优势"所在，并不断强化发展，提升水准，逐步做大做强，最终才能形成学校独特的"品牌"。

误区五：实施过程简单化。一些学校把特色建设过程简单化，只注重线性推进，单纯着眼于特长生人数的增加，着眼于各类考级、竞赛获奖的层次和数量，途径单一，方法陈旧，不注重策略研究，不注重质量提升，满足于低层次运行。有些甚至完全凭一时冲动，一阵风，一时雨，虎头蛇尾，浅尝辄止，缺少恒心和后续动力，最终，特色"创建"工作很难持久深入地开展。辩证唯物主义告诉我们，创建特色学校是事物由量变到质变的矛盾运动过程，需要进行不懈的努力，不断进行量的积累，任何走捷径，急功近利，幻想一蹴而就便可大功告成是很不现实的。轻易得到东西多半也会轻易失去。但单纯量的积累并不能自然地带来质的飞跃，尤其是特色学校建设作为一项创新活动，它意味着学校要走别人没有走过的路，做其他学校没有做过或没有做好的事，也意味着原有办学模式的突破。因此，"创建"的过程首先是一个自我探索、自我完善的过程，需要不断进行自觉能动的总结、提升、发展才能实现事物质的飞跃。即使在办学特色形成以后，也不意味着"创建"任务的终结，还要在稳定、巩固已有特色的基础上，继续进行新的探索，酝酿新的发展，不断实现新的飞跃。此外，特色建设过程中的重复是一种"消散性"的量变，是一种"不进则退"的动态过程。它需要办学主体应努力克服自身惰性习惯的阻滞，坚持不懈，积极进取，才能保持"特色"，拥有鲜活的生命力。一旦放松了努力，那么，原来取得的成果也不会像高楼大厦那样能够持久地屹立于世，难免会逐渐销声匿迹。

总之，本次中外名校长论坛，带给我的收获是全方位的。沉甸甸的收获让我犹如新生的喜悦。论坛形成共识的终极目标是为了应用，创建特色学校是一项艰巨复杂长期的工作，在这方面我们学校也做了一些有益的探索，但还很不够。我相信，只要我们以校为本，以生为本，深入探索，充分发挥学校资源优势，就能在创建特色学校中形成属于自己的学校特色，促进学校可持续发展。

以上是我参加中外名校长论坛的体会与感悟，以写信的方式与大家分享和交流，随后的信我将把更多的学习、培训、考察体会形成文字与大家分享。

你们的战友：梁勇

第三十五封信 朴素、坚守、真情的德育

各位老师、战友们：

本周，上海下了第一场雪，几天前还是暖洋洋的好天气，15日的上海却寒风凛冽刺骨，如果是在北京，不足为奇，但是在上海遇到这样的天气并不多见。当天下午，我们正在上课的时候，有一位广东的同学全然忘记了老师正在讲台上激情四溢地讲课，兴奋地说道："下雪了！"老师和全班同学抬头往窗外一望，发现的确下雪了，那飞舞的雪花随风飘散，于是，老师停下来讲课让我们课间休息，我们把笔记本放在一边，拿起相机，跑到楼下，赏雪，拍照。大家都为这样的天气兴奋不已，因为许多来自南方的同学见一场雪，很不容易，漫天飞舞的小雪花，虽然没有达到"积雪"的程度，但是已让很多同学惊喜。北京到目前为止，早已进入深冬，可是还没有下雪，2010 年，北京的雪，比以往任何时候来得都晚了一些，气候异常，大家要加强锻炼，保重身体。让我们一起祈盼，让北京的雪早一些来吧！

明天是 12 月 20 日，是我兼任中学校长一周年纪念日，感谢大家一年来对我的支持和帮助，感谢大家一年来对我的宽容和理解，感谢大家一年来对我的工作的配合与执行，感谢各位所付出

的每一点点努力。和大家共事的这一年来，大家让我学到了很多的东西，在我成长的过程中让我获益匪浅，这段经历将会影响我的一生。这一年，我们全体师生员工在董事会和总校的领导下，在家长的理解和支持下，乘势而上，再攀高峰，这一年是喜获丰收的一年，我们的学生数量在稳步增长，我们的教学质量在逐步提升，我们的学部形象在迅速提升，我们的办学定位在日渐清晰，我们的管理在不断强化，我们的人气在有效聚集……虽然还有许多遗憾和不足，但是，任重道远，我们学校的全体员工会全力以赴，乘风破浪，勇往直前，为学校更加灿烂的明天而努力。

今天下午收到崔老师给我的信息，同时接到刘老师给我的电话向我报喜：我们又获得 DI 全国比赛一等奖。借着写信的机会，我要向获奖的同学和 DI 小组表示祝贺。连续三年获奖，彰显了我们学校中学生的实力，感谢崔老师的辛苦与努力，感谢刘老师的帮助和指导，感谢艺体中心总监魏老师一如既往的关心！感谢学校的支持！希望我们学校把像 DI 比赛这样对学生有意义的活动作为我们的一项校本课程开发出来，普及全体，惠及全校学生。

上一封信，我和大家分享了参加"中外名校长论坛——中学办学特色研究"的感悟与体会，今天我和大家分享一下考察广东几所学校的德育教育后的一些感悟，希望能对大家有所启发。

为期两周的广东教育考察。我们接触到了广东最前沿的教育，可以说享受了一场视觉的"豪华盛宴"和美味的心灵鸡汤。广东最发达的城市中最好的学校几乎尽收眼底。华丽、气派的校园，先进、完备的设施，丰富的课程设置，多彩的学生活动……一切都在彰显着经济发达地区的前卫，像深圳夜晚多彩的霓虹，使你晕眩，甚至迷失在无边的光影中。

然而，我的心终究逐渐地安静下来。我努力地寻找着一些可以触动心灵的东西，一些洗尽铅华后仍然撞击视野的东西，一些素面朝天却可以邀来泪水的东西……因为，我眼中的"德育"是细雨、是飞花，无言的浸润，无声地飘洒，却清新而芬芳！

朴素的德育

12月3日，这是我们广东考察之旅的第五天。我们来到了"红墙绿瓦、飞檐雕梁、厚重古朴、气势恢宏"的中山纪念中学。850亩校园，山水、草木、亭台、碑刻轮番冲击着我的视野，然而，真正让我震撼的却是中山市教育局刘传沛局长所讲述的一个个朴素的小故事。

一名初二的男生，一段时间以来上课就打瞌睡，班主任、校长都反复对其批评教育，可情况仍不好转。当刘局长带领校长、班主任来到这个小孩的家里时，才了解到，小孩的父亲半年前因车祸去世，而母亲病重，一家人生活的重担压在了这名初二的男孩身上。每天夜里，他要两点半起床到菜市场去批菜来卖，以此来养活母亲，供自己上学！了解到这些情况，班主任和男孩的母亲抱头痛哭……

一个小女孩，家里非常清贫，连端给老师的茶杯都是裂的，但女孩子却无比的阳光！

......

谈起这些教育案例，刘局长如数家珍，他动情地说："教育不是喊口号，不是坐而论道，是要真正走进学生心里，德育要像呼吸一样自然！"

一个市教育局局长，我们眼中的"高官"，却亲自带领老师做家访，俯下身来用最朴素的方式诠释着教育的真谛、用最深切的情感抚摸教育的贫瘠。那一刻，在我们的眼里，他不再是一个高高在上的领导，而是一名教师，他懂教育、他爱教育、他引领着教育！德育竟有如此朴素之美！那一刻，我的眼睛湿润了。

坚守的德育

12月6日，我们来到了有广东第一校之称的华南师大附中，走进校园的第一感觉，这所盛名之下的学校远没有我们先前所见到的学校漂亮。楼宇有些灰暗，会议室的墙壁也显出斑驳之痕，了解才知道，这所学校现在基本保持了17年前学校建设的原貌。17年，不算短的日子。然而，接下来，教学杨校长介绍得更长的一段时日深深地吸引了我。

华南师大附中每年都要用10天的时间，带领学生们到广东最贫瘠的农村去学农，住在老百姓家里，同吃、同住、同劳动！而这项活动，到目前为止，已经坚持了21年！很多不理解的人都在问，这样顶级的学校，每年要损失70个正常学时来学农，值吗？校领导用学生们亲身的感受回答了这个问题。

"收获良多的我，开始忏悔以前的生活""我学会了感激，学会了宽容，学会了珍惜今天拥有的一切。""学农，我带去的是厚重的行李，带回来的却是复杂的心情——愉悦夹杂着沉重。愉悦是美丽的景色以及淳朴的农民赋予我的；沉重是在我看到农村与城市的差距，农民与城市中的人的差别后，自然而然地产生的。我会更加珍惜现在的生活，努力学习。而长大后进入社会工作时，我一定会多关心农村，多帮助农村，多为农村谋福利！"……

杨校长说：艰苦的 10 天农村社会实践，给学生的人生留下一笔极为宝贵的财富和一段极为不平常的经历，并产生极大的后发效应。学生开始有感触地去思考社会和人生，在个人发奋学习的层面上增加了更多的国家意识、民族意念和社会责任感，极大地增强了学科学习的深层次的动力。 21 年，德育的一种坚守，没有功利的外衣，却带给孩子们生命中最宝贵的滋养！德育是远离功利的，它的功效，有时需要用孩子的一生来评定！

真情的德育

12 月 7 日，我们来到了百年名校广雅中学。它的古朴之美深深地打动了我们。百年沧桑的古木传递着历史的一种震撼；湖光掩映的亭台飞扬着今时的一种风姿。校园之美，典雅大气，超然脱俗。然而，更令我们震撼的是广雅中学的黄永光校长，一个即将退休的老人所展现出的对教育的无比赤诚的情怀！

这是一位让人动情的前辈，他率真、坦白，热情又富有理性，激昂又充满智慧！他的报告也是广东之行给我触动最深的一个！黄校长说：精神教育，是教育的灵魂。精彩的生命需要：感恩——感动——感悟——感奋、知苦——吃苦——离苦——救苦。有感受，才有感动；有感动，才有感恩；有感恩，才有报效；有报效，才有动力。要让学生感悟到：生存要有尊严，生活要有品质，生命要有价值。要把"命运"转为"使命"！

讲述的时候，他是那样动情地传递着自己对教育的理解，每一个手势，每一个神态，每一个音符，都彰显着他的活力、他的热爱、他对教育的期待！所有的听者都被感动了，黄校长以自己对教育的无比忠诚与热爱为我们每个人上了一堂德育课！德育需要有真情。陈玉琨主任曾经说过：爱心只有爱心才能唤醒，诚信要靠诚信加以教育，感情只有感情才能激活！黄永光，一个对教育如此动情的校长。当有学员问他做校长最得意的是什么时，他说：我最得意的是老师们、学生们觉得在广雅生活、学习很幸福！"把幸福带给身边的人"，这对学生而言是最高级的德育！

回顾广东之行，曾因这里的繁华而感到教育的迷茫，但撩开繁华的面纱之后，我竟惊喜地发现，无论外在的条件如何的优越，这里的教育者们仍然保持着朴素的教育情怀。因为，他们深深地懂得，教育应当远离功利，真正的德育素面朝天！"细雨湿衣看不见，闲花落地听无声"，让我们共同葆有教育的纯真，无论你是富有还是贫瘠，无论你身处前沿还是边远，只要我们对学生的爱清澈如水，我们就都能为国家的未来撑一片明净的天！

你们的战友：梁勇

第三十六封信 借敬畏风帆　促学生远航

各位老师、战友们：

今天是我在上海参加培训学习的最后一个周日，也是我在上海学习期间写给大家的最后一封信。等下周五学习结束后即将回到北京，带着期待而来，满载收获而归，届时向大家分享我的收获。

前天是平安夜，昨天是圣诞节，下周六是 2011 年的新年，这一封信，是 2010 年的最后一封信，请大家接受我迟来的祝福和新年的问候！记得 2009 年 12 月 27 日我给大家写第一封信的时候，最后一句话这样写道："在以后的日子里，我会在每周日雷打不动地发一封信给你们，与你们一起成长。"一年来，我兑现了我的承诺，在大家的陪伴下，我成长了许多，成熟了许多，是你们给了我力量，给了我动力。

一封信，是坚持，是执着，是承诺，是思索，是追求……在新的一年即将到来之际，我送大家三句话，与诸位共勉。

第一句：敬畏我们的职业。一直以来，大家在平凡的岗位教书、育人，日复一日、年复一年，为学生的健康成长不辞劳苦，呕心沥血，谱写了学校教育发展的时代凯歌，教师职业在平凡中熠熠生辉。我们每天做着简单的事情。这就是教师职业的特点，就是我们的工作。与学生心手相扶的一个个小小的细节，与学生的一次谈话，给孩子的一个微笑，一次不经意的帮助，一个孩子的幡然醒悟……一件件的小事情中实实在在地容纳了老师们的无限教育智慧和高超的教育艺术，我们的工作也因此变得平凡而不贫乏，简单而不简约，这是教师职业之所以神圣，为师者之所以充满魅力之本源。不辱职业使命，一切为了学生的未来发展，应该是我们教师职业永恒的追求。不是任何一个人都能当教师，会当教师。正如孟子所言："仰不愧于天，俯不怍于人，二乐也。得天下英才而教育之，三乐也。"能成为一名人民教师，应该是一个人一生的荣耀。我庆幸能成为你们中的一员，并能时刻呼吸来自校园清新的空气，滋生源源不断的动力。我因此十分珍惜这份缘分，格外敬畏我的职业，敬畏我们的老师们，也是怀揣着对职业的敬畏之感，不敢有半点懈怠，走过了一天又一天、一年又一年，小心谨慎地做事，踏踏实实地工作，认认真真地为大家服务。

第二句：敬畏我们的学生。教师从事的是"高风险"职业，有可能影响学生的一生。今天的孩子，就是祖国甚至于是世界明天的希望。他们生命的生动与鲜活，让教师的人生得到充实、丰富与滋润，孩子的成长和发展，成就了我们的职业幸福。当孩子的天真和烂漫如缕缕清风拂去我们心灵的浮躁和倦怠的时候；当孩子拿起笔，在一方白纸上勾画了一幅奇特的图画，让我们看到希望和未来的时候；当孩子们在运动会上努力地奔跑，捧来一张张奖状的时候；当你的烦恼被孩子的安慰抚平，当你的劳累被孩子甜甜的笑声融化的时候，我们没有理由不感谢我们的孩子，从而萌发深深的敬畏。老师们，人民教育家陶行知先生有一句名言："你的教鞭下有瓦特，你的冷眼里有牛顿，你的嘲笑中有爱迪生。"这句话足以警醒我们——在被教师体罚、轻视的学生中极有可能有未来杰出的人才，我们如果不用自己的心灵去了解、关爱学生，只知以严厉的惩戒、冷漠的言行去对待学生，那么极有可能会损伤学生的自尊心，损害学生的情感，扼杀他们的个性，而让学生变得平庸，成为所谓的后进生。我们轻率的判断，可能掩盖了他们的好奇和想象；我们的呵斥，可能会埋葬学生创造的火花；我们的随意，可能放纵孩子的恶习。教师责任大于天，如果孩子们带着痛苦离开学堂，如果孩子们带着失败走向社会，那便是我们教育人的失职。在我们的教学工作中，我们应尽可能尽自己的最大能力以正确的思想与方法引导学生，促使学生成人、成才，以保证我们的教育教学取得预期的成果。

老师们，学生的成长和未来就是命令。每个学生都享有被尊重的权利，他们的人格和尊严渴望得到老师的尊重和呵护。因为教师的尊重和信任，会使他们感到自己学习的快乐、生命的价值。教师敬畏学生，就是要认真履行职责，敢于担当，认真准备好每一节课，认真对待每一个学生的每一次作业，认真倾听每一个孩子的每一个心声，认真策划每一次教育情境；教师敬畏学生，就是要对学习困难的孩子一些微笑、一点鼓励，用纯朴的爱心宽容他们的迟缓、谅解他们的过错；敬畏孩子，要善于运用批评的手段，及时扶正他们前行中歪斜的脚步；敬畏学生，就是不抛弃任何一个学生，不放弃任何一个学生，不轻视任何一个学生……敬畏孩子，是我们职业道德的基础，是教师责任的底线。相信今天的孩子，明天一定会在不同的岗位创造历史，创造文明。他们是民族的希望，世界的未来，为了国家的富强，为了民族的未来，为了世界的明天，我们更应该敬畏我们的学生。

第三句：敬畏我们的家长。千万不要冷落我们的家长，特别是有个性的家长，他们可能给我的意见和建议最多，甚至于指责最多，这些是源于他们对学校的希望太多，也正是他们促使我们发展和进步，我们的家长是精英的家长群体，都是各个行业成功的代表者，他们像陀螺一样在这个世界上旋转着，源于他们对学校的信任，对我们学校的认同，有的家长不远千里放弃名校，把孩子送到我们学校，是他们支撑着我们的教育梦想，在这些家长身上，挺立着一个民族骨骼中最坚挺的东西，我们应该敬畏这些民族的精英。老师们，请在物质日益丰富的今天，在忙碌中做短暂的停留，静下心神反观自身，轻声问一问自己，在我们的工作中，我们是否丢弃了这份敬畏？在我们的办公室里是不是有他们的一个座位，是不是起身为家长沏过一杯热茶，我们对来访的家长是否态度冰凉？在发现孩子的不足时，我们是不是给家长送去了一份温馨的提醒？在家长遇到教育困惑时，我们是不是以职业教师的身份给予了专业的技术指导？如果不是这样，起码的热情和尊重应该是我们对家长怀有敬畏态度的底线。人立天地间，要生存、成长、发展，就不能不心存敬畏。孔子曰，君子有三畏：畏天命、畏大人、畏圣人言。万物众生，都值得我们敬畏，从一朵向阳的花朵、一棵柔弱的小草，到一只爬行蚂蚁，都焕发着生命的力量，足以让我们敬畏。心存敬畏，我们才能把握自己，有所为，有所不为；心存敬畏，我们才能进退有序，不致滑向浅薄无知、恣意妄为之深渊。在 2011 年来临之际，让我们不辱使命，为了孩子们的未来，借敬畏风帆，促学生远航。希望大家在新的一年里有新的希望、新的起点、新的收获！祝贺我们在 CCTV 英语超级联赛初赛中获得"北京赛区最佳组织奖"。希望中学全体英语教师群策群力把英语教学工作上一个新的台阶！

你们的战友：梁勇

第三十七封信 工作重要，健康更重要!

各位老师、战友们:

　　这封信是新年以来的第一封信，岁末年终的时节是各种事务纠缠的时间节点，也是很多人心情纠结的关口。人们总在这时总结过去展望未来，这段时间我也正在盘点过去一年的得与失，梳理这一年的工作成功与失败，计划未来一年的理想与愿望，考虑我们学校的发展与前行，同时我还在撰写学习报告，争取在放假前或者假期中与大家交流我的心得与体会。从上海回来一星期，看到学部在大家的努力下正常发展，我甚为欣慰，非常感谢大家的辛苦与努力! 虽然也存在一些问题，但是这些问题都属于发展中的问题，我们一定能解决和克服。

　　今天与学校全体管理人员一起到天津武清参加英才企业组织的联欢活动，因为重感冒我未能全程参加，吃饭前就离席到医院去检查身体，自 2010 年暑假以来，我的身体总是出问题，越来越感觉到健康的重要性，周日与高中部主任康庆老师交流时，我们也提及此话题，大家也经常打电话、发信息担心并关照我的健康状况，现在躺在床上带病给大家坚持写信的我感触颇深，所以今天与大家交流的话题是健康的重要性，以此与大家一起共勉!

希望各位在努力工作的同时，一定要加强锻炼，保重好自己的身体，让我们互相提醒，互相监督，工作重要，健康更重要！

我曾在本学期的第二封信中给大家发过一个关于"健康最重要——来自中南海的健康专场报告"的PPT，并且告诉大家，健康不代表一切，没有健康就没有了一切，有这样一句话，"30岁以前是用健康换金钱，30岁以后是用金钱买健康"，但是健康能买吗？我看过这样一篇报道：国外一个30多岁的年轻人买彩票中奖了，一下变成亿万富翁，但是紧接着他被查出患了绝症，只有不到半年的生命。他在报纸上刊登了一则广告说，谁能把生命给他，他愿意把所有奖金给那个人。但是有人会要他的奖金吗？可以要吗？健康无法买卖，无论你有多少钱。当你的健康出现问题后，再想要回来，几乎不可能！保持健康的最好方法不是用药，而是未雨绸缪，通过有效的手段，预防疾病的发生。

工作重要，健康更重要，工作的重要性在于，它不仅是维持生存的手段，也是健康和能力的表现。工作是否认真积极，有个人的思想成分，也与个人的健康状态密切相关。一个健康的人会处事乐观，豁达大度，积极向上，反映在工作上就是认真负责，工作效率高。从这个角度看，一个人能够高效地工作，也是健康的体现。我一直坚持这样的观点，叫"享受工作"，我将工作完全融入生活中，生活就是工作，工作就是生活，享受着工作所带来的乐趣，并把乐趣与身边的朋友分享。

任何事情都是有两面性的，工作虽然对我们的生活很重要，但是，我们还有更重要的东西，那就是健康。"身体是革命的本钱"，如果没有了健康的身体，工作也就没有了载体，你也就没有了工作。没有了健康，工作也会随之失去，我们身边有很多这样的例子。我们大多数职业人，上有老，下有小，回到家里还有一团糟。我曾经接触过一个因为健康而失去工作的人，他是某知名企业的中层管理者，30多岁，正处于人生的巅峰时期，与大多数人一样，他每天起早摸黑忙于工作，身体慢慢出现了一些不好的症状。亲人劝他到医院检查一下，休息几天。但他总说："过几天再说。"终于一天，他彻底病倒了，只能躺在医院里。他的工作在他躺下的第二天就由别人接替了。此时的他终于明白，他的工作是可以替代的，而健康却是没有人可以替代的！所以，无论任何时候，无论工作多忙，我们都要时刻关注自己的健康，为了自己，也是为了工作。

健康的身体不光是良好的工作效率的保障，更是拥有美好生活的基础，在我们的健康没有出现问题的时候，就要未雨绸缪，这也是我坚持让我们和学生加强身体锻炼的重要原因。老师们，让我们一起加强锻炼，保重身体，一起健康地生活和工作，为自己祝福，也为大家祝福。

你们的战友：梁勇

第三十八封信 课堂，永远是教育教学的主阵地和主渠道

各位老师、战友们：

由于处理一些工作上的事情，所以近一点才给大家写信，很晚才写完。这封信主要和大家交流我本周听课的一些体会。

本周，我与大家一起共听了 4 节公开课，其中高中两节，初中两节，有代增喜老师的数学课，有才华老师的英语课，有刘丽华老师的语文课，有刘芳老师的生物课，虽然都是复习课，但是一堂堂生动活泼、精彩纷呈的课让我倍感欣慰，纵观每个老师的整个教学活动，有的课大气豪放，有的课细腻缜密，有的课循循善诱、深入浅出，有的课结构严谨、引人入胜。课堂上，我欣喜地看到了教师亲切、鼓励的目光和学生自信、灿烂的笑容；听到了教师充满人文关怀的教学新用语；感受到了民主、平等、轻松、愉悦的教学氛围。课堂上，学生真正成了学习的主人，教师成了学生学习的引导者、组织者和学习伙伴。本学期推行的课堂教学改革既体现了我们学校"四有四导"创新教学的特点，又彰显了老师们的课堂个性，课堂教学改革对提升教育教学质量有极大的促进作用。

听了代增喜老师的数学课，我在听课笔记本上写了这样的文字：课堂需要严谨、民主、平等、和谐，代老师的课堂就是这样。代老师一如既往地西装革履，仪表端庄、有条不紊地组织课堂，站在讲台上的代老师亲切和蔼，最值得圈点的是他在课堂教学中让孩子们走上讲台展示讲解，孩子们讲解清晰，思路正确的，代老师颔首称道，加以鼓励，思路有误，解题困难的，代老师眼中给予的是期待的目光和适时的点拨，"学生主导，教师主体"的新课程理念已经深深印在代老师的数学课堂思维当中，只是希望代老师对更多学生关注的面更广一些，给更多的孩子创造展示和交流的机会，课堂会更加丰满。

听了才华老师的课，我在听课笔记本上写下了这样的文字：才老师的公开课是常态课的表现形式，学生的真正投入写在了脸上。才华老师是学校 2008 年搬迁新校以来从东北师大直接招聘来的优秀大学毕业生之一，经过两年的历练与成长现已成为初中英语老师的主力军，才华老师美丽、阳光，课堂后气氛活跃，师生关系融洽，在两年来的工作中也从不拈轻怕重，从不抱怨，不埋怨，是大学生中成长较快、发展较快、可塑性极强的重点培养对象之一，只是在教育教学方法上需要进一步雕琢，在教育教学观念和理念上需要进一步引领，希望其能主动探求新的教育教学资源，加强学习，提升自己的整体教学素养，特别是在多媒体上多下功夫，并作为自己的切入点引领学校风骚。

听了刘丽华老师的语文课，我在听课本上记录下这样的文字：

刘老师的课堂带着微笑，原来高中课堂也可以这样。刘老师设计了小组竞赛加分，学生为了小组加分，积极抢答，大胆发言，虽然是复习讲评课，但是这节课的学生绝对是课堂的主人，刘老师把更多的机会给了学生，他把学生应该有的权利给了学生，其行云流水般的教学过程在学生十分愉悦、积极参与中很快结束了，作为听课教师，我不仅感受着语文化课特有的人文感召，同时给我留下深刻印象的是刘老师面对孩子们时始终保持着的甜美微笑，那是真正源于内心的微笑，课堂需要微笑。如果刘老师的课堂民主意识更强一些，学生发言参与者的面更广一些，锻炼的学生会更多，因为课堂不仅是教学生学习知识，更应该面向全体提高能力。

听了刘芳老师的课，我在听课笔记上记录下这样的文字：课堂要让每个学生都有机会，刘老师做到了。刘老师是2008年在东北师大研究生毕业之后直接加盟学校的，平日和刘老师接触不多，见面也只是微笑问好，她给我的印象是干练、平和、给人一副温柔女性的形象，常听到别人对她的赞美之词，个人素质和修养极高，悟性也高，这节课是评讲试卷，我没有如往常一样坐在教室后面听课，而是坐在了教室的最前面，让我欣喜的是，今天的试卷评讲和以往的试卷评讲截然不同，她把学生分成几个小组，每个小组负责一个模块，小组成员之间先答疑解惑，之后，让小组成员核对答案，然后再让全班探究疑惑，同学们积极发言，踊跃解惑，我从学生的表情中可以感觉到，学生的讨论是真的，学生的答疑是真的，学生解惑是真的，这节课所表现出的教育平等、教育欣赏之光灿然，一位年轻的教师能有这样的教育气量，再经过若干年的修炼之后，必然可以成为一位教育良才，只是如果刘老师的课堂能再多一些微笑和鼓励，课堂会更加精彩。

　　总之，经过一学年来的课堂改革，我们已经取得了初步的成效，大家都有了课堂改革的意识，课堂已然有了一种亲切、和谐、活跃的气氛。老师已开始和成为学生朋友，教室也转变成为学生的学堂，学生再也不是僵化呆板、默默无闻，他们的个性得到较为充分地展现与培养：或质疑问难，或浮想联翩，或组建交流，或挑战权威。师生互动，生生互动，组际互动，环境互动，在有限的时间内，每一位学生都得到了较为充分的锻炼和表现的机会。课堂上充满着流动的阳光，平等、和谐与交流共存，发现、挑战与沉思同在。思维的活跃，频动的闪光点，让学生成为课堂上真正的主人。教师的授课既源于教材，又不唯教材。师生的情感与个性融在其中，现实的生活进入课堂，学生在互动中求知，在活动中探索，既轻松地掌握了知识，又潜移默化地培养了能力。学生的整体素质有了质的提高。我只是希望我们的公开课这样，我们的常态课也能如此。课堂，永远是我们实施教育教学的主阵地和主渠道。

你们的战友：梁勇

第三十九封信 "三个一" 与 "五个心"

各位老师，战友们：

　　新的一年又开始了，新的学期也踏着新春的脚步的又开始了，今天又恰好是 20 号，是我兼任中学校长的第 14 个月，这 14 个月以来，我一直处于如履薄冰，战战兢兢的工作状态和心理状态，而且这种状态也会伴随我一直工作下去，我真的担心自己工作做不好，既对不起董事会和校委会的信任和重托，又对不起同事的期待与支持，更对不起孩子们的现在和未来，在我所分管的工作中，不仅有中考的压力，还有高考的压力；不仅有招生的压力，还有安全的压力；不仅要做好行政工作，还要做好中学工作。在这种情况下，在董事会和总校的支持下，无论是行政，还是中学，本学期都做了一些调整和变化，"在必须变革之前做出变革"是一种责任使然，我们是民办学校，我们的学生全部来自市场的需求，市场最大特点就是瞬息万变，所以我希望不止于我，我们大家都应该永远战战兢兢，永远如履薄冰，我们只有始终保持强烈的忧患意识，才会在市场竞争中立于不败之地，因为市场不给你改正错误的机会和改正错误的时间。有压力，才有动力；有压力，才能让我们积极向上、不断学习、不断进步、不断提高！

永远战战兢兢，永远如履薄冰，是青岛海尔集团总裁张瑞敏先生提出的生存理念。华为总裁任正非在《华为的冬天》中描述：华为人必须有战战兢兢，如履薄冰的居安思危的工作态度。我希望我们学校人，也能有这样的生存理念和工作状态。

新学期伊始，希望每个部门，无论是初中、高中，还是行政，无论是年级组、教研组，还是班级，无论是教师、职员，还是学生都要对一个学期的工作进行统筹安排，特别是初中、高中、行政系统要把新学期工作计划和校历在学年工作的基础上继续修订和完善，让其更有可操作性，更有实效性，不能让计划流于形式，本周四前，把工作计划和工作行事历报给我。相关职能部门的工作计划和个人计划报给分管领导或者相关部门。计划很重要，因为好的开始意味着成功了一半！

第一周希望我们每个人，无论是我们学校的老师，还是行政系统的职员，无论是高中的学生，还是初中的学生都要做到"三个一"和"五个心"。

关于"三个一"

一、上好每一堂课，尤其要上好第一堂课。经过一个较长假期的生活，多数学生对学习都有不同程度的放松，对学习生活又有了新的陌生感，从心理上、思想上还没有完全进入学习状态，因此要求，新学期的第一节课的气氛应该是民主、轻松的，积极向上和充满希望的，教学内容应丰富多彩，课型设计上应该形式多样。上好新学期的第一堂课，应提前做好三方面的准备：首先是思想准备，即教师要从自我做起，严格要求自己，使自己提前进入工作状态，决不能让自己在惰性和惯性中开始新学期工作；其次是工作准备，要提前准备好办公用品，提前了解学生情况，熟知学校工作安排及要求，设计好助学稿，认真地备好第一节课；最后是注意仪容仪表，上课前要整理一下自己的仪表，着装整齐，调整好自己的情绪，学会微笑，让学生有亲切感。教学过程是教师和学生之间的双边活动，"亲其师，才能信其道。"建立良好的师生关系是提高课堂教学质量的必要条件。从第一堂课开始，老师就要对全班每个学生都抱有积极、热情、信任的态度，并在教学中让学生感受到这种态度。俗话说"良好的开端是成功的一半"。怎样上好第一堂课？其中大有学问。今天我是在此抛砖引玉，望老师们认真准备，把第一堂课上好。

二、上好第一个自习，尤其要上好每一个自习。昨天晚上我在巡查的时候，发现有的班级自习纪律没有达到我的预期，希望大家一定要重视自习，课堂重要，自习同样重要，我们一直在倡志无声自习（静音自习），但是许多自习并没有静下来，其实自习课就是学生自主、自我学习的一段时间。其主要功能就是通过学生的自主学习、探究，复习旧知，查漏补缺，巩固应用，预习新知，保障所学知识前后贯通的延续性，并达到自我的完善、发展、巩固、提高。如果老师在课堂上讲，自习课上也讲，学生就没有自主的时间，我们的自习更多的是让学生独立完成作业或者是次日助学稿的时间，学生在做作业或者助学稿时，教师要加强巡视，及时发现学生做作业的过程中存在的思维上、答题的规范性上等问题，掌握第一手资料。个性化的现象当场更正，共性的现象课上进行集体点评。希望老师们对自习重视和对课堂重视有一样的觉悟和高度。

三、开好第一次班会，尤其要开好每一个主题班会。凡事预则立，不预则废，班会课和课堂一样，也要认真准备，精心策划，班主任要针对学生在学习、纪律、卫生、心理、活动、交际、礼仪等方面应注意的问题通过形式多样的主题班会方式加以强化；比如分组讨论、主题辩论、主题即兴演讲等等方式开展新学期主题班会，通过第一次主题班会的召开使学生更快地进入了角色，向着更高更远更强的目标迈进！以后的班会课要创新，请班主任老师们要把班会课打造成学生品格提升的课堂。

关于"五个心"

一是收心，把寒假以玩为主的生活方式转变为以学为主的生活方式。

二是决心，我们要在新学期伊始就下定决心使自己的人生在新的一年不仅要有一个美好的开端，更要有一个美好的收获。这就好比登山前一样，要抱着必胜的信念。

三是恒心，登山的过程中总是布满荆棘，甚至会有狂风大雨，也许还会有人在你旁边说你不要爬了，多累啊！可能有人就放弃了，他永远也登不到山顶，这样的人没有恒心，工作和学习上要下工夫，持之以恒，战胜一个个困难，去争取新的辉煌。

四是爱心，爱心是学校的核心文化，无论是我在会议当中提到的爱心社，还是环保社，都与爱有关，我希望我们能够有创意地做一些爱心和环保的活动。比如，昨天垃圾桶里有许多废纸和矿泉水瓶很多，我们环保社是不是可以收集废纸卖掉，然后把钱捐给爱心社，比如爱心社是不是可以开设爱心超市，另外，教育我们的学生爱心要从自我做起，要节约环保，尊敬老师，孝顺父母，尊老爱幼，团结同学，互助互爱，这都是爱的具体表现。

五是用心，用心培养学生的良好习惯，比如阅读的习惯、锻炼的习惯、明理的习惯、诚信的习惯、责任的习惯，好的习惯可以成就孩子的一生。一个成功的人晓得如何培养好的习惯来代替坏的习惯，当好的习惯积累多了，自然会有一个好的人生。好的习惯养成需要 21 天，在这习惯养成的过程中需要用心去培养。"一分耕耘，一分收获"，只要努力就会有收获，希望每个人在新学期有新的进步，新的成功！

"一日之计在于晨，一年之计在于春"，亲爱的老师们，请珍惜每一个晴朗的早晨，在早晨的时候积极地和孩子们投入锻炼中，增强我们的体质，请抓住春天的美好季节，让那灿烂的朝阳点缀我们的壮丽人生；"梅花香自苦寒来，宝剑锋从磨砺出。"学校的成功之花是用辛勤的汗水浇灌出来的。无论何时，我们都需要勤奋自觉的精神，都需要顽强拼搏的勇气；"问渠哪得清如许，为有源头活水来。"一泓清池，必须不断有清泉的注入，否则，即使不干涸，也很容易混浊。你们每个人都是一个源头活水，所以学校才会蒸蒸日上。

你们的战友：梁勇

2011 年 2 月 27 日

第四十封信 知识的背后

各位老师、战友们：

开学第一周，异常忙碌，行政教学两边跑，永远都是"在路上"。每天都好像在战场打仗一样，指挥着战友们冲锋陷阵，英勇作战。

正月初三从山西老家赶回学校，初八高三教师返校后召开高三教师会议，初九学生返校，从开学前准备开学前的相关工作，第一天到这周一晚上为止，除了正常行政教学事务之外，大大小小我一共参加了 20 次会议和活动，开学前的校委会、管理人员会议、我们学校会议、初中会议、初三师生会议、行政人员会议、招生例会、总校开学典礼、初中部开学典礼、班车接送会议、"小升初"动员会议……周五下午学生离校后召开了校委会专题决策会，周六下午又召开了有董事长参加的专项决策会，周日上午与初中部管理人员、家委会 5 个代表、英语教师代表和学生代表一行 13 人参观了 Learning Center 和"唐韵华声"两所英语学校，周日下午参加了高中部管理人员例会，同日晚上列席了初三班主任和副班主任例会，周一上午有校长办公例会，周一晚上有高中部开学典礼暨成人仪式与高考誓师大会，另外还拜访并拓展了樱花园实验学校。本周二晚上有招生例会，周三晚上有初二师生会议。第一周，就这样在忙碌与充实中度过了……

开学第一周，初中部的开局势头良好，我非常的欣慰，遗憾的是今天晚上在我查自习的时候，许多负责自习的老师没有负起责任来，自习秩序让我失望，我希望我们的老师"上好自己的每堂课，看好自己的每一个自习，管理好自己的班级"。另外，我想谈一下本学期的重点工作：

第一，"爱的教育，铁的纪律"和"聚焦课堂，提高成绩"仍然是我们的主旋律。作为民办学校，质量是我们的立校之本，质量是我们生存发展的命脉。有了质量，才有生源，才有声誉；没有质量，一切无从谈起。在我们的潜意识里，质量靠教学，质量靠智育，但支撑教学的又是什么？是学校的办学理念、管理策略，是学风、校风，是"知识背后的东西"，概言之，是德育！是课堂！德育是学校一切工作的主旋律，是学校发展壮大、获得可持续发展的最深厚的文化底蕴！课堂永远是教育教学的主渠道和主阵地，高效课堂永远是保证质量的根本，愉悦课堂永远是保证质量的源泉。我们学校的老师在自己的岗位上辛勤劳动，呕心沥血，时刻把学生放在心上。学生进步了，我们感到欣慰；学生退步了，我们焦急不安；学生犯了错误，我们痛心和自愧。特别是在本学期的初三会议上，老师们泪洒会场，学生们也被感动得流下了热泪，三个小时的会议，学生们的表情从无所谓到神情凝重，这是我来到学校第一次被学生的行为和表情所感动！

我们的老师心甘情愿地去做那些有益学生的各种繁杂琐碎的工作，兴趣盎然地了解学生，满腔热情地抓住一切有利时机对学生进行耐心地教育，潜心钻研和努力探讨教育教学的方法和艺术，尽心尽力教育好学生。有了真情的投入、真诚的关爱，师生之间才会有真正的心灵的相遇、相通与交融，才可能培养出学生健康的个性来。

第二，教育的全部奥妙就在于如何关爱学生，没有爱，便没有教育！"好的关系胜过任何教育"，我们要学习孔子，建立似父子、如兄弟、像朋友般融洽的师生关系，把微笑带进课堂，把关爱带进课堂，把激励带进课堂，把信任的目光投向每一位学生，把温暖的话语送进学生的心田；这种爱没有条件，不因成绩好才爱，也不因表现不好而不爱。老师对学生既要有爱，还要让学生感受到老师的爱。我们要时时让学生知道，我们爱他们，我们喜欢他们，这与他们的品德和他们的成绩是没有任何关系的！这种爱虽然纯粹、高尚，但不是毫无目的的施舍，绝不是无原则的。她是在特定的育人环境中为了每一个学生的成长而施展的爱，她免不了要打上育人的印记。这印记便是严，严也是爱。爱的教育和铁的纪律是孪生兄弟。倘若只有爱而没有刚性的教育教学常规，没有了纪律，而只有放纵，只有松散，那么这种爱是不完全的，或者说是不负责任的！因为我们都知道，给学生适当的压力，用铁的纪律克服惰性，催发上进，对他们的成长更安全，更有用！爱之深，管之严，爱而不纵，严而有度，严而有格，严而有方，这就是辩证法。我所说的从严管理，要求做到有理、有度、有方、有力、有恒、有别。这种严格是建立在对学生真心关爱的情感基础之上，让他们感受到爱中融严、严中有爱，这样的教育才是合适的，也是卓有成效的。

我们的学生，无论在生理和心理发育方面都还不成熟，幼稚天真使他们还不能充分地把握自我。与成年人相比，他们的认识具有肤浅性，情绪具有波动性，意志具有薄弱性，行为具有随意性和盲从性。这个年龄段的学生正所谓"学坏容易学好难"。所以，我们作为教育工作者，必须对孩子们严加教育，使他们能够沿着健康的人生之路发展。"严是爱，松是害，不管不教要变坏。"这绝不是虚言。本周末，宋冬梅老师给我发信息"加强对违纪学生的惩戒处理"我认为她的建议很好，我们要求不能体罚和变相体罚学生，因为有体罚的教育是完全彻底的错误教育，而没有惩戒的教育又是不完整的教育，我们必须让学生明白违纪就要受到惩戒，每个人都要学会对自己的行为负责。

自从我兼任中学校长以来，反复告诫全体教职员工，做学生管理工作，要始终关注细微之处，从细节方面纠正学生不良行为，培养良好习惯，而且要坚持不懈，坚持就是胜利。比如，男生不许养长发（前不遮眉，后不遮领，侧不遮耳），女生不准化妆，不准烫发、染发，不准佩戴首饰；不允许在校园使用手机；不允许追逐打闹；不允许看不健康的书籍；不允许同学之间不正常交往等等。如果我们无论什么时候进入校园，如果看到的都是学生着装统一、队列整齐、秩序井然、文明礼貌、大方大气这种情况应该有多好！良好的校风就是我们提高教育教学质量的前提和保证。有了良好的秩序，才能实施有效教学。以上这些，都是德育的常规，其实，德育的高度比德育的常规更重要，关于德育的高度我下周再和大家做专题交流，因为如果德育的常规工作抓不好，德育的高度就是空中楼阁，就是没有基础的大厦，"基础不牢，地动山摇！"我和关校长曾发过许多相关邮件给大家与大家做过深入交流，在这里不再赘述。

第三，"招生工作，全员参与"和"保生工作，全程参与"是本学期工作的重点。学校以来，我们就贯彻"无生不成校，无时不招生，无人不招生，保生比招生更重要"的招生理念和"全员、全程"招生思路。其实全体教职员工平时努力搞好自己的本职工作，提高教育质量和教学效益，提高学校的知名度，打造学校的品牌，为招生工作创造条件，打好基础就是在招生。在招生期间，大家积极参与招生工作，面对招生工作不推脱，不扯皮，最大限度地克服个人困难参与招生更值得肯定和表扬，去年暑假，大多数高中老师都非常积极地参与招生工作，特别是闫兴华老师主动放弃休息。上学期，我校初一年和高一年招生都取得了历史性突破，而且生源质量比较好，证明了我校招生理念的正确性、可行性。

今年我们的招生工作一定要比去年好!

初中的招生工作以拓展10所优质小学,建立长期合作关系,请进来体验为主,3月5日起至6月11日,校外生源的小升初体验隔周举行一次,共8次;3月25日,举行校内生源小升初体验活动,争取直升成功率达80%以上。7月15日开始小升初适应性训练,争取交费生源达到120个(5月1日前60个,6月1日前80个,7月1日前100个,7月15日120个)。

高中招生工作以拜访已建立合作关系的学校(朝阳区、东城区、大兴区、房山区、平谷区等),加强联系沟通,做好初升高的生源推荐工作;动员在校学生利用周末回其毕业学校进行宣传与招生,适时拓展合作学校;在北京市区创办高品质的外驻高考咨询及课外辅导机构,展示学校优秀的师资,吸引市区优质生源。开展"初升高"体验活动,参考"小升初"体验活动制定"初升高"体验方案和暑期高一衔接班方案,争取在8月15日军训前完成高一100人、复读班60人的缴费目标。

第四,本学期的其他重点工作就是在上学期工作的基础上继续完善和加强落实。(一)爱的教育,真诚投入;(二)铁的纪律,坚持原则;(三)聚焦课堂,大胆改革;(四)提高质量,不折不扣;(五)德育活动,少而精彩;(六)德育常规,狠抓不懈;(七)导师工作,扎实推进;(八)社团活动,丰富多彩;(九)分层教学,因材施教;(十)师生评价,完善机制;(十一)学部特色,更加鲜明;(十二)规范管理,力求精细。补充六点:

（十三）班级管理，各具特色;（十四）课程再建，科学前瞻;（十五）招生工作，全员参与;（十六）保生工作，全程参与;（十七）团结协作，携手共进;（十八）共同提高，共同进步。如果我们把所说的做到位了、做好了，那么学部工作就做好了，学校工作就做好了！我相信，我们一定会做得很好！

你们的战友：梁勇

2011 年 3 月 6 日

第四十一封信 打造创造性、创新性德育管理

各位老师、战友们:

新学期的两周过去了，这两周，我一直陶醉在工作的幸福之中，两周以来，行政系统和我们学校全体师生的精神面貌比上学期又有了新的变化，无论是周一晚上高中的"开学典礼、成人仪式、高考誓师"活动，还是周二晚上的招生工作例会，无论是周三晚上的初二全体师生动员会，还是周四晚上的小升初彩排活动，都让我沉浸于工作的成就感当中，特别是周六的只因这一次相遇——相约学校"小升初第一次体验活动"的成功举行，更是激励了我向上的信心和勇气！

这次"小升初体验"活动，有精诚实验学校、石景山金顶街第二小学、吉林市丰满实验学校、美术馆后街小学、培新小学、樱花园实验学校、保定河北小学、中关村一小、樱花园实验学校、九宫第一中心小学、史家小学、育鸿小学、北医附小、裕中小学、安慧北里二小、BIBS时代风华学校共17所学校的学生，更重要的是来体验学生的综合素质较高，综合测试成绩较好，这是学校这棵树茁壮成长的结果。让我们一起在学校这棵大树下共同成长，并为她的成长灌溉与耕耘。

本学期，除了我第二封信谈的"本学期重点工作"之外，"德育工作"和"招生工作"是我关注的重点工作中的重点工作！

除了上一封信谈的德育常规要坚持不懈地抓好落实之外，德育的高度我们应该也必须提升！否则就不会和学校的品牌合拍。为此，提出如下几点要求，请德育处认真地落实，执行！

第一，德育处要坚持将学生行为规范的教育、训练和养成教育与塑造学生完美人格相配套，特别是要加大生活区的管理力度，"生活即教育"，学生学习的好与不好，与其在生活区有直接的关系，大家一定要树立"生活区和教学区一样重要"的思想意识，加强学生良好生活习惯的养成教育，高中部的渠来柱老师写了《打造团队、强化措施 狠抓落实、缔造辉煌——2010至2011学年度第二学期高中生活区管理与建设工作计划》，这说明他们已经下定决心要牢固树立服务第一的意识，强化主动服务，高标准服务，高效率服务，努力把副班主任队伍建设提升到一个新的高度，培养一支高素质的专业化生活管理教师团队，真正使每位副班主任都能成为学生的良师益友，创设一个安静整洁、美观协调、和谐温馨、积极上进的生活环境，力求使学生将行为规范的教育和训练内化为自觉的要求，并通过学生行为规范评价体系，提高行为规范教育的实效性，对学生进行潜移默化的行为规范教育。引导学生做一名"有健壮的身体、健康的心理、健全的人格、良好的习惯、高雅的志趣、坚实的学力、创新的能力"的文明和现代的学校人。

第二，德育处要积极营造学生自主管理的良好氛围，加强学生正确的价值观、人生观、世界观教育和社会责任意识。通过系列社会实践以及各类主题教育活动，努力提高学生的文化素养和道德修养，通过构建的学校大德育课堂，充实和完善德育课程内容，引领学生做一名"既能传承中华传统文化，又有全球视野和国际意识、有文化自信和国际竞争力的社会精英"的国际型人才。

第三，德育处要将德育工作熔学习、实践、思考、内化、外显于一炉，贴近学生，贴近社会，贴近生活，使学生思想水平、道德水准、行为举止得到提升，最终达到"人格与智慧统一、人文与科学交融、厚德与博学并举"的育人目标。

第四，加强德育的实施形态——"主体性、体验式、活动化"。所谓主体性，即以人的发展为出发点和归宿，坚持以学生发展为本，关注学生生命的尊严和发展特性，关注学生在各类教育活动中的自主意识和自主态度；所谓体验式，即学校在一切教育活动中都要注意把握特定场所，利用特定时间，营造特定氛围，构建教育的情绪场，设置有利于学生体验情感、情感震荡的教育氛围，让学生在充分情境化、生活化、人性化、养成化的氛围中激发内需，完成精神的升华和道德的发展；所谓活动化，即把德育过程作为一个目标多样、内容丰富、情景特定、形式生动、评价完善的一个完整的活动系统加以推进。让学生在亲身实践、动手操作、手脑并用中和谐发展。

作为一所以德育为特色的学校，结合学校特点、特别是要结合初中、高中学生的年龄特点，分层要求，但是我们始终要唱响"中华之根、世界之魂"主旋律，注重文化的传承，关注人文与科学精神的培养。比如，我们通过"国学"特色丰厚学生的传统的人文底蕴；我们通过主题活动比如"学前军训""适应训练""衔接教育""生存训练""学农实践""学工劳动""爱心超市""爱心之旅""生命与生命撞击的敬老活动"等等方式，让学生更多地接触社会，了解国情，增强自强、自律意识，明确社会责任；通过我们常态的升旗仪式、主题班会、入学典礼、毕业典礼、新建班集体、社团巡礼报名、十八岁成人仪式、高（中）考百日誓师大会全校集会等形式开展主题月品格教育活动，使学生从懵懂走向智慧，从浮躁走向稳重，从稚童走入成人，尤其是精神上成人；通过时政热点，抓住契机，讨论"GDP 增长方式与社会发展""世界和平与局部战争""城市精神与农村、农民与农业"这些社会问题的根源和走向或者讨论加强学生价值观的形成与强化。通过特色周末或者夏令营活动，比如"低碳与环保""人文与科技""军旅之声""世界之旅""我当志愿者活动"等等方式让学生走进社会大课堂进行社会考察活动；通过学生自主发展，自主规划、自主设计与策划一些活动，比如艺术节、科技节、运动会、读书节、走进社区考察、自创社团等等自主活动。

所列以上种种活动，均要遵循"学生自发——学生自主——学生自律——学生自觉"的规律，提高学生对规则的认同和服从意识，教师加强指导和引领即可。如果我们学校以这种常态的德育方式开展工作，一定能保持德育工作的持续发展，一定能提升德育工作的高度！成为德育特色的学校。我相信，我们的目标一定会实现，也一定能实现！

你们的战友：梁勇

2011 年 3 月 13 日

第四十二封信 放飞教育梦想 铸就幸福人生

各位老师、战友们：

时间过得很快，前 3 周在匆忙中已经结束，第 3 周每一天的日程表都排满了，周一上午接待了英语教育专家丁洁教授，下午召开了高中艺术班协调会，周二我们组织了我们学校风云系列"天使在艾美"三八妇女节庆祝活动，周三召开了学校安全工作会议，周四晚上我们全体初一师生和家长代表组织召开了"剑指2013"的学习动员大会，周五上午我们接待了顺义区地理"异地授课"交流活动，下午我分别去参加了教师报和京华时报组织的沙龙活动。

下周的重要工作有初三冲刺动员大会（周三）、初中英语强化班测试及开班（周五前）、3·19小升初体验、艺术班的第二轮研讨（周四）、学校发展中心沙龙活动（周三）、初中数学教研员进课堂活动，请相关人员做好相关工作。我们每天忙忙碌碌，到底为了什么？为了名？为了利？不问不知道，一问才知道，名和利本身并不是幸福，那幸福到底是什么？人生最大的幸福就是为事业和梦想奋斗和拼搏。奋斗和拼搏的过程就是幸福的过程。是什么支撑我们的事业，是什么支撑我们为事业和梦想奋斗和拼搏？

我认为有以下三点：

在我们的学校里，有一块坚实的基石，那就是人的生命。学校的全部运作，都是以生命为原点刻画的轨迹。在这里，我们感受生命与生命之间的温暖与呵护，在人性的光辉中感受生命的尊严。我们的学校应该是这样一个地方，在这里学习和生活的每一个人都能是幸福的，他们不仅有明日的幸福可期，也拥有着今天的幸福体验。在学生们留下的记忆里，学校应该是一生中最快乐的地方。教师们在这里工作，不再是乏味的劳作、被动地应付和机械地重复，而是兴味盎然、激情四射的思考与创造，在老师们的心灵深处，学校是寄托理想和情感的家园。

在我们学校里，有一个共同的信念，那就是要为每一个学生终身的发展奠基。作为一所承担基础教育任务的学校，为学生的未来提供支持和帮助，为学生能获得终身发展奠基，是我们义不容辞的责任。然而，面对我们的学生，如果让教育的思考穿越他们整个生命的历程，我们还会感觉另一种沉甸甸的责任。在今天，当教育依旧充斥着短视和功利时，我们太需要用我们的声音去呼唤一种真正的"人"的教育。这种教育的价值取向，直指学生一生平衡、和谐、可持续的发展。这样的教育，应该有这样一种情怀，它决不用牺牲学生身心的健康为代价去博取"名校"的光环，也决不为迎合世俗的审视而把教育异化为一种缺失人文关怀的"驯化"，把学校变成情感流逝的"沙漠"。我们追求这样的教育理想——在学校里，不再有被遗忘的"角落"，教育的关怀滋养每一位孩子的心灵，每一个孩子都展现生命的丰富性和主动性，都有属于个体生命的发展空间。在这所学校学习和生活过的孩子，都能抬着头走出校门，以一种阔大和豪放去迎接未来的挑战，带着知识和技能，也带着丰盈的灵魂和健全的人格走向明天，走向更为宽广丰富的生活世界。

在我们学校里，我们要共同营造这样一个集体，那就是由真心热爱教育的人组成的教职工队伍。在我们深层的意识里，教师是一项神圣的事业，而不仅仅是一种谋生的职业。在这个集体中，每个人都承担着责任，也都收获着成功；每一个人都有释放个性的空间，也都有合作交流的平台。这里崇尚心灵的敞亮和坦诚，提倡相互的理解和包容，追求一种和谐的美丽；这里尊崇集体的智慧，提倡团队的精神，体验合作成功的快乐。在这个集体中，所有的制度都渗透着深厚的人文关怀，因此它不再是一种禁锢和惩罚的条例，而是全体成员认同和恪守的生活法则。我们还怀抱着一个美好的愿望，那就是要实践一个学习共同体的建设。在这个共同体中，学习不再仅仅是职业需要的驱动，它已经成为每一个成员生命的内在需求，一种基本的生活方式。在这个学习共同体中，我们尽情享受心灵自由和精神充实的畅快，获得生命质量的整体提升，也获得一生最好的发展。我和学校一起在这里起步的时候，面临过许多困难，感受过许多艰辛，但是我更多的是体验到了创业的人生豪迈。

亲爱的老师们，让我们把理想的种子植根于学校这片充满生机的土壤里。让我们一起选择坚定和执着，在教育前行的道路上少涂抹一点功利与世俗的色彩，多留下一份责任和超越的记录。

你们的战友：梁勇

第四十三封信 亲爱的战友，感谢有您

各位老师、战友们：

每月 20 日我都会有一种纪念日的感觉，今晚按照惯例本来是要开学部例会的，感觉大家这 4 个星期忙忙碌碌，很是辛苦，不忍心让大家下了晚自习后仍听我唠叨，就建议改在周二下午活动时间再与大家交流。

前 4 周，我们学校每周都有励志活动，从初一年级到高三年级，每个同学都接受了有激情的励志教育（初三年级接受了两次），励志可以激活一个人的生命能量，点燃一个人的创造热情，唤醒一个人的内在创造力。我们学校的学生唯有从内心深处爆发能量，用心灵体验撞击出火花，才是唤起他们内驱力的途径，靠功利和世俗很难激发他们的热情。经过励志教育，我感觉同学们和老师们都发生了变化，眼睛更加明亮，行为更加得体，工作学习更加从容。我真的发自内心地有一种成就感和满足感，每当我早晨到操场看到同学们跑着整齐的步伐，听到同学们喊着嘹亮的口号在晨跑，我从心中荡漾着一种自豪感；每当走在学部走廊，或看到同学们可爱的笑脸和老师们忙碌的身影，或听到学生们的琅琅书声和老师上课时的和言细语，我就有种幸福感；每当深夜下班时，看到许多老师还在批改作业或者备课，我倍感感动！我们学校每时每刻都发生着巨大的变化，每一个角落都充满着勃勃生机，同学们在这个大家庭中健康地成长，这一切，都是因为你们，因为你们的努力和付出！

回想起共同工作的这15个月时间，我们朝夕相处、同甘苦、共患难，为着同一个目标——我们学校的美好明天而努力！是你们，每天早出晚归，呕心沥血；是你们，每天兢兢业业，勤奋工作；是你们，为了学生的成长与进步付出了全部的爱与责任。在此，我真心地对大家道一声，你们辛苦了！我为你们每一个人而骄傲和感动！

也许大家觉得"感动"二字太夸张太造作，但是我是真的感动。大家都知道我的坏脾气和工作风格，为了工作，很多时候我对管理人员经常不留情面，对年轻老师更是经常严厉批评，对孩子小的老师也无法给予特殊照顾，但是，你们都对我那么宽容，那么理解，那么认真地对待我安排给你们的每项任务，我真的非常感激。我每一次在办公室说"我运气好，跟你们在一起真幸福"的时候，真的都是发自肺腑。

可敬的老师们，亲爱的战友们！你们每个人都在努力地工作，辛苦地奉献，正因为如此，回首走过，虽然伴随我们是耕耘的劳累，是成长的阵痛，但是我们快乐，我们为自己的付出快乐，我们为学校的发展快乐！

今后的路还很长，虽然我们已经取得了一些成绩，但我们不能因此有一丝的懈怠，应当看到，我们可提升的空间还很大，与我们的目标仍然很远，我们仍然需要不懈的努力，希望我们一起继续发扬崇高的敬业精神，无私的奉献精神，勇于开拓的创新精神，和谐合作的团队精神，继续提高个人素质，改进教育教学方法，提高班级管理水平，提升课堂管理水平，让我们继续手牵手，肩并肩共同努力，共同奋斗，共同走向学校的美好明天！

你们的战友：梁勇

2011 年 4 月 11 日

第四十四封信 帮助别人 成就他人 快乐自己

各位老师、战友们：

最近这段时间，我经常收到一些来自老师、家长和学生们的信，字里行间表达了对我的工作的认可、支持与鼓励，看完这些信后，我非常感动，同时也备受鼓舞。现从中摘录一部分，分享给大家，让我们一起共勉。

一个家长在信里写道："初二（2）班武天骄同学在一个同学的生日聚会上兴奋地告诉我们，我们学校的学风越来越浓了，梁校长和老师们对同学们的爱与责任，我们体会得越来越深了。"

渠来柱老师在信里写道："选择了民办教育，就选择了责任，选择了和您在一起做教育，就选择了更大的责任！"

逯华老师在信里写道："新学期，收起孩子们浮躁的心，提高了学生学习的积极性，鼓舞了孩子们的士气，这种举措非常好，做到了我们的心里，梁校长，这学期我们学校真的发生了翻天覆地的变化，这一切的一切我们看在眼里、喜在心里，看到这种喜人气势，我热血沸腾，梁校，您就放心地向前冲吧，不管遇到什么困难，都会有我们这帮弟兄们做您坚强的后盾。"

付和平老师在信里写道："每周一的早上总是能按时读到您的信，真的太难得了！这么长时间以来，您能把这件事坚持得这么好，让我们很是佩服！昨晚回去的时候，看到您办公室里的灯还亮着，我就知道您肯定又在加班了。您一定要多注意身体！学校需要您，弟兄们需要您！"

幼儿园的李治宇老师在信里写道："梁校，我在咱们学校待的时间越长，就越坚定了要留在咱们学校与您一起工作的信念。因为这里有一群有着教育梦想的人，我看到各位同仁们的努力，他们真的是为了自己所热爱事业而扎扎实实、认认真真地工作。他们的这种敬业精神感动着我。在每一次招生会上，都被您布置招生工作的大智慧所感动，在每一次学校的总结会上，都被您睿智的语言所折服。我们学校在您的管理下，各项工作都走在了全校的前列。您就是我学习的榜样。您的心里时时刻刻装着学校、装着老师们、装着孩子们，但衷心地希望您忙碌的同时，一定要保重身体！"

初一（2）班的一个家长给我发信息写道："梁校长，您是一位满怀激情、富有创新精神的校长。您虽身兼数职，但仍抽出时间，对孩子们关照有加，难能可贵。"

初三（1）班的一个家长给我发信息写道："梁校长，您对孩子们细致入微的关心，我们很受感动，您是一位敬业又有魄力的校长，我们把孩子交到您的手里，特别放心。"

高一（2）班的一个家长给我发信息写道："梁校长，您的真诚与热情我们真的很感动，希望我们学校越办越好。"

一个孩子由小学升入初中的家长给我发信息鼓励我"梁校长，听了您的《教育就是栽培生命》的报告，很受鼓舞，中国的教育就应该像咱们学校这样，你们是在用心、用情办教育，孩子选择咱们学校一定会超越我们的期待！"

每每读到老师们、家长们给我写的信，我都很受鼓舞，特别是当我听到同学们能在一起议论学部的学风和老师们的爱与责任的时候，我真的很感动，在感动之余，我真正体会到了幸福与快乐。

这段时间，我经常在思考"什么是幸福"和"什么是快乐"这两个问题，在经过不停地思考与反思后，特别是我看完稻盛和夫先生的著作《干法》以后，这两个问题的答案愈发清晰了，我越来越明确了自己的幸福观与快乐观，即努力工作，成就事业，幸福自己；帮助别人，成就他人，快乐自己。

今天与大家交流我的心得与体会。

第一，努力工作，成就事业，幸福自己。我们常常都会觉得很忙而且习惯于忙，在学校上学时忙着读书、考试，从学校毕业后又开始忙着工作、生活，甚至还忙着与别人攀比。因为忙，我们有时会忘了品味人生短短几十年尘世之旅的快乐。我们常常把时间放在未来的目标上，总是想着以后会如何，而不在乎实现这一目标时所经历和享受的过程。甚至我们也会被那些不切实际的期望所折磨，为自己不能左右、难以预期的未来而痛苦。因此，我们常常感到不幸福。

幸福是所有人追求人生圆满并为之奋斗的终极目标。从满足生存到生活好，从满足基本温饱到幸福流淌，金钱始终是不可或缺的重要因素。也正是因为这样，人们对金钱有着无限的向往。尽管很多幸福可能与金钱无关，但稳定持久的生活却必须依靠以金钱为代表的财富来支撑。绝大多数人都不是含着金钥匙长大的，都要以努力工作来作为我们生存的基本保障。工作的意义就是为了获得生存条件而做出的职业选择，工作也是事业成功，实现自己的人生价值的一种方式。它占据了我们生命中的大部分时间，可以这么说，工作的快乐与否决定了生活的幸福与否。

如果把工作仅仅作为谋生的饭碗、养家糊口的手段，你就会因所付出不能达到预期的收获而满腹牢骚；就会因所谓的伯乐难遇而怨天尤人，就很容易出现职业倦怠，把日常工作变成被动的应付和痛苦的煎熬，久而久之，就会心力交瘁，对工作失去热忱和信心。所以对我们这样的普通人来说，把工作当作一种事业，当作人生奋斗的义务，把岗位工作当作具有创造性的实现自身价值的舞台，那么我们就会安贫乐道、知足常乐，就能在繁忙中保持平和愉悦的心境，就能从成功中体会到乐趣与激情。

这就要求我们树立正确的世界观、人生观和价值观。世界观就是你怎样对待这个世界，它影响你的生活态度，决定你的行为方式。人生观就是你怎样对待自己的生命。价值观就是你怎样对待人和事的评判标准。价值是客观存在的满足人需要的基本属性。而人的价值在于满足社会与他人的需要。所以我们要正确对待工作和生活，远离奢华和浮躁，锤炼意志和品质，多吸取前辈"艰苦创业，开拓创新"的精髓，让我们一起"努力工作，成就事业，幸福自己"吧！

第二，帮助别人，成就他人，快乐自己。你把最好的给予别人，就会从别人那里获得最好的，你帮助的人越多，你得到的也越多。当然，我们在帮助别人的时候，出发点和动机不应该求回报才是正确的，你越吝啬，就越一无所有。现实就是这样，只有那些乐于帮助他人的人才会获得别人的尊重。我们都听过小男孩的故事，他出于一时的气愤对母亲喊他很憎恨，然后，也许是害怕惩罚，他跑出家里，对着山谷喊道："我恨你！我恨你！"接着山谷传来回音："我恨你！我恨你！"小孩很害怕，跑回家里对母亲说，山谷里有个卑鄙的小孩子说他恨他。母亲把他带回山边，并要他喊："我爱你！我爱你！"小孩照母亲说的做了，而这次他却发现，有一个很好的小孩在山谷里说："我爱你！我爱你！"

第三，生命就像是一种回声，你送出什么它就送回什么，你播种什么就收获什么，你给予什么就得到什么。只要你付出了，就会有收获。再多的话说来也没用，只有这一段话，正是助人的真实写照：当我们帮助他人的时候，我们付出的是自己对别人的生命的爱，就仿佛给别人的生命之树捧一掬清泉。爱的感情是不竭的源泉，我们付出得越多，内心就越充盈，快乐感就越强。所以，助人不仅是付出，也是收获。在帮助别人的时候，心里都是舒坦的，是快乐的，相信大家也是这样。你想获得更多的快乐吗？那就去多多帮助别人吧。帮助别人一次，就种下了一颗爱的种子，种子种得多了，将来收获的爱会少吗？付出就如同山谷的回音，这是宇宙的法则。我们不要忽视助人的机会，学会诚恳待人，学会乐于助人，给别人带来阳光的人，不可能把自己置身于阳光之外。付出愈多，收获愈多，因为你让宇宙的富裕在心中川流不息。

第四，乐于助人是中华民族的传统美德，而且史上也有不少令人敬佩的榜样。他们都在用自己的行动、自己的力量去帮助有需要的人，去温暖这些人的心灵。社会的繁荣兴旺，更是少不了人们之间的互相帮助。许多工程都不是仅靠一个人就能完成的，需要的是大家的合作，互相帮助，互相激励，才能圆满成功。当我们帮助了别人，就会油然而生一种无比的喜悦、极度的愉快。别人得到了温暖，自己得到了快乐。助人是快乐的，因为给予就是获得。

老师们、战友们，让我们一起努力工作，成就事业，幸福自己；帮助别人，成就他人，快乐自己。

你们的战友：梁勇

2011 年 4 月 28 日

第四十五封信 找寻到那颗最亮的星星

各位老师、战友们：

本周我们组织了三次大型活动，现和大家交流如下：

一、我们学校戏剧节活动圆满成功。本周二和周四晚，我们分别举行了初中和高中的戏剧专场。本学年度，在总校的统筹下，艺体中心安排全校"戏剧年"活动，我们在艺体中心的统一安排下，特别是在肖婷老师和刘楠楠老师等艺体老师及其班主任老师们的亲自指导下，我们学校的戏剧专场取得了比较满意的成绩，非常遗憾的是，因为我在东北师大参加"人民教育家思想研讨会"没有参加初中的专场，但是据我了解，比较成功。听我们学校汇报初中部专场戏剧节全部由学生自编、自导、自演，独特新颖的剧本构思，惟妙惟肖的表演，一次次将晚会推向高潮，最后经过专业评委的评审，初二（1）班的《三痣拍案惊奇》获得一等奖，初二（4）班的节目以0.1分之差获得二等奖，初二（1）班张太伦、初二（4）班杨帆、初二（2）班李忠堂获得最佳表演奖。初二（1）班剧本获得最佳原创奖，中央电视台导演对此剧本表现出了浓厚兴趣，准备将其改编后排练上中央电视台演出。我听后非常高兴！

周四晚上，我全程参加了高中专场演出，超出了我的预期，六个剧目描述了六个不同的故事，高一（2）班《学生会那些事》讲的是学生会的趣事，高二（1）班《浓情蛋糕》描述了职场新人的工作历程，高一（4）班《娱乐百分百》讽刺了现代社会的一些不良现象，高一（3）班《梦回秦国》把荆轲刺秦王搬上了学校的舞台，高一（1）班《时光机·畅高三》更是对高三、对未来的憧憬和祝愿……学生们的创作和表演是业余的，但是我们创作态度和表演态度不是业余的，这一点，让我很感动！特别是获得一等奖的高二（2）班《看，那星星好亮》，表现地震中的人间大爱，作品以情动人，以简单的剧情和动情的表演营造出一种独有的氛围，立意之高，表演之真，难能可贵。虽然有的作品还尚显幼稚，但是每个作品都很独特。

本届戏剧节是我们学校的一场狂欢，这次戏剧节是以人为本的，因为所有作品都是自编、自导、自演，是各个班级的原创，我们让这些优秀的创意找到表现的平台，从表演中能看出学生们对作品刀削斧凿的痕迹，在正式表演之前，我很担心我们的学生太过自我，但我没有想到他们的立意之高，让我刮目，他们有着强烈的表达和与观众交流的手段，服装、道具、灯光、音响、视频、情节、语言和表演衔接非常流畅，显露出令人惊讶的创造力和开放胸怀。特别是观众的表现，他们与台上的表演浑然一体，互动得体。

本届戏剧节是文化的盛宴，折射出启迪人心的艺术光芒。这是学生的节日，闪耀着露才扬己的活力青春。学校将会为培养学生的艺术修养、展示学生的艺术天赋创造更多更好的条件，让孩子们在艺术的舞台上尽情挥洒自己的青春与活力。我为我们的中学的师生表现部感到骄傲与自豪。美中不足的是有几个老师没有亲临现场，我希望学生们的活动，老师们要去和孩子们一起分享，这是对孩子的最大尊重，也是对孩子们的认可。

二、"我们学校第二届家长论坛"圆满落幕。本周五，我们学校召开了以"使命、责任——家校携手，促进学校内涵发展"为主题的第二届家长论坛，组织规格之高，形式之新颖，与会家长之全、积极性之高前所未有，我和几个同事开玩笑地说此次论坛的形式和内容不次于"博鳌亚洲论坛"。特别是在《共享成长喜悦》的环节，许多家长自发地分享了自己孩子在学校我们学校的精彩成长，并学校及学部取得的成绩给予鼓励，在《借鉴与合作，构建学校我们学校家校教育新格局》的环节中，家长对学校及学部客观存在的问题提出了合理化建议和改进措施，在分组讨论的环节，大家讨论激烈，为学校的发展献计献策，下午4个组在两个分论题中《为孩子搭建安全健康成长的防火墙》和《锐意创新，稳健前行》就如何保障学生人身安全及身心健康、面对现实与目标的差距，如何实现教育教学理念与实践的完好对接积极发言。

特别是高一（1）班王思源的家长王青霖先生最后的发言升华了整个论坛的主题。我们面对中国快速发展的教育形势，有必要科学地向家长传递一些先进的教育理念，有必要向家长传递在家庭中对于孩子的教育过程的正确言行，有必要科学地向家长们传递如何做好孩子日常中的生活典范。其实我们很清楚，有相当一部分家长其自身在个性、生活阅历、对当代教育的感知、担负家庭的执行力或多或少存在这样那样的问题，也有部分家长存在着相当的心理问题，这就更促使我们要加大力度通过家长论坛和家委会这个交流平台，以宽厚的胸怀和家长积极的交流，最大限度地团结与我们有共识的家长，共同用鲜活的创新教育实践去完成我们对学校乃至于中国未来教育的展望。

三、"初升高"工作留下了些许遗憾。截至昨天（4月23日），我们学校一共组织了3月5日、3月19日、3月25日、4月2日、4月9日、4月15日六次小升初体验活动和4月23日的一次"初升高"体验活动，从开学以来，几乎每周六都有体验活动，其中辛苦不言而喻，除了学部的努力之外，学校发展中心更是为此付出了许多努力的，打电话沟通、接待、协调等等许多琐碎繁重的工作，信息中心、食堂、车队都为此做出了许多努力。另外，除周六的体验活动之外，前期的市场公共、拓展要比体验活动付出更多的辛苦与努力。所以，我真诚地呼吁我们学校的全体老师在思想上要重视招生，在行为上要参与招生。遗憾的是，有的老师对招生工作思想上不重视，行动上不参与，甚至有的老师拉招生的后腿，昨天的初升高活动，有的老师没有按照学部的要求到会参与接待，请学部对这些老师按照相关规定严肃批评与处理。招生的过程就是付出，开学之后学生报到就是收获，用几年的努力将我们招来的孩子们培养成人就是成果。作为一个教育工作者，我们不可能拥有太多的物质财富，但是，一个教育工作者的价值，不在于他拥有多少，而在于他付出多少，更在于他培养了多少人才。

我们选择了民办教育，招生工作永远是我们最重要的工作之一，我们既要把学生招来，又要把学生留得住，更要让学生学得好。也就是我经常说的我们要招生更要保生，更要把学生教好！

写完信，夜已至深，抬头仰望窗外的天空，一片漆黑，我努力在黑暗中寻找，想找寻到那颗最亮的星星……

你们的战友：梁勇

2011 年 5 月 3 日

第四十六封信 求真务实 协力共勉

各位老师、战友们：

这几天风声呼啸，不绝于耳，总觉得不祥。下午，养了两年多的鱼萎靡不振，无精打采，游动一会儿就沉在水底休息，我不忍心看到其难受的样子，把其放归自然，心里真不是滋味。心情不好，风和鱼也许只是诱发的导火索，也许是因工作而起……

今年五一劳动节，我们学校的部分老师是在劳动中度过的，假期第一天即4月30日我们有两场活动即"小升初"和"初升高"，5月1日，学校又组织了招聘活动，座谈会，笔试、讲课、面试环环相扣，直到下午4点才基本结束，想起我2002年勇敢地从公立学校出来，到私立学校去应聘，也曾经历过这样的程序，我们每一位民办学校的老师都经历过别人苛刻地挑选、笔试、面试、讲课、答辩、试用这样的环节……在这样周而复始的被选择程序中，我们在民办教育的舞台上勇敢地兜售自己的肌肉，展览自己的皮肤，显示自己的力量，叫卖自己的价值。

其实，这个程序就是市场经济时代重新赋予知识分子和各级人才真正个人价值和尊严的途径，也是已经被历史证明了的唯一畅通的人生职业之路，知识和才能取代了关系与后门，我们的命运不需要掌握在不为我们所知的人手里，报到证、档案、户口与我们无关，我们凭借着自己的实力和对自己价值的追求掌握着我们的命运。来应聘的许多老师被淘汰，有的老师甚至发信息、打电话恳请给其一次工作的机会，让其在工作中体现自己的价值，才知道我们现在生活在一种安逸的幸福之中。这个世界上，真正能够改变自己命运的只有自己，自己的命运掌握在自己手中，你要做什么样的人，那是你自己决定。那些自强不息、敬业乐业、开拓进取和博爱的人，往往能不断地超越。反之，只能是被超越。老师们，珍惜现在，才会拥有未来，好多时候，我们并不珍惜现在拥有的，这也许是人生的悲哀所在。

戏剧节和期中考试前后，我发现我们学校的部分师生有浮躁倾向，与开学初相比，老师们的激情似乎削减了不少，学生们的不良习惯也出现一些反弹现象，我感觉很不踏实，这段时间工作起来也很不从容。我们的浮躁是因为浮躁的时代吗？现在的确是浮躁之气弥漫整个社会，不要说社会，就连身在校园中的我们也没有了认真读书和思考的时间。我有点担心，这样浮躁下去，教育的效果会不好，生活的效果也不会好。

老师们，战友们，让我们多些务实、少些务虚，竭力避免工作中出现的尴尬与庸俗，让我们多些求真，少些浮躁，努力追求教育者的洒脱与大气，我与大家协力共勉，同心共祝。让我们学校越来越好不仅仅是一句口号，更是事实与现实！

你们的战友：梁勇

第四十七封信 当我们面对教育的时候

各位老师、战友们：

今年的春天比以往的时候来得要晚一些，记得去年"五一"过后我们就穿短袖了，现在大多数人还套着外套，这一周感觉终于进入了春天，学校校园处处繁花似锦，到处春意盎然，让人感到了春天的气息很舒服。春天在我们的身边，更在我们的心里，生机勃勃，欣欣向荣，春暖花开，学校的春天更加美丽。

在美丽的春天，在美丽的学校校园里，上周五我们初中部组织召开了全体学生家长会，本周五，我们将组织召开高中学生家长会，说句心里话，在这以前，我最畏惧召开学生家长会，因为我一直感觉我们做得还不够好，虽然我们付出了许多，我一直忐忑不安，因为家长把孩子交到我们手上，对我们的期望值很高，我们除了责任还是责任，缘于此，许多时候，我们对家长存在一种心理误区，其实，我们、家长和学生都是教育的对象，我们应该和家长和学生一起学习，一起成长。

当我们面对家长的时候，我们要抬起头，和家长平视地对话与交流，无论他是省长、市长、区长、局长、厅长等等；也无论他是董事长，厂长、行长等等，不管他们是什么长，在我们面前，他们只有一个称谓那就是家长。好多时候，家长把所有的责任都推给学校，推给老师，这是一种极其错误的做法，《三字经》讲，"子不教，父之过；教不严，师之惰"，说明家庭教育和学校教育各应该承担 50% 的责任。只有失败的家长才把教育孩子的失败责任推给学校和老师，反过来，老师也不能把责任推给家长，只有失败的老师才把教育孩子的失败责任推给家长和社会。孩子健康成长，是家校共同的责任！

面对孩子时，我们需要蹲下来，而蹲下来的不只是身体，还有我们的心，只有我们学会了放低自己、放空自己时，我们才可以海纳百川，可以从每一个个体、每一个当下学习到更多，特别是从孩子身上学习到很多很多，因为孩子才是真正的天使。我们不要以为我们可以教会孩子成长，我们需要的是陪伴孩子一起成长，成为孩子成长的见证者，成为孩子爱的传播者和幸福的传递者。

当我们面对自己的时候，我们要听自己内心的声音，我们是不是真正的热爱我们所从事的职业，我们是不是真正的爱我们的孩子，我在不同的场合表达过同一个声音，学校教师的工作是辛苦的，学校的教师是有责任感的，学校的教师是有激情的，学校的教师是敬业和乐业的，有时候，这份工作不是用一个可度量的标准可以评判的，那是一份来自心灵感触的工作，是一份神圣的工作。而教育也就是这样一门心灵的艺术，需要我们带着爱用一生去感悟，需要用心灵与心灵去碰撞，需要用智慧和勇气去实践。

让我们带着爱，用欣赏的目光去关注孩子，让我们带着真爱，用心去和家长沟通，我们就可以成为一个真正快乐的教育工作者，我们才可以享受与孩子在一起的每一个当下。无论他们是淘气的，还是乖巧的；无论他们是哭泣的，还是快乐的；我们都能感受到，我们都能理解到。我相信，我们的爱一定能够感染孩子，感染家长，我们的爱一定能够传递给孩子，传递给家长。我们问心无愧！

选择了教师，就是选择了奉献，选择了教育，就不可能选择物质的富有（但是我们可以精神富有）。作为一名教师，教书育人是我们神圣的使命，为人师表是我们谨守的誓言，桃李遍天下是我们每个人最大的心愿。我们要像太阳一样温暖每一颗求知的心，似红烛照亮孩子们前行的路，如人梯送学生们到达理想的殿堂。我们最平凡也最伟大，最贫乏也最富有。物欲横流，也许只有我们才守得住心灵的家园；世事变幻，我们永远也忘不了自己肩上的重任。也许我们的执着坚守得不到很多人的理解，也许我们经常加班加点欠家人太多太多，也许舆论有时对我们的评价失之偏颇。但是，我们所有的付出和辛劳，都上对得起天，下对得起地，更能对得起我们的良心，我们真的无愧于心！

你们的战友：梁勇

第四十八封信 有你相伴 勇往直前

各位老师、战友们:

这封信，我以日记的形式与大家交流一些琐事。

今天上午，我接待了我们的国学老师泓源先生，就国学课程与国学课堂进行了深入的交流，今天下午我接待了六（2）班张一非家长和初一（3）班冯宝星家长，在和家长交流的过程中，我能感到他们对学校的期待与支持，让我非常欣慰，今天晚上，我和康庆主任一起接待了我们的姊妹学校厦门英才的李亚军老师，她明天上午将给高一学生就"自主招生"和"艺术高考"作报告，并与高中老师们做互动交流。李亚军老师和宋景岚校长、魏庆佳总监都是厦门英才的中流砥柱，他们的执着精神是我们学校人学习的榜样。

本周六，我们开展了本学期第八次"小升初"体验活动和第二次"初升高"活动，老师们，我真的为我们这样敬业和乐业的中学教师团队而感动，努力的付出，用汗水换来的一定是荣耀，用辛苦见证的一定是奇迹，团结一定会创造我们的未来，让我们一起在每一次体验活动的主题曲《最好的未来》旋律中见证感动之花胜利绽放。

本周五，我们举行了国学课堂改革以来的第二次学习活动，上一次是由郭东升老师讲，这一次是由田雷老师讲，我希望语文老师都能够站在讲台上给我们上一堂生动的国学课，国学，作为我们伟大的中华民族的学术记载，是我们教育工作者应该给我们学生传承下去的经典，我在《学校中华传统文化教育讲堂》第一次讲座中就从三维目标的角度对学习中华传统文化做过一次阐述，国学组的田雷老师和刘虹霞老师执行得很到位，坚持到现在每周一讲，真的不容易，高一年级组能够坚持到现在，每周一讲，也真的不容易，希望大家认真对待国学的学习，通过每周一次的学习品味圣贤们的道德，事功，文章。在聆听和品位之中增加知识，开启智慧，沐浴灵魂，充实精神，静心养性。在浮躁的社会，我们教育工作者不能浮躁，我们要静下来思考，静下来传道，授业，解惑。任何事情，只要坚持下去就会成为特色！只要坚持下去就会成功！

本周四，我带着初中部的郭东升老师、严俊杰老师、张云老师、戴增喜老师、邱存先老师、李宇老师、李荣宏老师、李永洪老师、罗保文老师到北京市十一学校去听课学习，老师们深入到各科课堂中，学习和感受十一学校的课堂，我走进了初二年级的物理课堂，在上课之前，于校长就给我介绍了执课老师是特级教师丁光成，他虽早已过了不惑之年，却被学生亲切地称为"丁丁"；他的很多话也被学生编为"丁丁语录"，于校长热情地介绍说丁老师刚踏上教坛时，为了保证上好第二天的课，他总是在前一天晚上跑步时将事先备好的课复述一遍，做到烂熟于心，这个习惯一直保持至今。长期的磨炼，使他的教学几乎达到了炉火纯青的地步。课后，我与丁老师有短暂的交流，他说"物理教学既是一门科学，更是一门艺术，还必须坚持做到教学民主"。他一直在不断地追寻着教学中"科学性、艺术性和民主性"的完美结合。我与一个学生交流，"你喜欢丁老师的物理课吗？"学生评价："丁老师的语言总是那么风趣幽默，让人兴趣盎然，总期待着下一次物理课的早早到来。"课后，与十一学校的老师们及于校长进行了教学经验交流，受益匪浅，收获颇丰。这是我校第一批次的老师师到十一学校听课交流，这是一个开始，以后我校的教师会定期到十一学校学习，以丰富自己的教学经验，提高自己的教学水平。十一学校的自主学习与小组合作已经成为课堂的基本模式。

课堂是教育教学的主阵地和主渠道，我多次在信中提及，请老师们大胆地把课堂还给学生，请老师们大胆地进行课堂教学改革，提高课堂教学的效率！我对我们的课堂教学改革充满期待！

本周三，我们举行了我们学校的专场沙龙活动，这次活动超出了我的预期，无论是刘芳老师结合视频课对"四有四导"教学模式的解读，还是崔淑红老师把课堂还给学生的展示，无论是才华老师让学生对课本剧的自主与合作表演，还是刘丽华老师让学生探究与交流的教学，无论是高中学生的领导力课程展示还是我对《课对了，教育就对了》的总结，都体现了我们中学育人目标课堂下的别样精彩。这次沙龙活动是一个载体，也是一个信号，是一个标杆，也是一面旗帜，我们的课堂就应该这样，也必须这样！

本周二，我们学校和行政系统的部分老师参加了学校组织的"红歌会"杨佳欣老师的《军港之夜》、渠来柱老师和代玉凤老师的《绿色军装的梦》，王大鹏和李宇老师的《中国人》，刘芳老师的《乡间小路》，李永洪老师的《我的中国心》，陈静老师的《珊瑚颂》，校警队席来红的《真心英雄》，每一位参赛者都唱出了自己的激情，既有优美婉转的民歌，也不乏气势磅礴的军歌，还有温情满满的无疆大爱，充分彰显了我们的阳光的生活态度和积极热情的精神风貌，特别是校警队的合唱《团结就是力量》和《一二三四歌》更让我感动。红歌是中华民族宝贵的精神财富，红歌精神催人奋进，激励斗志，我希望我们能把这些经典的歌曲在学生中传唱。

我在上任之初就提出来早锻炼要跑起来，早读时间要读起来，第一节课要唱起来，现在的早锻炼我基本满意，但是早读和第一节课的唱歌却执行得不到位，德育处要督促班主任坚持下去。我总是感觉到我们的执行力还需要提高，所谓执行力，并不是开几场会或制定一纸方案那么简单，需要把确认的理念坚持下去！坚持下去！坚持下去！

老师们，战友们，我的血管里始终奔腾着勇往直前、不畏困苦、不甘人后的热血，我们学校现在还面临着许多挑战和困难，我希望我们能从困难中崛起，在挑战中奋进。有一句十分著名的广告词说得很好："心有多大，舞台就有多大"，想必大家都不会对这则公益广告感到陌生吧？一位身穿红布花袄的少女伴着陕北民歌《兰花花》的优美曲调，不断地在她所站立的舞台上旋转、努力而认真地舞着，一直由农村旋转到了城市，转到了北京的故宫。我们每一个人的心都很大，否则，我们不会相聚在学校，只有将目标定得高远，才有奋斗和超越的空间。这使人很容易联想到战场上勇往直前的战士，每一个足迹都是一曲荡气回肠的雄壮战歌。我之所以把大家称之为老师和战友，就是因为我总感觉，我们是在教育的战场上战斗，幸运的是，不是我一个人在战斗，而是一个优秀的团队在战斗！

你们的战友：梁勇

2011 年 5 月 24 日

第四十九封信 赏识教育　智慧人生

各位老师、战友们：

今天我与大家交流的主题是"赏识教育"。《学习的革命》一书的译者、赏识教育的倡导者顾瑞荣先生认为：赏识是一种心态，它源于对孩子的爱，是一种教育者的精神状态，赏识也是一种教育手段，是一种符合人的心理需求的明智的做法。因此，要取得良好的赏识教育的效果，赏识教育过程中应注意以下几点：

第一，赏识要有一定的艺术性。赏识教育较多的是语言肯定，即教师用真诚的语言对学生的成功方面进行充分肯定，带给学生信心和动力，让他获得被肯定的愉悦。当学生取得成功时，教师可用肯定性的语言给予赏识，譬如"你真聪明！""你想到了，老师还没想到呢！""你的办法真不错！""你回答得太好了！"学生受到了表扬一定会信心倍增，会更加努力地学习。当学生遭受挫折时，教师也应该用鼓励性的语言进行赏识，譬如："没关系，重新来过。""跌倒了爬起来，就是好样的。""谁都会遇到困难，战胜它的就是强者。"学生在教师和家长的鼓励之下，一定会重塑信心，勇敢地去面对。反之，当学生犯错误时，教师采用的批评性语言也要讲究一定的艺术性。如学生迟到了，教师若劈头盖脸地斥责："你怎么又迟到了，太不像话了。"这样可能会引起学生的反感，如果用婉转的关爱式的批评："你不是轻易会迟到的孩子，是不是身体不舒服了？"这样既帮助学生找到了不足，又保护了学生的自尊，使他能自觉地改正错误，完善自己，何乐而不为呢？

此外，教师也可以采用动作来赏识学生，如拍手、击掌、点头、拍肩、微笑来表示对学生的认可和欣赏，使学生增加信心。教师一个肯定性的动作有时可能胜过千言万语，给学生一个赏识的微笑，就会像阳光照在含苞待放的花朵上，对一个渴望赏识的孩子而言，有可能是他一生的转折点。因此，有经验的教师总能注意自己的言行，无论是表扬还是善意的批评，都讲究艺术性，春风化雨，能得到学生的喜爱和信赖。

第二，赏识教育要与随机教育相结合。对一个班级的学生来说，除少数学生个性特点比较明显外，一般学生的优点比较内在，相反缺点倒往往显得外在。特别是有些学生你让他说自己的优点，他怎么也说不出来，因为他从家长和老师那里经常听到的是"这么简单，你怎么就不会呢？"或者是"再也没有比你更笨的学生了。"对于这样的学生，教师特别是班主任一定要善于发现他们的闪光点，切不可对他们产生偏见，以致造成他们的心理障碍，使他们要么永远低着头走路，要么变得自暴自弃，玩世不恭，后果真不堪设想。赏识教育就要求教师在平时的教学中，要看到学生的一点一滴的进步，不管进步的幅度有多大，只要有进步，就应给予必要的表扬和鼓励。有一个很好的例子：美国电影《师生情》里有个镜头也许令许多人永生难忘，电影里那位优秀的白人教师在给一名长期受种族歧视的黑人孩子上课时，耐心地说："孩子，不要紧张，老师相信你是天底下最好的孩子，来，仔细数数老师这只手究竟有几个手指？"那孩子缓缓地抬起头，涨红了脸，盯着老师的手指，数了半天终于开口说："三个。""太好了，你简直太了不起了！一共就少数了两个。"老师的鼓励像久旱的土地遇上甘霖啊，孩子的眼睛一亮，后来这个孩子成为一名科学家。赏识真的是人精神生命的阳光、空气和水啊，没有赏识，哪有这个孩子的成才。当然这个教育的过程是逐步的，也是缓慢的。因为我们知道任何事物的变化都是从微小的量变开始，到一定的度才有质变。所以我们的任务就是赏识教育要与随机教育相结合，对学生向好的方向的点滴量变给予肯定，促其加快转化。

第三，赏识教育要有良好的心态，要持之以恒。教师在各种场合，面对各种情况都要有较强的自我控制和自我调节能力，要有自然大方的风度、宽广厚实的胸襟。凡事不能迁怒于学生，要善于换位思考，要从学生的角度去揣摩，对学生要宽容、和善、有耐心，时刻不忘去赏识学生，给学生以希望。来听听把女儿培养成为全国十佳少年，中国第一位聋人少年大学生的周弘老师的一番话吧！他说，在平时的教学中，教师一定要有良好的心态，一定要少伸或不伸出食指指着学生的脑袋加以指责，而应多竖起大拇指对学生进行表扬。把"这么简单的题，你也不会做。"试着换成另一种口气"这道题的确很难，但老师相信你也许能行。"这样成功了，孩子会想，瞧，我多棒！失败了，的确很难，也有台阶下。我们还可以比较一下，"你一定要成功！"与"我看你准能成功！"哪一句更适合孩子听呢。周弘老师说的真的是多么的有道理。如果教师有良好的心态，赏识我们的学生，并且持之以恒，还愁我们的学生没有进步么，没有发展前途么？反之，在平时的教育中教师如果不把握好自己的角色，顺时乐，逆时怨，稍有不尽如人意，就迁怒于学生，降低学生对自我的评价，使教师自己形象大损，学生不再信任，那教育还会成功吗？

第四，赏识要坚持适度原则。赏识教育的实施是建立在对学生充分信任的基础上的，是发自内心地鼓励和赞扬，而不是反话正说，它不能带有丝毫的虚伪和做作。因此要切实深入到学生中去掌握第一手材料。赏识要适度，若不够，对学生的点滴表现不屑一顾，就会伤害其自尊心，产生自卑；反之，若过度，会导致学生自满自傲，高估自己，表现为唯我独尊。所以，教师要把握好赏识的力度，须知过犹不及，要做到不瘟不火，要做到因材施教，对性格内向的学生多在公共场合表扬鼓励，对性格外向的学生要及时捕捉其闪光点加以发扬，对后进生要帮助其树立信心，对优秀生则应提出更高的要求。

另外，赏识教育不可走入误区，把赏识仅仅理解为表扬加鼓励，为赏识而赏识，结果也是得不偿失的。赏识教育可不可以批评孩子呢？当然可以。赏识教育不仅可以批评，而且可以在赏识的前提下更大胆地批评。因为老师和朋友的提醒是生命中最珍贵的礼物。"太好了，除了这一点。"在赏识的前提下，孩子会以感激的心态乐于去接受批评这份礼物的，他会主动自觉地改掉那不好的一面。

总之，赏识是热爱生命，是善待生命，是孩子无形生命的太阳。赏识也是沟通，是平等，是生命之间交往的桥梁。赏识教育可以让孩子找到"好孩子"的感觉，赏识教育可以还给学生金色的读书时光。赏识导致成功，抱怨导致失败。与莎士比亚、牛顿、爱因斯坦一样，每个孩子都有可能成为天才，宇宙的潜能蕴藏在每个幼小的生命中。没有种不好的庄稼，只有不会种庄稼的农民，没有教育不好的学生，只有不会教育的老师。没有赏识就没有教育，作为父母、教师，要充分运用"赏识"这一方法来调节学生的积极性，用"赏识"来打开学生的心结，舒展学生的心灵，促进学生的转化，巩固学生的进步，使学生拥有良好的心理情绪，能坚持不懈地努力，建立起对自己的信心，战胜困难，沐浴着"赏识"这道金色的阳光轻松快乐地展翅飞翔，长大成才。

你们的战友：梁勇

2011 年 5 月 30 日

第五十封信 做真实的自己

各位老师、战友们：

做真实的自己，对自己负责，别去抱怨环境，别去抱怨他人。

我是个很外向的人，个性张扬，性格不好，脾气暴躁，心直口快，简单透明，耿直真诚，经常快言快语，直话直说，实话实说，在任何场合，面对任何人，经常说真话、说实话，因此，经常让别人不快，甚至会让别人误会，也因此得罪不少人，许多朋友都劝告我要从容，要淡定，要有慢的能力。我也尝试着改变自己，遗憾的是我总是很直、很急、很快。既然我不能改变我自己，那么我就做真实的自己。我曾读过李开复的一本书《做最好的自己》，收获很多，在新东方的时候，曾做过 PPT 与当时的同事们进行过交流。

今天我和大家交流一个话题，"做真实的自己"，我觉得"做真实的自己"要比"做最好的自己"还要难！所谓做人难，其实是做真实的人难。生活教会了我们世界有太多真实的残忍，为了保护自己，我们是不是换上了美丽的伪装？犹如变色龙，不停地变换自己的色彩？尽量与周围的环境保持一致——虽然我们也曾知道，我们在与环境保持一致的同时也迷失了自己。

记得有这样一个笑话，说古时有一个穷人，虽然食不果腹但却很虚荣，家门口什么时候都挂有一块猪油，每次出门的时候他都要用猪油抹一下嘴巴，然后见人就问人家吃了没有，试图以嘴上的油光表明自己生活得很滋润。原来我看到这个笑话的时候，感到这个人实在太搞笑。现在细想，现实中的好多人的身上都有这个人的影子。现实生活中穷装阔的例子实在太多了，要说有所不同的话可能只是表现的方式不同罢了。我无意去评价这些，甚至有时我也觉得或许这也是生活的一种必需，例如为了不被人看低，为了保持应有的尊严，为了获得一次机会，为了一句赞美……甚至什么理由都没有，仅是自己喜欢而已。我也曾思考过这究竟是为什么，但始终没有答案，所以干脆别想。在好像"成熟"

了之后，自己才发现遗失了太多的东西，例如为了保持意见一致忽略了自己锐利的批判精神；为了表明自己沉稳，连思想和反应也迟钝了；为了表明自己的豪爽，舍命也要陪君子；为了表明有涵养，即使怒火中烧也要保持微笑；为了表明自己有品位，舍弃自己喜欢的汇源果汁而端起盛着酸涩液体的高脚杯……我们是不是变得连自己都不认识自己了？

有没有一种办法让我们找回真实的自己？我不知道。但我认为要做真实的自己首先要保持内心的真实，保持内心的真实就必须要有舍弃一切虚荣的心理，要有一种坚强的力量，抵抗别人左右你思想和行为的力量。无欲无求当然可能保持真实的自己，但在这个世界上无欲无求的人基本已是"山顶洞人"，绝迹了。既然要有欲有求，要生存，要发展，要自由，人就不可以真实了吗？我想不然。记得巴老说过：一个人要尽量说真话，不要说假话；在能说真话的场合一定要说真话，在不欢迎真话的场合，那就尽量少说话；在真话受到排斥和打压的场合，可以不说话。巴金的境界我们很难达到，但可以仰慕之，模仿之，学习之。我想这对于寻找真实的自己是大有裨益的。

认识自己比认识世界还难。不是吗？看看我们的周围，有的人习惯从别人的赞赏中放大自己，结果飘飘然；有的人经常在别人的议论中扭曲自己，结果昏昏然。生活的舞台上，葛朗台式人物不少，阿 Q 的翻版也不少，打肿脸充胖子的大有人在，不知道天高地大的比比皆是。如果是一棵柔弱的小草，就不要奢求竹的挺拔、树的高大，要为自己有"野火烧不尽，春风吹又生"的强大生命力而自豪；你是一株质朴的葵花，就不要羡慕玫瑰的芳香、牡丹的华贵，要为自己昂首向阳、果实累累而欣慰。

生活中如果你因袭他人，步人后尘，你就会丧失自主；如果你邯郸学步，东施效颦，你就会迷失自己。正确的做法是不媚权贵，不凌贫贱，剔除成见，去掉伪装，做真实的自己。

世事纷繁，人事复杂，我们不要总是羡慕别人，也不要总是嫉妒别人。不要登山想涉水，乘车想坐船，我们不可能一路的左右逢源，也不可能一味地八面玲珑。我们要活得自在逍遥，要摒除邪念，保持心境安然舒畅，展现出你真实的本色，做真实的自己，因为本色是最美丽的，因为真实是最可贵的！

你们的战友：梁勇

2011 年 6 月 20 日

第五十一封信 携手创造教育奇迹

各位老师、战友们：

有两句我的切身感悟，分享给大家：坚守、坚持与创新、变革是我们发展的不竭动力；只要有可视的目标，坚持不懈，一定可以实现，只要有可行的计划，认真执行，一定可以提前完成。

约翰逊曾经这样说过：伟大的成功不是靠力量，而是靠坚持来完成的；歌德曾经这样说过，不断变革创新，就会充满青春活力，否则，就可能会变得腐朽僵化。坚持和创新是我们成功的基础。我希望我们要坚守正确的教育价值观，然后把我们正确的教育理念坚持下去，并且在坚守和坚持的同时不断地在方法和措施上加以变革和创新。今天，我和大家交流以下三个话题。

一、高考很顺利，高中毕业典礼简约而不简单。上一周我们参加了全国统一的高考和高三毕业典礼，孩子们顺利参加完高考之后第二天就举行了高三的毕业典礼，本次典礼在没有彩排的情况下能组织得比较圆满，简约而不简单，让我感动。高三的学生们在和我交流的时候都真诚地说，在学校一年的收获远远大于他们在其他学校三年的收获，他们毕业了，在离校前，说话的时候，眼里饱含真诚。

张云洁同学在毕业典礼上发言的时候这样说，"一年前，我们来到这里，带着沉重，带着希望，带着梦想，带着一颗不甘向命运服输的心。一年后，我们坐在这里，怀着轻松，怀着喜悦，更怀着对学校、老师、同学的不舍。在这一年的复读时光中，学校带给我们的太多太多，不仅仅是物质上的舒适，更有精神上的慰藉，学校给了我们重拾梦想的机会，也给了我们实现理想的舞台，我们的复读生活，不是想象中黑不见底的深渊，而是阳光下的肆意绽放。这一年，感恩学校，感谢学校带给我们如家般的温暖。在这一年的复读时光中。老师带给我们的太多太多，课堂上的兢兢业业，下课后的谆谆教诲，生活上的无微不至，都化成了感动与成长。在我们的心中铭刻。这一年，感恩老师。感谢老师带给我们如家长般的无尽关怀。"从学生的发言中，我们能感觉到，我们给予学生的"不仅仅是物质上的舒适。更是精神上的慰藉，不仅仅是给它们重拾梦想的机会，也给了他们实现理想的舞台，他们的复读生活，不是想象中黑不见底的深渊，而是阳光下的肆意绽放"在孩子们赞扬我们的同时，感恩我们的同时，我们是不是更应该反思，我们是不是可以做得更好！？

二、中考要冲刺，初中毕业典礼隆重而很感动。本周四，我们组织了隆重的初三毕业典礼，让我感动，我们到底给了孩子们什么？这是我这段时间经常思考的问题，回想三年，有收获也有遗憾，但更多的是收获，他们在学校提升了品质，提高了能力，学会了自主学习，学会了合作与创新，成长中增加了勇气，他们知道了感恩。老师们每一个赞许的眼神，给孩子们都是一个印记，师生之间每一次思想的交汇，都是对孩子们成长最好的赞许。在他们的故事里，曾经走过的春夏秋冬，有欢笑亦有哭泣，有付出亦有收获。

在毕业典礼上，郭思诗同学更是用近万字的发言把整个毕业典礼推向了高潮，他用"你记不记得……"的排比句式，把整个初中三年生活作了回忆，用"或许以后再也不会……"排比句式，把学习生活细节进行了再现，用散文的笔调对教过他们的每个老师进行了肯定和感谢，她说，"这三年来，我们让老师们操碎了心，包容我们各种大大小小的错误，一次又一次苦口婆心地教导。也少不了发火和呵斥，但更少不了生气过后还是百般疼爱我们。他们仍对我们充满希望，并默默地付出。我们怎敢忘记师恩浩荡……"令全场为之动容和感动。

下周就要中考了，请初三的老师用比前三年更强的责任感和责任心给孩子们的初中生活画一个圆满的惊叹号！老师们，你们所有的付出和辛劳，学生们都看在眼里，家长们都记在心上，因为我们的努力和敬业给了孩子们充实的现在和美好的未来。

三、我们学校下一步的目标定位：公立学"十一"，私立学"永威"。本周二，我们邀请了十一学校的余会祥副校长给我们做了《教师好学，学生才能学好》的主题报告，这个周末，我又认真研究了河南永威学校的模式，这两所学校给我许多启迪。我们学习了许多学校，洋思、杜朗口、东庐、泽州一中，所有这些学校都有我们的可学之处，我们要取这些学校之长，遗憾的是这些学校都是公立学校，而且洋思、杜朗口、东庐都是初中学校，泽州一中是高中学校，没有如我们学校一样既有初中，也有高中，而十一学校有私立的基因，永威学校就是纯私立学校，而且他们都有初中和高中，与我们极其相似，所以我提出：我们学校（初中和高中）要向这两所学校学习，即公立学"十一"，私立学"永威"，大家有时间要多多浏览这两所学校的网站，关注这两所学校的发展，有机会我们就要深入这两所学校听课、观摩和学习。

在学习的同时加以创造性地运用。我相信我们这个团队不仅可以学习这两所学校，而且可以超越这两所学校！我一直在不同的场合表达着我的观点，我们现在这支中学教师队伍是一支特别能吃苦、特别能战斗、善于打硬仗的队伍，是全世界最富有责任感、最富有爱心、最爱岗敬业的一个团队，我们现在这个团队精神上契合，目标上一致，行动上配合，困难中鼓励，失败中安慰，工作上给力。我为我们的这个团队而骄傲！我们的年轻教师朝气蓬勃，勤学好问，成长迅速，能与学生打成一片；中等年级教师率先垂范，善于钻研，业务精良，深受学生爱戴；班主任师德高尚，富有爱心，因材施教，赢得了多数学生的喜欢；领导干部平易近人，敬业爱岗，开拓创新，得到教工们的普遍支持。这样的团队，一定能无往而不胜！一个人可以走得很快，我们一伙人走，一定可以走得很远！所以我有理由相信，我提出的"流程再造、课堂改革、课程建设、完善评价"一定能在下学期开学前再上一个新的台阶，一定能够在三年内创造中国教育界新的奇迹！

你们的战友：梁勇

第五十二封信 爱的启迪

各位老师、战友们：

你们好！先给大家分享一个好消息！在 2011 年北京顺义区青少年航空模型竞赛中，我校取得了优异的成绩。初中部航模队共有 5 人参加比赛，有 4 人获奖，其中一等奖 3 名、二等奖 1 名。具体情况为：在"山鹰电动遥控飞机"项目中学男子组中，初一（2）班李佳琦同学获得一等奖、初二（1）班张太轮同学获得二等奖；在"天弛 2 双翼滑翔机"项目中学男子组中，初二（4）班徐惠峰同学获得一等奖；在"雷鸟单翼机"项目中学男子组中，初二（2）班陈柏元同学获得一等奖。祝贺以上同学取得的优异成绩，也特别感谢罗宝文老师与崔岩老师对这些孩子们的帮助。

一、高考成绩揭晓，我们考出了学校的最好成绩！凯歌高奏庆今朝，豪情满怀望未来。今年高考考出了学校成立以来的最好成绩，理科本科达线率 95%，其中一本达线率 51%，二本达线率 78%；文科本科达线率 85%，其中一本达线率 30%，二本达线率 65%；复读班理科最高提分 142 分；复读班文科最高提分 129 分。特别是高三（1）班，共 18 个学生，其中就有 15 个学生达一本线，一本达线率达到 84%，取得这样的成绩与全体高三老师们的努力是分不开的。在此，特别向高三老师表示感谢和慰问！更让人感动的是，在 24～26 号中考的这 3 天当中，所有高三老师和高一、二不上课的老师们全部都参与到了招生工作当中，他们不辞辛苦，在烈日下，手捧学校的宣传资料散发，这种主人翁精神与责任感，真正体现了学校的文化与精神！

二、中考圆满结束，孩子们的爱给了我许多启迪。截至今天上午，2011 届初三学生中考圆满结束。让人感动的是，孩子们不仅在毕业典礼上"全场动容"，有许多"舍不得"，而且今天在离校的时候，他们在教室里留下了"我爱学校""我们的心永远和学校在一起"等发自内心的声音，孩子们是含着眼泪恋恋不舍地离开学校的，他们对学校的爱、对老师的爱，让人酸楚。高考和中考结束的这段时间，我一直在反思以下问题：

1. 学校到底给了孩子们什么？在上一封信中我已经和大家简单地交流了这个话题，如果我们能够按照我们理念"既让孩子考出好成绩，又让他们能全面发展，具有国际视野"，我们会很踏实，我们会问心无愧！2011 届的学生已经毕业，2012 届的学生、2013 届的学生、2014 届的学生…… 我们从现在起就要未雨绸缪！

2. 我们如何给孩子们更多？今天晚上，罗保文老师到我办公室与我交流，有的孩子中（高）考结束之后，目标模糊，不知道下一步应该怎么办，这是非常可怕的。所以学生的生涯规划课程一定要开展起来，包括对家长的教育和培训，和家长与孩子一起坐下来分析，孩子初中毕业之后要到哪里？高中毕业之后要到哪里？大学毕业之后要从事什么样的职业，成就什么样的事业？这些都应该在中学阶段甚至于在小学阶段就应该让学生和家长心中有数。今天上午，我带着孙春利老师、李宇老师和代增喜老师去家访，和家长朋友坐在一起聊教育的话题，聊得很轻松、很自然，很受启发，这让我更加意识到了课程体系的重要性。我们的家长资源很丰富，为何大家不开发利用？我们的班会课，我们的活动时间完全可以"请家长进课堂"开设一些微型课程，如果家长是画家，可以做"审美与人生"的专题；如果家长是艺术家，可以开设"人生的艺术"专题；如果家长是医学博士，可以开设"健康指导"；如果家长是企业家，可以开设"企业的经营与管理"；如果家长是金融家，可以开设"你不理财，财不理你"……我希望我们的学部、我们的教学处、我们的德育处、我们年级组，我们的教研组、我们的班主任、我们的科任老师要想方设法做好课程体系的设计，要想方设法提高课堂效率，在课堂上给孩子们更多，为孩子们的生命奠基！

3. 我们如何能做得更好？——理解学生才能真正教育好学生。教育是一门艺术，因为人是最神秘、最复杂的生物。面对一群有思想、有感情的学生，如何赢得他们的信任与尊重，如何将教育的目标转化为他们的内在素质呢？我认为，首先一条就是要理解学生、尊重学生。在传统的"师道尊严"理念的影响下，人们常常有这样的观点：学生就应该服从老师，被老师批评是理所当然的事。然而，这种观点在当今社会显然已不适用，学生，尤其是处于生长叛逆期的中学生，他们追求个性发展，个体意识明显加强，更追求人与人之间的一种平等交往。因此，我认为，教师在与学生的交往过程中，尤其是当学生犯错误的时候，一定要有换位思考的意识，尊重学生，理解学生。由于受遗传因素、家庭条件、社会环境等方面的影响，每一个学生个体之间存在着较大的差异，在平时的学校生活中，教师就应注意观察学生的个体差异，应该对每个学生都有全面细致的了解。当然，要了解学生光靠观察还远远不够，还要学会利用各种机会与学生沟通、与家长沟通，沟通多了，就能了解学生的思想动态和行动表现，及时解决他们的思想困惑，纠正其不良行为。而事实证明，要想让学生接受老师的观点，批评说教的效果远不如与学生谈话的效果明显。老师应首先把自己摆在和学生平等的位置上，从关爱的心态出发，动之以情，晓之以理，用人格力量去感化他们，要让学生真正地从心底感受到老师对他们的关心和爱护。尊重学生，宽容学生，并不是放任自流，对学生的不良行为有时还要做出恰如其分的批评。作为一个班主任、一个老师，即使学生犯了错误，对学生进行批评教育时，也应尊重学生的人格，谆谆教导学生，才能取得教育的效应。一味地训斥，只能促成学生产生逆反心理，更不能用挖苦、讽刺来伤害学生的心。批评学生要慎用批评用语，要讲究语言艺术，要处处顾及学生的自尊，使学生产生亲切感、信任感，愿意与你进行心灵的交流，这样才能使学生从思想深处认识错误，改正错误，切实有效地发挥批评的作用。尊重学生，理解学生就会使师生关系愉快。老师要从爱心出发，这是进行教育的前提，班主任、科任老师要关心爱护班级的每一个学生，使学生感受到老师的教育，是真心的爱护，是真心希望每位学生都能健康成长，真心希望每位学生都能成才。老师有爱心，能够尊重学生，理解学生，学生才能更加尊敬、爱戴老师，师生的感情才能更加融洽，充分发挥情感教育的作用。

十一学校的余会祥校长在上一周为我们做报告时告诉我们：良好的师生关系是课堂高效和有效的前提！如果师生关系好了，课堂也好，课程也好，一切问题都会迎刃而解！教育的真谛在于将知识转化为智慧，将文化积淀为人格。如果缺乏对思想和情感完整性的追求，缺乏对精神文化的敬畏，缺乏对学生人格的培养，那将成为没有灵魂的教育。我们要积极地帮助学生实现他们自己的人生价值，让学生从小学会对自己负责，把个人的独特性发挥到极致，从而为民族、为人类做出自己独特的贡献。在这过程中，需要老师付出自己的极大的爱心，给予学生无微不至的关怀、鼓励和指引；而教师对学生，只有用一种平等的、不夹杂优越感和施舍意味的爱，才会被他们真正地接受。

"一分耕耘，一分收获"，在教师的工作中最能得到充分的体现。生活向我们揭示了这样一个真理：我们唯有在全身心地关注他人或投身于超越自我的事业时，才能成全、成就最为完整的自我，才能成为一个最有价值的人，才不会有愧于我们"人类灵魂工程师"的美誉。

2011 年 9 月 4 日

第五十三封信 好的开始是成功的一半

各位老师、战友们：

暑假在不知不觉中结束了。新的学年，每周日的信也将随着新学年的到来再次开始。当了 20 个月的中学校长，一直都是在诚惶诚恐中度过，犹如一个九阳神功只修炼到一半的人，却被拥上盟主之位，步伐跟跟跄跄，心中实在是有些不踏实。可是，既然接过这份责任，就如同在寒冬的早上挣扎着从温暖的被窝里出来到操场上跑步一样，我是不会轻易回头的，我会继续和大家一起向前跑。新的学年、新的气象、新的希望、新的开始，好的开始是成功的一半，好的开始是零的突破，好的开始是新的起步，好的开始也是成功的最初积累。

今年全校学生突破了 1850 人的规模，这是很鼓舞人心的事情，这是全校师生员工共同努力的结果，这是一个美丽的开始。大千世界，什么事情都要有开始。"开始"的好坏，往往决定全程的顺逆，预示结果的成败。人们之所以对于"开始"如此关注，绝不仅仅是出于良好的主观愿望，也是基于科学而辩证的客观思考。

"好的开始"可决定前进的方向。当新学年的工作起步的时候，开始的计划、决策等等都与全年工作的方向密切相连。正如开车上路，若开始的方向就错了，那么必然步步错。正如出弓之箭，开始走偏毫厘，结果脱靶十米。因此，当我们安排新学年度工作的时候，一定要慎重"开始"，万不可仅仅因为在"开始"上功亏一篑，导致全局失利。

"好的开始"可夯实成功的基础。基础者，事物发展的起点也。一切事物，其"开始"的基础扎实与否，往往决定事物的成败。建在沙滩上的大厦难免有坍塌之险；筑在磐石、钢铁上的城堡才能确保坚不可摧。一次学部组织的会议，一次教研组内的活动等等都是如此，必须一开始就把基础打好，不要把希望放在发现问题后的校正和修修补补上，要知道，亡羊补牢，虽犹未晚，可毕竟要承担难以挽回的损失和代价。

"好的开始"是精神焕发的开始。之所以重视"晨练"，其目的之一就在于焕发精神，确保朝气，进而磨炼精锐、充满信心。古今战争，在一定程度上讲，就是打意志、拼坚强；日常工作，在一定意义上讲，也是比决心、赛韧性。如果一开始就没有高昂的精神状态，则败局难免！

"好的开始"是胸有成竹的开始。任何工作都不会一帆风顺，教育教学工作亦然。对前进道路上的困难、风险和挫折，一开始就要有充分的估计，譬如学生管理和学生活动，年度一开始就要有充分的计划、方案、预案、预算，而不是临时抱佛脚，得过且过，抱侥幸心理，大家一定要想在前头，准备周全，实施的过程中才会不慌乱，从容应对。

"好的开始"是把握时机的开始。所谓"把握时机"，关键是把握时间上的积极主动。万物的"开始"之所以重要，一个关键的因素是它给了你充分的思考和决策时间，如何把握住这一时机？奥妙全在于一个"早"字。农民春耕讲究"一早三分秋"，经商、办事崇尚"赶早不赶晚"，军事上笃信"时间就是战斗力"，都说的是时间上抓"早"的好处。希望我们大家要早谋划，早动手，凡事趁早。

"好的开始"的意义和作用，道理并不难理解，可真正做到却并非轻而易举。其中，一个重要的障碍就是"万事开头难"。大凡天下之事，有作用力就有反作用力。你有意气风发的冲力，就必然会遇到来自各个方面的阻力；你要"先行一步"，他就有"等等再说"的掣肘。应对"万事开头难"的策略其实很简单，就是"硬着头皮，坚持走创新之路。"这普通的一句话，它包含了三个关键词：一是"硬"，二是"坚持"，三是"创新"。有了这三件"法宝"，"难"也就转化为"易"了。

我们强调"好的开始"，并不意味着可以轻视"开始"后面的努力过程和最终结果。有了"好的开始"之后，还要维护"初战"的成绩和势头，确保全年教育教学工作有始有终、善始善终，万不可虎头蛇尾、有始无终，一定要沿着"好的开始"持续下去，并不断扩大成果，完成"成功的另一半"。"好的开始"既然有着决定"成功的一半"的重要作用，那么在新的学年"开始"的时候，千方百计确保有个"好的开始"就是当务之急了。希望各个管理人员，各个年级组，教研组都能有个好的开始！

除了与大家交流"好的开始"之外，今天与大家再交流两个话题，即"感动与感谢"和"感受与感悟"。

第一，关于感动与感谢。高一老师、高三老师都很辛苦，他们和招生办的老师们一样一直坚守在一线，几乎没有暑假，每天接待家长，接待学生。高一年级从7月初到8月底一直在不停地衔接、拓展、招生，直至8月20日又开始一周军训，马不停蹄地工作；高三年级的老师们在高考结束后即开始了招生、拓展和体验活动，7月底开学上课，夜以继日地工作；别人休息，你们在工作；别人工作，你们依然在工作，真诚地向你们表示感谢！初中的老师，特别是今年初一年级的老师们，从3月份到6月份的每个周末几乎都有体验活动，从7月15日到20日暑假当中又组织了小升初衔接教育活动，兰董事长在不同的场合表达了感动，开学之初，你们又被封闭在军营和学生开始军事训练，生活条件较为艰苦，住宿条件都比较差，但是你们没有任何抱怨，感动之外真诚地向你们表示感谢！这些高一、高三、初一为代表的所有中学老师们，为我们学校的发展奠定了坚实的基础。

第二，关于感悟与感受。今年的培训我们总结了过去的3年，展望了未来的3年，明确了新学期的发展目标，无论是关校长的《开启你的世界，发现自己发现幸福》，还是《实现新的超越，做最好的自己》；无论是肖川教授的《教师的幸福成长与专业成长》，还是董事长的《学校教育的未来与教师的个人发展》等等，这些专题都给了我们很多启发、感悟与感受。特别是肖川教授的报告，把我们心灵唤醒：下面是肖川教授报告中的经典语录，我特摘记于此，与各位同事分享：

做一个有心人，有心的地方就会有发现，有发现的地方就会有欣赏，有欣赏就会有爱，有爱就会有美，有美就会有自由，有自由就会有快乐。

要时刻拥有良好的心态，接受现实，悦纳自我，心存感激，追求卓越。

有哲理的8句话：快乐是一种美德，微笑是一种力量，优秀是一种习惯，成功是一种心态，歌唱是心灵的阳光，简单就是享受，清白是温柔的枕头，幸福是灵魂的香味。

幸福人生的"四个有"：第一，心中有盼头。即有目标、有追求、有所成就、有所向往。真正好的老师一定能不断地唤起学生对于未来热烈的憧憬与向往；第二，手中有事做。有事做意味着社会需要你，有实现人生价值的岗位，爱岗敬业；第三，身边有亲友。人是社会的动物，需要有情感的归属。人人都希望得到他人的认可和欣赏，这是所有人一个共同的需要；第四，家庭有积蓄。经济上的富有是重要的，我们经常说富贵吉祥，首先是"富"然后才是"贵"。当我们在经济上富有的时候，就会显得大气，不会过分地斤斤计较，不会过分地在乎那些名和利。所以，我们要消灭贫困，建设一个富裕的社会。

享受幸福：幸福是母亲的关怀；幸福是温馨的礼物；幸福是婴儿的笑脸；幸福是沉甸甸的麦穗；幸福是平静的馨香；幸福是收到的康乃馨；幸福是神秘的巧克力；幸福是绿色的生活；幸福是林间的小路；幸福是森林里的小溪；幸福是远离尘嚣的净土；幸福是自由的跳跃；幸福是轻柔的抚摸；幸福是置身事外的安闲；幸福是不经意之间的感动；幸福是重温听潮的时刻；幸福是手中的希望；幸福是开满鲜花的原野；幸福是知识的启航；幸福是一生的信仰；幸福是更多的时间；幸福是拥有美妙的梦；幸福是充足的食物；幸福是丰富的宴飨；幸福是腰里的银钱响当当；幸福是寄托在纸上的希望；幸福是用心的倾听；幸福是自己的感觉；幸福是搏击险滩；幸福是勇于攀登；幸福是独立的梦想；幸福是下一步的欲望；幸福是朋友的关怀；幸福是永远拿不到的一手好牌。其实，幸福就是一种感觉，敞开心扉去感受，幸福无处不在……

另外，我本学期的要求与上学期一样，有以下几点要求：第一，每周三早晨全体中学老师要与学生一起跑步，目的是让大家加强体育锻炼，保证身体健康。学部领导、班主任、副班主任每周有一天（周二或周四）可以轮流在早锻炼时间自由支配；第二，每月进行一次全学部老师考试，初中老师考中考试题，高中老师考高考试题，目的是促进大家对中考和高考的研究，把握考情；第三，倡议老师们周五下午 3：00 在阶梯教室参与国学学习，由中学国学教研组组织，本学期学习的内容由国学教研组商定。2009—2010 学年度我们提出的主题是"爱的教育，铁的纪律"，2010—2011 学年度我们提出的主题是"聚焦课堂，提高质量"，2011—2012 学年度我们提出的主题是"内涵发展，自觉成长"。那么，到底什么是内涵发展？什么是自觉成长？下一封信再与大家交流。

通知：1.周二晚上7点，各年级组组长和江承明、崔艳军老师在三楼会议室召开运动会的协调会议，希望各年级、各班级认真准备，积极筹备，通过运动会增强班级凝聚力；2.周三晚上7点左右全校举行"中秋博饼"活动，提前祝大家好运！3.本周六是第26个教师节，因为周五下午离校，所以本届教师节联欢活动不再举行。不过，我从国外给每人带了一张贺卡，去年是美国的，今年是加拿大的，表示我对大家的诚挚祝福！另外，借肖川教授在报告会上朗诵的诗歌《祝福》作为我对大家的美好祝愿！提前祝老师们教师节、中秋节快乐！

祝福

感受着生命的悲哀，还可以欢笑的，请接受我深深地祝福。

感受着生命的空虚，还愿意奋进的，请接受我深深地祝福。

感受着生命的卑微，还予人以尊严的，请接受我深深地祝福。

感受着生命的期望，还待人以真诚的，请接受我深深地祝福。

感受着生命的寂寞，还可以温暖他人的，请接受我深深地祝福。

感受着生命的残酷，还愿意相信善良的，请接受我深深地祝福。

你们的战友：梁勇

2011 年 9 月 25 日

第五十四封信 做幸福的自己

各位老师、战友们：

　　大家好！记得去年暑期的培训的主题是"构建学校幸福教育体系"，今年暑期培训的主题是"教师的幸福人生与专业成长"，由此可见，学校对师生的幸福人生提到了战略的高度去实施。今天我就和大家交流探讨的主题就是"我们应该怎样成为幸福的教师"。人活着不是为了痛苦，追求幸福是人类永恒的目标，培养出幸福的学生是教师的最高境界。没有人能将自己不具备的东西奉献给别人。教师要给学生以幸福，自己首先应成为一个幸福的人，一个懂得如何创造幸福生活的人。那么我们怎样才能成为幸福的教师呢？观察我们周围幸福和不是那么幸福的教师的人生轨迹，剖析我们自己感觉幸福和痛苦的职业生涯片段，浏览目之所及的古今中外的教育家传记，从中可以发现不妨称之为幸福教师秘诀的三条定律：

一、善待自己——别跟自己过不去。在教育远未普及、教育从业人员不多的年代里，教师作为少数拥有知识的社会成员，往往被人们视为"先知"而备受尊崇。在古代甚至成为知识与道德的化身，一度被抬到与"天地君亲"并列的高度。对教师与学生的关系，有"一日为师，终身为父"之说。但时代不同了，如今科技发达、教育普及，知识不仅不再由教师等少数人所独享，而且教师中的大多数——中小学教师已居于知识分子的基础阶层。往昔视同父子的师生关系早已失去存在的理由，取而代之的是平等的民主的师生关系。因此，在自己的社会角色定位问题上，我们应在以下两个方面调整心态：我经常强调与家长交流的方式要抬起头，挺起胸，为了孩子快乐地健康成长，要与家长坦诚相待，真诚交流，放下因巨大的历史文化惯性而留存于我们心中的"师道尊严"的架子，学会以平等、平和的方式与人相处，与人交流。事实上，对教师心理健康影响很大的是与学生及其家长的人际冲突，不少是因为我们自觉不自觉地自视"师道尊严"造成的。我经常强调我们教师在精神上是富有的，是精神贵族。有的家长可以比我们有权，有的家长可能比我们有钱，但是我们不能因此而在与家长交流的时候有自卑感，应该放弃不必要的攀比之心，要善于从自己的职业优势中寻找人生的乐趣。不与从政者比地位。居庙堂之高，有"高处不胜寒"的苦恼；处江湖之远，有"采菊东篱下，悠然见南山"的闲适；不与经商者比财富。你"财源茂盛达三江"，我桃李缤纷满天下。我们虽为人师，但实为常人，很难达此崇高境界，但适时调整心态，让心理在迅速变化的社会中保持平衡，还是可以做到的。保持心理平衡是维护身心健康的基石。有医学专家称心理平衡的保健作用超过了其他一切保健作用的总和。只要我们注意并做到心理平衡，就掌握了开启健康与幸福之门的金钥匙。作为教师，我们应该比其他岗位的人更理解"健全的精神在健全的身体中"的含义，比他们拥有更多的健身知识，更为注重身体的保健与锻炼。从个人角度看，健康的身体是我们从事教育工作的基本条件，是我们除专业知识与经验外几乎唯一的个人资源，更应特别珍惜；从社会角度看，教师也应为学生树立终身从事健身运动的表率，为全民健身运动的普及开展，为中华民族身体素质的整体提升做出自己特别的贡献。所以，我希望我们的老师们除了硬性要求大家在周三统一跑步之外，只有有时间，大家就积极参加体育锻炼。教育强调五育并举，体育是其中的重要内容。教师要求学生全面发展，强调体育的重要，但多数教师自己并未身体力行为学生作出表率。由于我们常年夜以继日地紧张工作，加之疏于锻炼调节，我们老师身体健康状况会有问题，所以我再次号召大家加强体育锻炼。身体健康永远是第一位。

二、善待学生——努力做一个成功的教师。教师的生命是与一届又一届的学生的成长紧密联系在一起的。在一批批学生的成长中，我们由稚嫩走向成熟，从成熟走向衰老。当我们的学生成为长者、贤者，成为社会栋梁时，我们会自然地从三尺讲台上悄然消失，成为人生夕照景观中的一个组成部分。身为教师，要获得人生的幸福，首先必须成为一个成功的教师。职业生涯失败而人生却幸福的教师是不存在的。善待学生是教师事业成功的前提，对学生真诚无私的爱是获取教育成功的原动力。没有学生的合作，教师的工作绝对不会有成效。可以这样说：教师工作的成功程度取决于教师调动学生与自己合作的兴趣与能力的程度。 善待学生就是善待自己，使学生感受到学习快乐与成长幸福的教师是最幸福的教师。那么，怎样善待学生，如何用爱心打开学生的心灵之窗，从而开启教育的成功之门呢？教师出身的中国工程院院士，上海市前市长徐匡迪在《今天我们怎样做教师》一文中对这个问题曾做过精彩的阐述。今照录如下，与大家共勉：首先，爱学生就要了解他们。了解他们的爱好和才能，了解他们的个性特点，了解他们的精神世界。对一个好教师而言，只有了解了每个学生的特点，才能引导他们成为有个性、有志向、有智慧的完整的人。教育是人学，是对人类灵魂的引导与塑造。苏霍姆林斯基说得好，不了解孩子，不了解他的智力发展，他的思想、兴趣、爱好、才能、禀赋、倾向，就谈不上教育。其次，爱学生就要公平对待所有学生，把每一个学生视为自己的子弟。据有关教师人格特征的调查，在学生眼里，"公正客观"被视为理想教师最重要的品质之一。他们最希望教师对所有学生一视同仁，不厚此薄彼；他们最不满意教师凭个人好恶偏爱、偏袒某些学生或冷落、歧视某些学生。公正，这是孩子信赖教师的基础。再次，爱学生就要尊重他们的人格和创造精神，与他们平等相处，用信任与关切激发他们的求知欲和创造欲，在教育的过程中教师是主导，学生是主体，教与学互为关联，互为依存，即谓"教学相长"，"弟子不必不如师，师不必贤于弟子"。一名好教师会将学生放在平等地位，信任他们，尊重他们，视他们为自己的朋友和共同探求真理的伙伴。愿徐先生的上述观点不仅能成为所有教师的思想共识，而且能成为全体教师的行动指南。果能如此，则学生幸甚，教师亦幸甚。

三、善待同仁——做一个与人善处的人。中国人在处理人际关系时是很讲缘分的，所谓"同船过渡，五百年修"正是这种缘分观的写照。信缘、随缘的观念有助于增进人际关系。教师间公共的人际关系无外乎合作与竞争两种。正确处理好这两种关系，使之有利于事业发展，有利于身心健康，是一个人情商高的反映。是同行必有比较，有比较必见高低，在高低差别显现之后如何对待朝夕相处的同事，还涉及一个人的精神境界问题。善待同仁可以多些情谊，少些纠纷。人与人相处久了，又是一种天然的竞争关系，矛盾在所难免。处理矛盾时，应少些冲动，多些理智。思考问题时严谨些，尽量使自己的言论与要求合法、合理、合情；采取行动时慎重些，力争做到有理、有利、有节。学校追求的是综合的育人效果，要求教师具备合作精神与团队意识。只有在与同事有效的合作中，才能体现出我们的职业价值；也只有在教师这个团队中，我们才能感觉到工作的幸福。不论是我们选择了教师这个职业，还是教师这个职业"选择"了我们，总之，我们已走上了这条既光荣又苦涩的人生路，而且我们中的绝大多数还会在这条路上走到底。既然我们选择了以教师为终身职业，就应当以教育家自励，在教育这块方园地里精耕细作，用耐心播种爱心，自会收获成功与欢乐。快乐本为感觉，幸福取决于心情，教师工作的性质更是如此。只要我们尽心尽力，无愧于"老师"这个称呼，纵然我们不刻意追求幸福，真正的幸福也会常驻我们心中。愿老师们都能成为幸福的人！祝大家幸福！

你们的战友：梁勇

2011 年 10 月 9 日

第五十五封信 传承军训精神　展现运动风采

各位老师、战友们：

大家好！开学的一个月，我们进行了军训、运动会、学会换届。上周，我们初中部和高中部都进行了月考。本月，我们还要进行家长委员会的换届选举和学校家长讲堂和学生讲坛的启动。

第一，关于学生军训。这段时间，有许多家长都给我反馈，军训让孩子改变许多，懂得了许多，我甚为欣慰。在军训前，我的思想压力和心理压力是非常大的，一是让学生自费去吃苦，家长愿意不愿意？二是我们的孩子吃不吃得了这样的苦？三是万一发生安全事故怎么办？但是来自心里的声音告诉我：凡是有利于学生的事，我们就应该去做，所以我下定决心顶着压力，在大家的支持下，我们走进了军营。在老师们的全力支持下，经大家的共同努力，我们不但圆满地完成了军训任务，还达到了预料之外的效果，这种成就感与幸福感，大家都有。军训回来之后，我们的孩子的确改变了许多。周五上午，宋校长和我沟通关于让孩子到农村去奉献爱心一事，周五中午，初三一位家长与我沟通，也希望孩子到农村去体验生活，所以，我希望我们的德育处尽快完善并落实"学军、学农、学工、学企"的课程体系、课程方案和活动预案，这些体验和感受比课堂上学到的知识更有意义！为了巩固军训成果，初中部以语文教研组牵头，举行了"军训有感征文比赛"，孩子们叙写军训经历，展示军训风采，记录军训中涌现的先进事迹，抒发军训中感受，畅谈训练中最深的点点滴滴……在学生的作文中，许多学生都谈到了军训不但可以培养吃苦耐劳的精神，还能磨炼人的坚强意志。军训是苦的，也是快乐的，更是甘甜的，我们应该让学生们学会品尝这种苦中之乐，体会现在幸福生活。通过军训，可以一改他们以往的慵懒，全身心投入紧张有序的学习中去，感受超越自我的快乐。军训还让他们领略了军人的风采，体会到了军人的气质。军训不仅培养了他们坚强的品格，也增强了他们不断超越自我的勇气，使他懂得了责任的重要，更加强了他们的团队意识，在今后的工作、生活、学习中，无论从对待生活的态度上，意志上，还是思维上，他们都将受益匪浅。军训对于他们来说是一场体质和精神上的双重考验。一天近八个钟头下来，他们充分品尝到了军训所带来的汗水和艰辛，他们真正体会到军训的日子并不容易过，但仔细品味，这却是提高他们身体素质的绝佳机会。作为一个当代中学生除了在学识上有新建树，还要有顽强拼搏的意志，吃苦耐劳的品质，身体素质和心理素质都要达标。我相信，军训对于他们以后学习生活的影响是深远持久，举足轻重的。教会了他们团队协作能力，从中培养了他们一种团队精神，让他们懂得有纪律，有组织是成为团体中优秀成员必不可少的条件之一。通过军训让学生学会了如何去面对挫折，如何在人生路上披荆斩棘，如何去踏平坎坷，做到自制，自爱，自理，自强，走出自己的阳关大道，开创一片自己的天地来。我们把军训的会演刻录成光盘，这段军训生活永久地珍藏。我选取了几个孩子的作文片段，可以从文字中感受孩子的成长与成熟。

军训让我懂得什么是坚强的意志。那笔直的腰身，挺起的胸膛，昂扬的士气，告诉我那是军人的飒爽英姿；那骄阳下伫立的身影，那汗水中神采奕奕的双眼，那支撑着沉重身躯却依旧丝毫未动的双腿，让我为之震撼，为之感动。他们有着铁铸的信念，钢铁般的意志。他们这群正直而不乏潇洒、严肃而不乏幽默的教官们，将他们铁的纪律带到我们面前，让我们懂得了什么是军人的风范，什么是钢铁般坚强的意志。

军训教会我什么是团结的力量。那创造中的和谐摩擦出一朵朵美丽的火花，看吧，统一而整洁的军装，豪迈而整齐的步伐，伴着那嘹亮的口号，一排排，一列列，是那样赏心悦目，振奋士气。

团结就是力量，再不是简简单单的一句话，它有着深刻的人生哲理，在军训中，筑起了一座不倒的城墙，集体的荣誉感让我们将它演绎得淋漓尽致。

幼苗不经历风霜洗礼，怎能长成参天大树；雏鹰不经历狂风骤雨，怎能飞上万里苍穹；溪流不经历颠沛流离，怎能交汇于浩瀚大海。

六天很短暂，然而它给我们留下了印象却是无比深刻的。它让我们学会自立、自强、自尊、自爱，让我们稚嫩的心灵变得充盈成熟，让我们走出他人精心编织的暖巢，勇敢地站出来同风雨挑战。

——初一（1）班#蒋临风

每当回放那段军训时的录像，都让人不禁想起那些记忆犹新的往事。

从一切都是好奇的开营式，到有模有样而且带有阅兵式的结营式；从需要十几分钟才能站好队，到一听到哨声就能站好；从之前被动地服从，到最后欣然地接受；我想起这些成就，心里就有一种不一样的感觉。记得最后一天要离开的时候，我突然觉得，这几天的训练是那么的短暂，时间是如此的快，如果这一切可以重来，我一定不会再抱怨，一定会努力。几天的军营生活，使我渐渐地对军队有了些不舍，直到离开军营的最后一刻，我忍不住泪流满面……

军训中，教官虽然严厉，但我明白"宝剑锋从磨砺出，梅花香自苦寒来"的道理；条件虽苦，但我明白无论做什么事，只要坚持不懈，成功就会向我们招手。

为了追寻自己的梦想，今后无论遇到什么困难我都会为我的梦想而努力，为我的梦想而坚持。

——初一（1）班 #焦天雅

脱下湿漉漉的军装，换下闷热的运动鞋。满身疲倦的我放松地躺在床上，吹着空调，又回到了"王宫"里。脑子里突然出现了这几天训练的画面，教官的身影也浮现在我脑子里。刚开始我对教官的厌烦到临走前的依依不舍，让我在这六天的军营生活中学到了许多课堂上学不到的知识。

——初二（4）班 #窦伯言

在军训中，很苦很累，但这是一种人生体验。对于平时衣来伸手饭来张口的我们来说，必须提高自身的自理能力。我记得，每一次高亢的口号声；我记得，休息时间与教官的谈天说地与爽朗的笑声；我记得，严厉的教官在训斥自由散漫的我们；我记得，每一顿饭大家狼吞虎咽的表情；我记得，我们的苦都化成了汗水，只留下快乐的回忆。一滴滴水汇成大海，一粒粒沙汇成沙漠，每一个人用心去体会去感受，整个集体才能做得最好。我们要创造出一条属于自己的路，即使那条路布满了荆棘，每一步都是那样的艰难，也得自己去踩，去走，去疼痛，去成长。

——初二（2）班#伍德一珈

6天，仅仅6天，从恐惧厌恶到团结互助再到拼搏感动；6天，124个小时，他们为我们保驾护航；6天，一天天在进步的我们离不开你们的辛勤抚育；6天，从喊声利落的你们到嗓音日渐嘶哑；6天，你们无时无刻不在我们身边；6天，教官，汗水，荣誉，直到舍不得。

记得刚下校车的第一步，我是茫然的，一个陌生的地方，一群陌生而又严肃的军人，陪伴我的只有同学和老师，那时自己感觉真的是一只失去方向的鸟，乱飞乱撞。第一次站着吃饭，第一次这样洗碗，第一次感受团结。这就是来到军营第一天的感受。

——初三（四）班#胡韵笛

在军队收获了一种别样的情感，那是坚强的情谊。当然，同样提高了我们的行为规范。在部队，能做到让老师震惊，让教官欣慰；在学校，初三学子更不能差。我们最后一搏，全身心投入迎接初三。我们会带着长官的祝福，老师、家长的期盼和自己的梦想，与时间赛跑，与困难拼搏。

——初三（四）班#徐嘉聪

军训使我更深刻地体会到了自我约束的重要性。在这里你自我约束力强就会感觉你特有成就感，不错，自制力是每个人都应具备的能力。每个人的差距就是强与弱而已，军训就是再次锻炼我们自制力。通过这几天的训练，有时候特别想放弃，但是一想，别人能做到，为什么我却做不到，所以坚持一下吧，就这样挺过来了。很欣慰，因为我战胜了自己，而且也约束了自己。

——高一（3）班#陈明凯

在这次军训中，我终于体会了这句话的内涵。教官们响亮的口令，整齐的步伐，令我深深折服。一、二、三、四的口号中，在某一时刻，我竟觉得是世上最动听的声音。有种感情在内心喷发，那是对军人的浓浓情意。

人只有在经历过挫折之后才会变得更加成熟，在战胜困难之后才会变得更加坚强。我们放下那一份份伤感，小心翼翼地拾起断断续续的梦，带着虔诚的信念和矢志不移的决心，在学习中积极进取，在生活上，勇往直前。

军训的日子就像风雨过后的泥土，经过了无数次的洗刷，这种会沉淀下去，直至融入我生命中的最底层……

军训真的让我学会了很多，同学之间的团结友爱，师生情，军民情，好多感情共同发酵，凝成我脑中最美丽的回忆！

——高一（2）班#韩牧桐

第二，关于运动会。在这次运动会的筹备过程中，各年级组在艺体中心的统一协调下，大家群策群力，精心组织，认真准备，为了展示我们学校的风采，大家加班加点，集思广益，我看到这种协作精神，甚为欣慰！在9月29日、30号这两天的运动会中，特别是在开幕式的团队展示上，大家展示了我们的信心和力量，彰显了我们学校的精神与风采。

初一年级代表的日本代表队，师生合力，把中日友好演绎得淋漓尽致，仕女的纤纤玉手摆动如花的纸伞，显示学校中学女生的美丽，武士紧握锋利的刀剑，彰显着学校中学帅哥的勇气！

初二年级的荷兰代表队，用红白蓝相间的荷兰国旗与学校校徽融合在一起，是"既要培养国际化视野，又要具有中国传统文化"育人目标的充分展现。整齐的步伐迈出初二年级组的坚定，灿烂的微笑写着初二年级的热情，初二年级团结友爱，勤奋好学；他们在赛场挥洒拼搏的汗水，用成功拥抱胜利的辉煌！初三年级泰国代表队，今年是他们在母校的最后一年，初三学子们在这次运动会中为母校留下最美好的回忆，无论在运动场还是在考场，这届初三都将会成为一道亮丽的风景，让我们拭目以待。

高一年级的埃及代表队，代表着坚强的埃及散发着它年轻的活力和动力，正如散发着朝气和青春的高一年级一样！希望高一年级能超越现在的高二和高三！

高二年级的西班牙代表队，用西班牙人斗牛士的形式在红色的跑道上显示其勇敢和激情的无穷无尽，在生与死之间执着地追求着完美，也充分体现了要在未来创造辉煌！

高三年级的彩旗代表队，五大洲国旗迎风飘扬，东西方文化汇合交融。面临高考，高三学子胸怀大志，勇往直前，奋力拼搏。用汗水浇灌希望，用刻苦书写成功。预祝高三的全体同学明年高考再传捷报！

六个代表队，各具特色，特别是在开幕式上团体操的训练表演中，大家自我约束，严格要求，精益求精，精雕细刻，几乎做到了极致与完美。总之，在运动会的比赛中我们学校取得了团队展示、精神文明和体育成绩的大丰收！但是，我们更应该学习其他学部的优点，小学部组织严谨，创意丰富，进场退场有序，掌声和欢呼声热烈；剑桥中心充分调动了学生的自主性和家长的积极性，他们的团队展示创意新颖，大旗、大船、大佛都"放大"到气势磅礴的境界。汉语中的外国学生用简约而不简单中国文化元素展示了中国传统文化的精髓，这些都是我们可以汲取的营养。希望我们从运动会中好好总结我们的成绩，反思我们的不足。运动会结束了，给我们许多启迪，把运动会和世界结合在一起。而这也给日后教育教学工作一个提示，教学和课堂完全可以不拘泥于环境和形式。学校搬迁新校以来，连续四届运动会，连续四个不同的主题，2008 年的中华民族运动会，2009 年的和谐大自然运动会，2010 年的中华传统文化运动会，2011 年的"世界一家亲"运动会，连续 5 个精彩的运动会，不仅是学校的特色，更是学校的一道亮丽风景线。每年9月份，在这个充满希望和收获的秋日里，运动的快乐陪伴着拼搏的辛劳，反射着生命的韵律，书写着永不消逝的记忆。我们学校必定是记忆中最为精彩的一幕。

第三，关于学生会。开学之后我们学校的学生会换届已经完成，这次换届竞选中，高中的崔艳军、渠来柱、崔岩老师、初中的江承明、罗保文、胡强老师做了非常充分的筹备。班主任老师与孩子们精心策划，认真组织，同学们为了竞选做了充分的准备，他们的PPT做得很漂亮，有的同学开场很有创意，他们热情地演讲，激情地呼喊，充分表达了愿意热心为我们学校服务的思想意识。每个候选人都在这次演讲中都展示了自我，他们就各自的基本情况、取得的成绩、爱好、特长以及对参选职务的认识作了简要介绍，并将自己的决心、经验、工作设想等都在自己的演讲中体现得淋漓尽致。通过这次竞选活动，我再一次认识到我们的学生真的很了不起。

本次学生会换届竞选以公平、公正、公开为原则，组织井然有序，为我们学校学生会吸收引进新鲜力量、注入新的活力，同时也是培养新一批的学生会干部开始，给同学们一个实现自我价值的机会。通过这次竞选，同学们表现出的良好精神状态以及自愿发展壮大学生会的积极态度。他们精彩的演讲和出色的表现真的让我感觉到学生的潜能无限大，我们要相信孩子们。德育处和团委要把更多的学生自主管理，学生自主活动交给学生会去策划、去落实和执行，让学生会发挥其真正的作用！

第四，关于家校委员会。我们为家校委员会换届工作，本周专门给家长写了信并就家长可以给孩子提供的资源做了问卷调查，学部和德育处今年要在以往的基础上更加重视家长工作，充分调动家长的积极性和家长的资源，为学校的发展出谋划策，为孩子的发展贡献力量。本月一定要召开家长委员会改选会议，本次家校委员会将民主选举产生，请孙春立老师、康庆老师协同德育处负责组织好这次活动，要充分调查了解，把真正有大局观念、有协作精神、有教育思想、有教育责任感的家长吸引到家委会中来，在会议的组织上要精心筹备，认真准备，把这次家校委员会换届改选工作组织得精彩有序、有意义。家委会成立之后，我们充分地发挥家委会的作用，我们要加强与家校委员会成员的互动与交流，充分发动家长为学校的管理献计献策，共谋学校的良性发展，充分发挥了他们对学校工作的参谋和监督作用。家长的信任与满意是对学校工作的支持，更是一种鞭策。我们要在家校合作的实践中探索发掘家长教育资源"四步曲"：第一步，让家长走进校园。利用家长委员会这一平台，定期组织家长到学校参观考察，通过召开家长会、学校报告会、学校开放日等形式，让家长了解学校教育教学管理的方方面面。第二步，让家长走进课堂。开展家长听评课开放周活动，让家长了解教师课堂教学情况，学生学习情况，并参与课堂评价。家长评价对我们改进教育教学将是一种有力的鞭策。第三步，让家长走上讲台。学校从学生入校之初就建立了详细的家长档案，从中选取部分有特长的家长，建立了特长家长教育资源库，开辟"家长讲坛"，发挥家长的特长优势，让他们定期走上讲台，对学生进行专业教育，达到了学生、家长、学校的有机融合。第四步，让家长带领孩子走向社会。由家长委员会组织协调，家长、教师参与组织，利用周末、假期，带领孩子到烈士陵园、敬老院、少年宫、博物馆、名胜古迹、大型超市，通过家长和学生一对一参与的这种亲子社会实践方式，实现了家庭教育、学生自我教育相结合，学校教育得到了有益的补充和大力提升。

第五，关于学校"家长讲堂"和"学生讲坛"。本学期，在德育处和团委的协调下，我们将开设家长讲堂和学生讲坛。要让每一位家长和每一名学生都成为独一无二的教育资源，这是一个面向学校中学家长和学生的平台，以在校学生和学生家长为主要的招募对象。学生讲坛这个平台为学生提供一个相对自由的表述空间和交流空间。这也是一个展现学生自我和提升能力的舞台。家长讲坛，可以让从事着各行各业的家长们来到学生面前，可以从班会中推广，在与学生相互沟通中将自己从事的职业特点、经历等浅显易懂地进行介绍，使孩子们从中了解相关知识，甚至激发、培养学生的"职业向往"，而这种职业启蒙无论对孩子的未来职业选择还是对孩子们的在校学习都必然会带来积极作用。家长讲堂和学生讲坛的举办都是为了学生的发展，为了发展学生的一切。家长讲堂和学生讲坛在一开始的设计、组织、举办的整个过程中要突出"以学生为本，关注学生品行与成长"的理念。将理念与实践活动更好地衔接，将预期功能与实践功效真正衔接起来，让学生真正受益。我相信，德育处和团委在班主任的配合下，一定会将这样有益于学生活动做得有声有色！

以上这些活动，都是课堂上学不到的知识和提高的能力，也是学校提供给学生的独特"产品"，如果组织得好，有益于学生的发展，如果组织得不好，则容易让学生心浮气躁。恳请各位在组织任何活动的时候，一定要精心策划，精心组织，精心落实，以精益求精的精神和对学生负责的态度搞好每项活动！

你们的战友：梁勇

第五十六封信 让教学常规"常"起来
让高效课堂"高"起来

各位老师、战友们：

大家好！上周我参加了初中部的教学常规检查和高中部教研室的视导工作，都给我留下了一些遗憾和思考。初中部的常规工作总体来说大家都能按照学校和学部要求完成，但是个别老师的常规让人失望，学部领导已经和相关老师诚勉谈话并提出了严肃的批评，个别老师也因此付出了沉重的代价，希望这样的事情不再发生；高中的视导教研室的领导也给予了较高的评价，但是我们课堂的传统需要引起注意，希望学部和教学处要在去年课堂基础上加大课改力度，摆脱"填鸭式"和"满堂灌"，抛开"轮流回答问题"和"对标准答案"的传统，创新我们的课堂，提高我

253

们的课堂效率，把课堂还给学生，还学生以自主权，因为课堂本应该属于学生，"自主学习"与"小组合作"应该成为我们课堂的主旋律，今与大家交流我的两点思考，希望能给大家一些启发。

第一，关于教学常规化。所谓"教学常规"指的就是一般的教学规范和应该达到的要求，"常"字说明经常做、应该做，这就要求每个老师能将常规与自己的教育教学实践结合起来，努力在教育教学的每一个环节中落实常规，做细做实、持之以恒、坚持不懈。我想如果每个人都能做到这些常规的话，应该会在教育教学上取得很好的成绩。作为老师，需要在实践反思中认真对照、反复检查，长此以往，才会使常规内化为自己的教学习惯，我觉得这是我们应该追求的境界。随着课程改革的深入，课堂给学生、教师提供了广阔的空间，怎样才能使师生在课堂优化组合，发挥最佳状态，我想一场精彩的好戏离不开一个好的剧本，所以备好课是基础。以往在备课中往往注重教学内容的确立，考虑较多的是自己怎样教得顺手，忽视了学生学习的主动性，教学设计单一，方法陈旧，教学效果自然平平。教学预设要力求开放、立足教材、超越教材；开放思维、拓展空间；开放情感、尊重不同的情感体验。课改的号角去年已在学校吹响，教学常规化早已应该深入人心。让我们在坚守教学常规的同时，调整自己的教学行为，共筑平等、自由、创造的学习空间，与学生同学习、共成长。

第二，关于高效课堂。所谓"高效课堂"教学是实施素质教育的主要阵地，实践能力和创新精神的培养，应该首先从课堂教学上予以突破。所谓"高效课堂"就是用尽可能少的时间获取最大教学效益的教学活动。而关于"高效课堂"研讨，无外乎这两个方面，即教师如何教、学生如何学。二者只有有机结合，才能出高效。从另一个角度而言，我个人觉得教学的高效更应落脚在学生的高效上，把更多的时间和精力花在研究学生身上。积极转变教学方式，创造轻松活跃的课堂氛围，使课堂亲近学生，这样不仅可以让学生学有所获，学得快乐，还能启迪学生的心灵。1. 要提出明确的学习目标，使学生知道学习的目标，是引起学生学习动机和调节学生学习行为的一种好方法。创设"自觉学""自己学"的氛围，充分调动起学生自主参与课堂的积极性，是打造高效课堂的基础。2. 要创设激趣的问题情境，苏霍姆林斯基说过："如果学生没有学习的愿望，我们所有的计划，所有的探索和理论统统都会落空。"而思维永远是由问题开始的，设计适当的问题激发学生的探索欲望，让学生的思维处于活跃状态。要提高提问的有效性，有效提问是课堂对话的开端，能引起学生的思维、兴趣。问题的有效性表现在要具有一定的开放度与一定的深刻性。3. 要注意对象的层次性，以达到让不同的学生都拥有思考的兴趣、思维的空间。4. 要创造合作进取的学习氛围，学生是学习的主体，课堂教学是否高效自然也主要看学生学习的效果。在和谐的气氛中，在充满自信的时候，学生的学习效果最好、效率最高，课堂的高效也就水到渠成了；5. 要进行科学的学法指导，俗话说："予人以鱼，惠其一时，授之以渔，惠其一世"。陶行知先生曾说：

"我认为好的先生不是教书，不是教学生，而是教学生学。"的确，现在提倡终身教育的理念，我们的教育并不是教给学生多少枯燥的知识，而是教给学生终身受益的学习方法，因此教师在课堂教学中必须对学生的学习进行有效的学法指导，这样学生在科学有效的方法指导下进行的学习必然是有效的。为此，我善于为学生创设提问的情境，鼓励学生敢于提出疑问，引导学生产生疑问，进而发现问题，要给学生质疑的时间和空间，使学生可以随时质疑，会质疑本身就是思维的发展、能力的提高。通过质疑使学生获得有益的思维训练，变"学会"为"会学"，会"发现问题—分析问题—解决问题—再发现问题"，养成勤于思考的习惯，科学的学习方法为创造高效课堂提供了重要保障。

总而言之，提高常态课堂的高效性绝非一句空话，它应落实到我们每天鲜活的教学活动中去。真正的常态课堂应是简单而扎实、训练到位、重点突出的。为此，我们应不懈地努力！

另外，我把这两年来曾在"教学常规"和"高效课堂"的相关要求再次与大家交流，希望我们在坚守的同时不断创新。

我在给大家的信中曾多次提到关于"教学常规"的话题，在2009—2010学年第一学期第三封信中曾经提到"关于教学常规工作"，今天再次复制于此，以作提醒：备、讲、批、辅、查这些最基本的常规一定要抓扎实：备课，不是为完成助学稿而完成助学稿，也不是为了备课而备课，要真正做到备学生、备教材、备知识、备方法、备课堂；讲课，你讲了多少并不重要，学生会了多少才是最重要的，"不讲要让学生会"是课堂的最高境界，在课堂上，教和管平分秋色，既要会教，还得会管，既要管得住学生的行为，还能放得开学生的思维，驾驭课堂的能力是表现一个老师教育教学能力的最好形式；批改，全批全改，面批面改，让学生"知错就改，改了就会"是批改最理想、最有效的方法，有的老师采用"错题本、纠错本"等方式，值得推广和借鉴；辅导，是实施分层教学、因材施教的最佳途径之一。辅导要"多渠道、全方位、立体式"地进行，可以在不同时间、不同地点对不同的学生进行有针对性的帮助和指导。

我在给大家的信中多次提到关于"课堂改革和课堂效率"的话题，在2009—2010第二学期第六封信中曾经提到"我们的课堂教学效率需要提高"和"我们学生的学业成绩需要提高"的几点意见：今天复制于此，再次提醒，以示警示。一、我们的课堂教学效率需要提高：1.有部分老师的课堂存在"教"和"管"严重脱节的情况。作为优秀的老师，教的能力和管的能力应该平分秋色，既要会教还得会管，而我们的课堂，有部分教师只注重教师教的行为而不注重管理学生的课堂行为，无论学生在课堂上是睡觉，还是玩手机、打游戏，或者是学生做其他不适合课堂标准的行为，我们有的老师都视而不见，充耳不闻，听之任之，上完课了事，这是一种极端不负责任的表现！有的老师只注重教师的教不注重学生的学，以完成教的任务为目的，而不是以学生学习目标为责任，教完本章节（本堂课）就万事大吉，学生学到了多少不重要，重要的是"我都讲过了，甚至我都讲过N次了"，这更不是一个称职的老师应该发出的呼声。希望老师们在课堂教学和课堂管理上下功夫，做功课。2.有部分老师的课堂存在"教"和"学"不能互动，更不能交融的状况。讲授、灌输太多，一堂课下来教师几乎是唱独角戏，学生几乎没有参与教学。教师的"教"是为了学生会"学"，希望老师们放开手，让他们大胆发表意见、畅快讨论问题；让他们大胆质疑，主动探究，让他们小组合作，尽情交流；鼓励他们尽情体验、认真思考。我们要大力推行"师生共用助学稿，小组合作，五有五导"的课堂教学模式，即有目标地预习，学生交流，老师指导（课前）；有目标地教学，学生探究，教师引导（10分）；有目标地落实，学生合作，教师辅导（20分）；有目标地检测，学生互动，教师教导（15分）；有目标地活动，学生自主，学生领导（课后）。希望老师们认真领会，大胆创新，提高课堂效率。二、我们学生的学业成绩需要提高。学生的学业成绩是衡量一个教师教学业绩的重要标准，也是社会评价学校的主要标志。一个不重视学生学业成绩的校长肯定是个不称职的校长，一个不关注课堂的校长也不是一个称职的校长。我，梁勇！为了做一个称职的中学校长，既要关注课堂，更要关注成绩。1.每个老师的教学成绩如何？每个人要心中有数，不要顾此失彼。结合中国国情，包括世界上任何一个国家和地区，都很注重学生的学业成绩，而不是不要成绩，所以我们提高学生的学习成绩是必须的也是必要的。而影响学生学业成绩的因素是多元的，也是复杂的，提高学生学业成绩的关键因素是教师如何调动学生学习积极性，在教学工作中要有责任心，同时还要讲求策略，教师之间、教师与家长也要相互配合。提高学生的学业成绩，要加强学生的良好学习习惯培养。2. 每个老师的课堂如何？每个人要心中有数，不要顾此失彼。课堂是教学的主阵地，更是提高学生成绩的主阵地，课堂前的备课，课后的作业和辅导也是课堂教学的有机组成部分，我在上学期给老师们的三封信中就提到过关于备课、上课、批改和辅导及考察的相关问题，在这封信中不再重复，孰轻孰重，各位比我更明白。

在 2010—2011 第一学期第三封信中曾经提到"我们的课堂怎么可以更好？"的三点意见，今也复制于此，与各位共勉：

一、注重自身形象，营造良好气氛。有人把课堂比作舞台，一堂课就是一场精彩的演出。老师的形象、气质、精神状态，将会影响和感染教室里的每一位学生。其言语、神态、举手投足都要有吸引力，有感染力。用渗透情感的语言，用富于激情的动作，将学生带入预想的境界，平日上课，有的老师不大注重自身形象，上课时随随便便穿身衣服，有时甚至衣衫不整，精神萎靡，有时睡眼蒙眬地走上讲台。面对这种形象的老师，学生怎会有心思听其讲课呢？还不如大睡一觉痛快。这就要求老师走进课堂之前整理好自己的仪容，调整好自己的心态，必须是精神饱满、情绪振作地走进教室，使学生望之而精神一振，端坐静盼，这样自然就营造了一种良好的课堂气氛，从而奠定了一堂课的成功基础。教师为人师表，就应做好表率，用我们自身形象去感染学生。在课堂中精神饱满，用激情去点燃孩子们的心灵。正如叶澜教授所说："让课堂焕发出生命活力。"

二、精心设计导入，激发学习兴趣。俄国大作家托尔斯泰说："成功的教学需要的不是强制，而是激发学生的兴趣。"兴趣往往是学习的先导，有了兴趣就有了学习的动力。精彩的课堂好比优美的文章，文章开头写好了，就能吸引读者，让人产生兴趣，有经验的老师都比较注重新课的导入。精美的课堂导语，能使学生对你这堂课一见钟情，有先声夺人之效。像一块磁铁牢牢抓住学生的心魄，唤起他们求知的欲望，使每一个人都积极思维，全身心投入课堂中。因此，我们应该精心为每堂课都设计精美的导入。比如我们可以利用多媒体播放音乐和画面，从一开始，学生就被精彩的画面和气势磅礴的歌声所吸引和感染，自然趣味盎然，兴致百倍。当然，教学内容不同，教师的素质和个性不同，导语的设计方法也就各异。我们不管采用哪一种导语设计方式，达到激发学生兴趣、调动情绪的目的，都要为全课的教学目的和教学重点服务，与讲课的内容紧密相连，自然衔接。常言道，响鼓还需要重槌擂，老师要用导语这一"重槌"敲响课堂"响鼓"第一槌。这一槌一定要浑厚激越，声声击到学生的心扉上，让学生的思维在碰撞中产生智慧的火花，用语言弹奏起美妙动人的乐曲。

三、巧妙组织课堂，调动学生情绪。"知之者不如好之者，好之者不如乐之者"，学生上课睡觉，也反映出他们对课堂不感兴趣，不"好之"，更谈不上"乐之"了。我们的教学，很大程度上仍没有跳出"满堂灌"的思维，仍沿袭着传统课堂教学模式——"教师一讲到底，学生昏昏欲睡"。课堂是师生互动、学生学习的主阵地，老师的"一言堂"已不再适应现代教育理念，更不适应学校的课堂。如果我们的课堂姹紫嫣红、风光无限，学生只要全身心地投入，自主地探究，用心地展示，用心去感受欣赏，就能领会到"蓦然回首，那人却在灯火阑珊处"的美妙意境！教师可利用一切可行的手段，巧妙地组织课堂教学，充分调动学生情绪，使学生始终保持一种间断的波浪式的兴奋状态，每个人都具有求知的冲动，把学习的激情最大限度地调动起来，从而营造良好的课堂学习气氛。"手里拿着小提琴，就不会干坏事"，也就更不会"睡觉"了！如何巧妙地组织课堂教学，每位老师都有自己独特的方法。教师在设计时，要充分考虑学生的学习需要、学习特征、可能出现的问题等，寻求最佳的课堂组织模式。只要我们善于观察，巧妙组织，就能把每一个学生都吸引到所进行的教学内容上，让其为你的精彩而倾倒，并自始至终参与到教学活动中来。我们的课堂也会变得更加生机勃勃，充满智慧欢乐与创造的快意，哪会还有"呼呼大睡"者？"课堂教学是一门科学，又是一门艺术"。作为一名教师，在努力加强自身修养、塑造良好教师形象、做好学生表率的同时，应经常考虑如何灵活巧妙、富有创造性地向学生传授知识，培养学生能力。从助学稿的设计，课堂的引入，到精妙地组织课堂教学，以及如何启发、引导学生，使课堂教学呈现出生动活泼的局面，一改课堂死气沉沉、学生昏昏欲睡的状态。每一个环节都需要我们去做精心准备，努力追求。希望我们的老师用真情拨动学生"情感之弦"，让课堂"激情飞扬"！

我在2009—2010第二学期第八封信中曾经提出"关于分层教学的"的思考意见，今天复制于此，再次商榷，以示启发：在课堂分层的基础上进行辅导分层和作业分层，参与分层教学的老师们研究分层教学，研究我们学校学生存在的差异和共性，我们应"正视差异和共性、承认差异和共性、利用差异和共性、消除差异和共性、发展差异和共性"，为分层教学的实施和落实做到有的放矢。做到堂堂清，天天清，周周清。

1. 课堂教学分层（30+15即30分钟教学，15分钟落实）课堂教学是分层教学的核心，针对不同层次的学生，采取的课堂教学策略是：对于A层的学生，课堂以分析为主，揭示知识内部联系与规律，讲清思路，板书为辅，加大容量，针对性强；多用"发散"和"探索"的教学方法，培养学生思考、创新能力；对于B层的学生，课堂强调基本知识和方法的应用，讲练结合；分析与板书并重，鼓励学生参与，多用"启发"和"问题"的教学方法，培养学生逻辑能力；多鼓励，少批评，培养学生成就意识；对于C层的学生，精选内容，讲解基本概念，了解基本知识和方法的应用。课堂分析细致，板书详细，充分调动学生注意力，教会学生理解概念，模仿操作。多用"情感"和"赏识"的教学方法，培养学生条理性。课堂精讲多练，培养学生对学习的专注意识，多鼓励，齐进步，培养坚持学习毅力，多应用"模仿"方式，抓好基础知识学习，使学生思维得到初步锻炼，保持学生学习兴致，重点培养学生模仿思维和可持续性，逐步提高想象力。

2. 练习、作业分层（把课堂练习和课堂作业设计到助学稿当中）把课堂练习和课堂作业设计到助学稿当中，针对教学内容和学生实际学习能力，教师分层次选编基本巩固性练习、拓展性练习、综合性练习。在一节课完成 30 分钟的教学任务后，应配备难易程度不等的习题来巩固所学到的知识，不同层次的学生可以完成不同量的作业。调动学生学习的积极性，提高他们的成绩。同时教师批改作业可以用不同的方式，同桌互改，小组互改，全班轮换改等等。如果学生当堂不能完成，即用下午第 9 节课的时间来继续完成。我们要做到堂堂清，天天清。

3. 自习辅导分层（利用自习时间把"作业当考试"）自习辅导分层要把作业当考试来完成，20 分钟作业，20 分钟讲评，在讲评时，可以以学生为主导，可以是一帮一的互评，也可以是五人小组互评，也可以是 X 学生在讲台上展示的评。不同层次的学生从学习内容、学习方法的指导都因人而异。对于 C 层的学生辅导要及时、细致、耐心；而 B 层的学生要加强检查、督促，注意反馈；对于 A 层的学生定期定时检查，加强课外辅导和设计实验的探讨和研究。如果达不到目标，晚自习后要留下学生继续加以辅导，如果不能堂堂清、天天清，在周五放假的时候，要和家长沟通留下来给其补习，老师按加班对待，学生收补课费用，做到周周清。

老师们、战友们，"常规"和"课堂"是保证"教育教学质量"最关键的两个要素，我希望我们的常规工作要"常"起来，课堂教学要"高效"起来。只有这样，我们才能做得更好，我们才有可能成为最好。

你们的战友：梁勇

2011 年 10 月 23 日

第五十七封信 进步的阶梯：
学生论坛 教师沙龙

各位老师、战友们：

大家好！今天晚上初中部同时分别组织了三个活动：一个是副班主任沙龙，另一个是学校学生讲坛，再一个是初二年级组会议。今晚的信我就从这三个方面与大家交流。

副班主任老师们一直以来任劳任怨，勤勤恳恳，他们总是用满腔的热忱、博大的胸怀、足够的睿智、足够的爱心加耐心，用辛勤的劳动与付出为孩子们做着琐碎的工作，为学校的发展，为学生的成长在保驾护航。我们学校是一所寄宿制学校，学生住宿是我校的一大特色，也是我校的重要工作之一。副班主任老师在日常生活中和学生接触最多，是学生效仿、学习的直接对象，副班主任老师的一言一行都会给学生留下深刻的印象，对学生的思想、行为产生潜移默化的作用。希望副班主任老师继续保持这种优良工作作风，与班主任老师积极配合，与教学区紧密联系，与此同时，提升自己的专业水平和职业素养。也希望学生处和生活处能更多地为副班主任举办系列活动。为他们提供各种交流和学习的平台，让他们能在学校这个平台上实现自己的价值。

学生讲坛是我一直倡导的，这个讲坛可以是全校性的，也可以是在班级内组织的，一个人的自信很重要，沟通能力很重要，社交能力很重要，承受压力和挫折的能力很重要，但是这些很重要的能力在学校里面都没有专门的教材学习，所以我们要通过组织社团活动和学生讲坛这样的方式为他们提供这样的课程载体和锻炼的机会，在学生的生涯发展中，只有具备高度自信的人，才能显得落落大方，谈吐流畅。相反一个缺乏自信的人，必然会对职业感到恐惧，在社交场合羞于启齿。我们组织学生讲坛就是要克服学生胆怯的心理障碍，提高学生的心理素质，我们要告诉学生克服恐惧紧张的最好方法是锻炼，越怕当众说话越要锻炼当众说话的能力，只有在反复的锻炼中，才能克服紧张情绪，达到良好的心理状态。永远不开口就永远怕开口，只有多讲多练才能从"不敢讲"到"不怕讲"。卡耐基说："如果你希望成为一个善于谈话的人，那就先做一个注意倾听的人。"言语交际是一个说与听互动的过程，说话者必须选择恰当的内容与恰当的表达形式，使听话者能听、愿听、爱听；听话者必须具有较高的倾听能力，听得明白，并能做出及时、恰当的反应。另外，学会倾听，也是交际礼仪的要求，是对说话者的接受与重视，善于倾听才能善于理解和沟通，才会受人欢迎。要增强学生的表达能力与交际能力，必须对学生进行聆听训练。倾听是一种能力，有时候听比说更重要。

现在的初一、初二、初三和高一、高二、高三是我兼任中学校长以后的完整阶段学生，我对 2012、2013 和 2014 的高考与中考抱有很自信的期待，从现在起就要有高考和中考在即的思想意识。高考和中考是一场立体战，不光是对学生的知识、能力、心理、体能的测试，也是对老师的综合考验。希望老师们要鼓励学生务必做到三个字，第一个字是"勤"字。"勤能补拙"、"天道酬勤"。我们这个团队一定要成为学校最勤勉的一群人，每个清晨，当大多数人还沉浸在梦乡中的时候，我们学部的老师就要开始忙碌：或读书，或教书；每个夜晚，当大多数人已经进入梦乡的时候，我们还不能停止操劳：或挑灯夜读，或深夜备课。我们一定会勤勤恳恳准备好每一份助学稿，精心准备好每一道试题，认真批阅好每一位同学的作业并做好分析，我们一定会尽心尽力上好每一堂课和每一个自习。第二个字是"谨"字。我们需要严谨求学，严谨治学。绝不疏忽任何一个知识点，不忽略任何一个错误，不忽视任何一个细节，尽全力将每一项工作做得尽善尽美，不留缺憾。第三个字是"灵"字。我们的学习、工作和生活都要注意讲求实效，灵活应对。我们一定要有针对性地给予每一个学生以不同的指导和帮助，尽我们所能地从学习、生活到心理调节等各个层面给予同学们更多的关爱。调动一切信息渠道，尽可能全面地收集最新最快的中高考资讯，灵活有效地指导同学们备战中高考，决胜中高考。2012、2013 和 2014 年的 6 月份，我们会欢笑着庆祝属于我们的胜利。

你们的战友：梁勇

2011 年 10 月 30 日

第五十八封信 如何对待学困生

各位老师、战友们：

　　大家好！ 本周的信从各年级组近期召开的 9 月份月考学情分析情况开始谈起。9 月份的月考组织有序，各年级组对本年级的学情和教情分析细致，在这里，我不再重复我们的学情和教情，也不再褒扬我们的学风和教风，我重点强调如何做好对学困生的精神关怀与教育教学工作。

对于学困生，我们可以设定一些比较简单的问题情境，让他们体验成功，收获自信。很多学困生往往都是因为一时的贪玩或未养成良好的学习习惯而造成的部分知识掌握不好，这样的学困生只是阶段性的，如果不注意引导也许就会成为长期性的学困生，各位老师一定要帮助这些学生明确学习目的，端正学习态度，激发学习兴趣，强化学习意志，养成良好的学习习惯。让学生主动参与到班级活动与课堂教学互动当中，使他们尽可能多地得到老师的肯定、表扬和赞许及同伴们的认可，让他们体会到努力就会成功，帮助他们树立学习的自信心、提高学习的兴趣、重获学习的信心。

初三（4）班的孙凯龙就是学困生转化为优生的典型代表，在我们学校，"凯龙现象"应该成为一种普遍现象，必要时，可以让孙凯龙同学及其母亲给需要特殊关爱的学生和家长做一个报告，身边的榜样可以给他们力量。

在此，对于如何做好对学困生或需要关爱的学生的教育工作，我对咱们学校的各位老师提出以下几点要求：

（一）与需要帮助的学生交朋友，多做他们的思想工作，帮助他们分析自己的优势与不足，指出前进的方向。告诉他们在生活和学习中都会遇到困难和挫折，能够战胜那些困难与挫折的人才会成为生活的强者，鼓励他们敢于正视现实，扬起理想的风帆，发挥自身潜能，战胜学习上的困难和挫折，找回自尊和自信，做一个快乐的人，一个自强不息的人。

（二）善于发现学困生身上的闪光点，及时给予表扬和鼓励。让他们也能享受到成功的快乐，帮助他们找回学习的自信和自尊，激起他们克服困难的信心和勇气，力争上游。作为老师，要允许学生犯错误、有失误、有反复。学习本身就是一件比较困难的事情，对于需要帮助的学生来说，他们由于基础差、能力弱等原因，想要取得较优异的学习成绩就更不容易了。我们可以先让这些学生学习较浅显的、较容易掌握的知识，提高他们的学习兴趣；若总是学习较难理解、不易掌握的知识，这些学生非常容易产生畏难情绪，导致作业错误多或者停滞不前。因此，老师们一定要及时给予学生真诚的关心和体贴。实践证明，谁能在需要帮助的学生心田上种下自尊、自信的种子，谁就能找到开启需要帮助的学生心灵的钥匙，谁就能为他们铺设一条通向成功的道路。

（三）立足于学困生的进步，着眼于学困生的提高。平日的测验和月考仅仅是我们检测学生学习成绩的一种手段，但不能成为我们评价学生的唯一尺度，我们评价学生应该是多元的、多尺度的，我们要客观面对学困生的努力与进步，不能总是持否定的态度。对于阶段性的学困生，他们有时会出现时而进步、时而后退的现象，当他们进步时一定要及时给予鼓励与认可，同时适时对他们提出更高的要求；对于长期性的学困生，可能我们很难找到他们的进步之处，就连在课堂上也很难找到他们突出的表现，但是对于这部分学生，我们可以在课堂上积极与他们互动，当他们主动回答问题时，哪怕回答得只有一点点道理，也一定要马上给予认可与鼓励。

（四）改进教法，指导学法，提高需要帮助的学生的学习兴趣。当代杰出的教育心理学家布鲁纳回答教师"怎样教"这个问题时提出："一定要培养学生的兴趣，要使学生对一个学科有兴趣的最好办法是使这个学科值得学习"。教师启发引导他们自悟明理，尝试成功，感受乐趣，从而充分发挥脑力功能，让学生学习得法。在参加年级组的学情分析会议时，我能真切地感受到咱们学校的老师们对学生的爱、对教育的爱，这种爱感染着我、激励着我。特别是初一年级的年轻老师们，他们更让我感动，经常牺牲休息时间和周末时间给学生补课，与学生交流，王大鹏、才华、唐婷婷、崔秘伟、胡强、代玉凤、戴爽这几位年轻的老师，用实际行动证明了他们是 80 后的优秀代表，证明了 80 后的一代是可以超越的一代。我也希望这些年轻的老师能坚持把这两个月的工作激情和对学生的爱，对教育的爱再坚持二十年或者更久……

老师对教育的爱，对学生的爱，在本质上是一种超越血缘、超越私利而源于人类教育本性的崇高的永恒的教育情感。这种教育情感在结构上至少包括三个方面的内容：一是对学生的爱，爱生如子或者胜于爱子；二是对教育教学活动的爱，视教育为生命，为自己价值实现的源泉；三是对人类事业的爱，这是由对一个个学生的爱、对一项项教育教学活动的爱而升华为更博大、更深刻的爱。

对于具体的一个个教育工作者及其教育行为来说，爱，具有极为重要的意义。有了爱，一个教育工作者的教育教学活动就充满了人性的光辉，就富有了生命的表现力，他以学生为主体，尊重学生，信任学生，充分发挥学生的积极性和能动性；有了爱，具体的教育教学行为就充满了艺术性和创造性，教育工作者在活动中就有了不竭的创造冲动力，就有了丰富的创造灵感，从而使整个教育行为体现为真、善、美的和谐统一；有了爱，教育工作者就视教育如生命，生命不止，教育不止，整个教育生涯中，不断学习，不断创新，不断攀登教育教学的新高峰，真正从自己的教育教学活动中体验到人生的最高价值和极大的人生乐趣。

你们的战友：梁勇

2011 年 11 月 7 日

第五十九封信 学校与东北师大的战略合作

各位老师、战友们：

大家好！这学期开学 3 个月来，我们的各类活动无论是从品质还是从品位，无论是从形式还是从内容，都上了一个新的台阶，一是"学军"活动迈出了走向社会大课堂的又一大步，希望继续推进"学农、学工和学企"的活动。让学生在社会上得到更多有用的知识和能力；二是学生讲坛开讲，我们把舞台还给了孩子，把自主权还给了学生，给学生有了展示的机会，希望每月一次，能够坚持下去，不能只有开头，没有下文；三是家长讲堂及其国学讲堂邀请家长走上讲台，开启了家长进校园的先河，希望学部广泛开发家长资源，让家长走进校园，走进课堂，走上讲台，带孩子参加实践，让家校结合不再虚无；四是请教育专家贺斌教授与学生直接面对面交流"转变学习方式，提高课堂效率"的主题，让学生从中体会学习方法的重要性，只要有机会，我们就可以让学生与名人面对面，让他们汲取成功人士的基因，站在巨人的肩上发展自己；五是每次考试之后的学情分析，细致而全面，能对每个学生对症下药，因材施教，实属难能可贵，希望孩子们学会考试，因为考试是一种能力。六是在顺义区组织的中小学运动会中，中学生取得了历史最好成绩，在本届教工体育比赛中，我们学校除男子羽毛球（全校第二）和踢毽子（全校第二）外，包揽了所有项目的冠军，包括单项的女子羽毛球、男子乒乓球、女子乒乓球。这充分说明，我们的凝聚力、向心力和活力都更上层楼（下一封信，我将专业与大家交流《体育给我们带来的激情与活力》）！希望诸如此类的活动能够持续地开展下去，能够形成学部发展的优势和特色。

我今天晚上飞抵长春，入住宾馆已经是 22：00 了，一下飞机就感觉到长春的气候比北京要冷，来接我的是东北师范大学就业指导中心的老师，我们相互寒暄之后就上车与其聊了起来。这次来长春，主要是受学校委托来与东北师范大学签订《战略合作协议》，同时招聘下一学年的教师，学校成立三年来，从东北师大及其以东北师大为核心的东北师范院校招聘近30位老师。这些老师经过学校几年的培养和锻炼，已经成长为学校的骨干老师，已经是学校发展的主力军和生力军。这些老师专业思想好，知识面宽，教育素质高，基础理论和专业基本功扎实，受到学校各学部的欢迎和好评，教师是人类文明的传承者，教育要发展，教师是关键。没有高水平的教师队伍，就没有高素质的教育。而东北师大的定位就是要培养优秀的中小学教师，被誉为"人民教师摇篮"。在基础教育界享有较高声誉。东北师大的师范专业课程体系也是针对教师职业而设计的，由通识教育课、专业教育课、教师职业教育课三大模块构成，其中通识教育选修课又由5个模块组成，包括人文科学、社会科学、自然科学、思维科学、艺术科学，以培养学生的综合素质和专业素质为目的。因为其定位明确，课程架构相对比较科学合理，已经成为师范院校中的翘楚，而且影响到了整个东北的师范院校。所以，学校非常愿意招聘东北师大及其周边的优秀学生加盟学校共创教育的美好未来。

东北师大在学生就业工作方面显示出了特有的大气与包容。为了促进东北地区高师院校学生充分就业，带头创建了东北教育人才集散地，为整个东北地区高师院校学生到基础教育岗位就业搭建平台，使每一个有就业意愿的学生能找到满意的工作，东北师大"自掏腰包"，为学生实现充分就业"买单"搭平台。几年来，东北高师院校就业协作体发展成了国内规模最大、影响最大、占有市场份额最大的区域性教师品牌市场，得到了全国基础教育界的一致认可。截至目前，协作院校从成立时的 17 所增至 28 所，涵盖了东北地区的全部高师院校，拉动了东北 28 所高师院校就业率。学校每年都到现场参加招聘活动。今年我们提前介入，组织学校专场招聘会，提前锁定更为优秀的人才。

基于此，为促进学校为代表的基础教育与东北师范大学为代表的高等师范教育的战略合作，发挥两校优势，资源有效共享，开展互相合作，促进共同发展，积极探索新形势下高等教育与基础教育的有机结合，培养优秀创新人才。双方通过开展校际交流，领导互访，调研工作，充分利用双方的教育教学资源，服务于教育，服务于社会；双方通过开展学术交流，包括基础教育的课题立项和课题研究活动，双方通过参加各自举办的相应学术交流研讨会。学校将在东北师大建立教师培训、进修基地，安排教学人员到东北师大参加各种类型的培训学习和学历进修。东北师大将在学校建立实习基地和就业基地，每学年委派优秀实习生到我校实习，推荐优秀毕业生到我校就业。学校将定期资助东北师范大学的贫困大学生计划，通过开展"小手拉大手""学校学生家庭与东北师大学生家庭结对子"等活动举行爱心传递活动。因为学校的核心文化是爱心文化，让我们一起把爱心传递，只要人人都献出一点爱，世界将变成美好的人间。相信，学校与东北师大的战略合作一定会成为基础教育与高等教育合作的典范。

你们的战友：梁勇

第六十封信 体育给我们带来激情与活力

各位老师，战友们：

大家好！深秋过后，初冬即至，树叶变黄，直到风扫落叶，瓜果成熟直至收获满仓，不怕冷的一些人还穿着单衣，牛仔，长裙。怕冷的人则穿着厚厚毛衣、羽绒服或者风衣，长靴厚裤全部隆重登场。秋的季节总是有许多收获，而学校的今天收获的是成功与喜悦，是团队与激情，是品牌与影响……

上午8时30分，学校体育馆，艺体中心全体老师穿着正装，精神饱满，热情明礼，规范有序地在组织顺义区第四届教职工跳绳、踢毽子，和"鼓动人心"三项体育比赛，最终，学校全部获得冠军。在最后一个项目"鼓动人心"比赛的时候，我们曾有过一点点压力，因为第一小组顺义电大和第二小组顺义考研中心这两个队的技术与水平也发挥得很好，但是，我们还是顶住了压力，以3分钟过了400次的大好成绩超出第二名56次，大家此时此刻欢欣而鼓舞！这不只是一个项目的胜利，而是一个团队合作的胜利。体现了我们学校的凝聚力与向心力，体现了我们学校的团队合作与战斗力。向参加体育比赛的运动员与教练员致以崇高的敬意！向艺体中心老师们的精心组织与辛苦努力付出表示衷心感谢！

体育给我们带来的激情与活力，我兼任中学校长的第一周就提出加强学生体育锻炼的要求，并且恢复学生早晨跑步，如今，两年过去了，孩子们参加体育锻炼已经成为生活和学习中的自然元素。而且我们学校的师生在各类比赛中也取得了前所未有的好成绩。下面两个表是《我们学校教师参加第三届教工体育比赛成绩》和《我们学校学生参加 2011 年顺义区田径运动会成绩》。我们学校的所有成绩，不是第一，就是第二，第三只是补充。

在参加学校第四届"世界一家亲"的运动会中，除了开幕式精彩和精神文明取得了可喜成绩之外，我们的各项运动同样取得了佳绩，初中部在与自己年级的竞技中，初一年级组：初一（1）取得团体总分第一名，初一（3）取得团体总分第二名，初一（4）取得团体总分第三名；初二年级组：初二（1）取得团体总分第一名，初二（3）取得团体总分第二名，初二（4）取得团体总分第三名；初三年级组：初三（1）取得团体总分第一名；初三（2）取得团体总分第二名；初三（4）取得团体总分第三名。特别是高中部在与剑桥中心的同场竞技中，高二（1）取得团体总分第一名，高一（2）取得团体总分第二名，高一（1）取得团体总分第三名，包揽高中与剑桥同场竞技的前三名。

以上这些成绩的取得，是不是我们重视体育的结果？我们学校的具体培养目标"健全的人格、健壮的身体、健康的心理、良好的习惯、端庄的容止、高雅的志趣、创新的能力、坚实的学力"已经正在深入人心，到位落实。

体育带给我们的不仅仅是健康，体育带给我们的还有激情与快乐，体育带给我们的还有团队精神的凝聚与合作意识的培养，体育带给我们的还有阳光与甘露和积极向上的精神风貌。记得初中部与小学部的篮球比赛中，初中以2分之差惜败给小学部，我遗憾得一夜未眠，在高中部与小学部的篮球决赛中，我们赢取冠军之后，我又激动得一夜未眠，体育是向上的，也是诱人的。可以让我们感受运动的无限魅力，感受生命的朝气灵动。生命在于运动，坚持体育活动，不仅可以增进健康，而且可以预防疾病。对于学习压力日趋加重的现代的老师和学生说，进行身体锻炼是具有好处的。不仅可以提高运动素质，还可以做到劳逸结合，使教育教学水平得到充分的发挥。

我们的老师和学生一般都是坐在办公室、教室、实验室、阅览室，低头弯腰工作与学习的，长期保持这种姿势，如果不参加身体锻炼，往往会引起各种疾病。因此，我们应该经常参加身体锻炼，因为锻炼身体可以使我们精力充沛，同时，锻炼身体还是一种积极性休息，脑细胞各有分工，进行身体锻炼时，管理肌肉活动的精神细胞处于兴奋状态，而思考问题的神经细胞则处于抑制状态，就能得到很好的积极性休息。师生自我身体锻炼的主要特点在于要有计划性和目的性，以自身的身体健康和运动能力为基点，结合自己的实际，以及所能利用学校的现有客观物质条件，制定出短期与长期的自我锻炼计划。同时，既要用规划去约束自己，又要在实践中调整和充实锻炼计划，这是自我身体锻炼有效性的根本保证，也是我们提高生活品质的有力保障。

但是，由于我们缺乏体育运动知识，有时会不自觉地违背科学的锻炼方法，在此，我把我学习所得与大家分享：进行锻炼时，要因人、因时、因地，根据自己的年龄、性别、工作与学习特点，自身的健康状况安排锻炼的时间和进度，充分考虑到季节、地区、自然环境等因素对锻炼效果的影响，运动量、运动强度也要由小到大，并在锻炼过程中逐渐积累经验，掌握好适宜的运动量，以期达到自我身体锻炼的最佳效果。如果不顾人体的生理特点，一味地追求大运动量，不是按人体各器官不同的最佳发育期选择有针对性的运动项目进行锻炼；不注意全面发展的锻炼，扰乱体力和脑力劳动的生物规律，运动没有规律；不注意运动环境和运动卫生；心血来潮，不能善始善终的突发性锻炼等等，这些都是有碍健康的锻炼方法，应及时纠正和避免，如果锻炼方法不当，违背了人体发展规律，就会适得其反。

锻炼身体的目的和需要是复杂多样的，有时是为了情感宣泄，有时是为了健身，有时是为了从紧张和精神压力中解脱出来，有时是为了提高运动技能和技巧，有时是为了病后康复或生长发育，有时是为了提高大脑的工作效率。总之在选择身体锻炼的手段、方法时，要考虑到自身的特殊需要，做到择其所用。例如：为了娱乐可选择游戏性体育活动；为了宣泄情绪，可选择刺激性强的运动项目；为了克服心理应激和消除神经情绪紧张，则可选择游泳、日光浴等运动方式。每个人应根据自身的实际，选择对自己较合适的运动和时间，要讲究实效，切实可行。选择锻炼身体的内容时，应随季节的变化作出相应的安排，不必一次确定不再更改，可先初步决定后，试行一段时间，如感到有必要，也可以进行调整或变更，但不宜变更太多。制定出自己的锻炼计划后，就应自觉遵守，持之以恒。建议大家每周身体活动频度3次（含3次）以上；每次身体活动时间30分钟以上；每次身体活动强度在中等程度以上。

也请体育组的中学体育老师结合我提出的要求做一个相关PPT，并在期中考试之后的学部例会上进行培训，让体育锻炼带给我们更多的健康、激情与快乐！秋，已渐行渐远，唯有学校人依旧默默奉献，辛勤耕耘，在继续唤醒来年春的绚烂，夏的热情，秋的淡雅，冬的深沉……

你们的战友：梁勇

第六十一封信 找准办学理念定位和办学特色定位

各位老师，战友们：

大家好！周五关校长从上海回来参加剑桥的开放日活动，今天晚上我们两个人促膝长谈至凌晨 4：15，我才回来继续这封没有写完的信……

今天是 11 月 20 日，再过一个月就是我兼任中学校校长两周年的纪念日，这两年来，每个月的 20 号我都会不断提醒自己，要继续努力，向下一个月的 20 号努力，争取每个月都有进步！这两年来，我的每一天都是如履薄冰，战战兢兢，因为背负着一种责任。近几年来，我常常这样问自己，你是不是一个可以为教育、为社会创造价值的人？虽然，我不能给自己一个明确的答案，但我清楚地知道，自己工作的辛苦付出和执着坚守，一直让我朝着一个目标不懈努力，那就是绝不辜负众人给予老师和教育这个词的仰望和敬畏。是，选择了教师，我们就必须背负起一种责任。

上周二，我们成功地召开了高中家长会，这次家长会是家长来得最多，而且是最准时的一次家长会，在本次家长会上，我主要和家长交流了家长和学生定位。本周五，我们将召开初中家长会，希望德育处和各班主任及任课老师认真准备，形式多样活泼，内容丰富多彩地全面呈现孩子开学以来这半学期的表现，不能仅仅是期中考试的成绩汇报，因为考试不是我们的全部，分数不是评价学生的唯一标准，一定要从孩子的品德、习惯、能力和学习方法与学习成绩等诸多方面与家长交流，建议家长会最好让学生自己组织和主持，抓住一切机会，把权力还给孩子，把舞台还给孩子，让孩子加强锻炼。我会继续和初中家长交流定位的话题。

说到定位，今天，我就和大家交流一下关于定位的话题，我有着曾任职公办学校校长和私立学校管理的经验，用实现自己教育理想的勇气和探求教育新体制的渴望，2002 年我开始了民办学校的理想追求。如今，面对处于激烈竞争中的民办学校的诸多新课题，如何在公办学校与民办学校共同发展的格局中找到新的定位，我的思考与大家交流两点，一是找准办学理念定位，二是找准办学特色定位。

一、找准办学理念定位

现在的教育理念就如同北京夜晚的霓虹，让人眼花缭乱，目不暇接，我们不能说谁对谁错，但可以肯定的是，社会日益增长的对优质教育的需求，向学校教育提出了重要课题，提供社会满意的优质教育已成为当今学校教育的必然追求。激烈的教育市场竞争引发了我们的思考，优质教育应该成为民办学校的价值取向。自《民办教育促进法》以及《民办教育促进法实施条例》的出台，就标志着我国的教育事业进入公办学校与民办学校共同发展的崭新时代。这对民办学校而言，既是难得的发展机遇，又是严峻的挑战。依法办学，规范管理就成为民办学校发展的前提；增加自身实力，提高教学质量，办出品牌特色就成为民办学校发展的重要保证。在公办与民办共同发展的当下，民办学校的生存与发展必须以优质教育占领激烈竞争的教育市场，才能使之立于不败之地。

我们要以"素质教育和优质教育"建设为基点，以"人格智慧并重育社会栋梁之材，中西文化交融创新型教育模式"为办学思想；以"打造中国的伊顿公学，为精英家庭延续成功"为办学目标，以"培养既能传承中华传统文化，又有全球视野和国际意识、有文化自信和国际竞争力的社会精英"为总目标；以"让学生能有健壮的身体、健康的心理、健全的人格、良好的习惯、高雅的志趣、坚实的学力、创新的能力，让学生能够成人（有德）、成才（专长）、成功（多元）"为具体目标；以"尊重孩子——把权力还给孩子，把校园还给孩子，把课堂还给孩子，把快乐还给孩子，让校园充满生命的活力、让教师用生命去和孩子对话"为核心教育观；以"品格是根，能力是干，知识是叶"为教育的核心价值体系；以"爱心文化"为学校文化的核心，在以"人本思想"和"多元智能理论"为源头的理念框架下，我们在办学之初就规划了学校发展蓝图，勾勒了运行轨迹。这几年来，我们就是按照这个蓝图和轨迹在发展和运行。通过"人性化管理、企业化经营、市场化运营"三者相结合的学校管理方式和"制度化、流程化、标准化"和"学校文化"为学校发展路径，我们实施了"分层教学，因材施教，自主课堂，小组合作、多元评价，发展个性"的教育教学模式，让每个孩子都能找到属于自己的兴趣并发展其个性特长，让每一个孩子都能获得快乐感和成就感；我们推行"3G+X"课程体系（国家课程、国学课程、国际课程、校本课程），凸显国学、英语、艺体特色。锻造具有健壮身体、健康心理、健全人格、良好习惯、高雅志趣、坚实学力、创新能力的优秀中学生；我们加强"爱心、诚信、责任"做人品格教育和"运动、阅读、明礼、科学学习方法"的习惯养成教育，努力培养既能传承中华传统文化，又有全球视野和国际意识、有文化自信和国际竞争力的社会精英。我们通过构建"师生共用助学稿，四有四导"学校课堂模式等等一系列的举措，让学校在良性的轨道上不断地向前发展。

所谓定位，我认为，就是要在现有理念框架下进一步确立办学方向和办学目标。即走特色办学之路，办精品学校，打造优质教育品牌，努力把学校办成北京一流、国内知名、社会认可的开放性、示范性、优质民办学校。我认为理想的学校在发展就是要尊重每一名学生，让学生在差异中求发展；要关爱每一名学生，让学生在主动中求发展；要善待每一名学生，让学生在和谐中求发展；要激励每一名学生，让学生在成功的喜悦中求发展。我们要遵循和继承中华民族的优良文化传统和教育传统，发展固有优势，寻找新的生长点，选准学校发展的主攻方向，即适合学生发展的先进的教育理念传播；适合学生发展的优质教育资源整合；适合学生发展的高效的管理机制的构建；适合学生发展的和谐空间的创设。我们要进一步实现学校发展的三个战略转移，即实现由规范办学转移到练内功走内涵办学的轨道上来；由追求学生数量转移到追求学生质量上来；由管理的一般化转移到规范、科学、人性化管理的轨道上来。

二、找准办学特色定位

除了我们鲜明的"英语、艺体、国学"和"运动、阅读、明礼"的特色之外，我们学校要坚持向纵深发展的特色，比如以面向世界的英语教学、温馨和谐的寄宿制生活、令人信服的教育质量，以学生为本的德育管理等特色和特点，都要日益凸显，做精、做细、做实，做成亮点和品牌。

（一）外语特色要有新突破

在现在特色原有的基础上，英语教研组要制定《学校英语教育教学规程》《学校英语课堂教学达标及考核办法》《师生校园讲英语的规定》《英语活动方案》《英语教师培训方案》《英语分层次教学实施方案》等，双语特色建设新策略要全面展开。英语外教口语班的训练要加强；英语协会的组建及各种特长队活动要开展，校园英语氛围要逐步形成，使我们在构建英语特色教学体系方面大踏步前行。

（二）寄宿制生活教育优势要充分发挥

我校面向全国招生，学生全部住宿，无论是在教学区还是在生活区，我们都要努力创造学习氛围，挖掘活动空间，营造"家"的感觉。学生住有所学、住有所乐、住有所得。生活区可以通过开展"母爱之声""父爱之声""知心大姐姐"等活动，为学生带来亲情关爱，对高三和初三学生，我们要对学生的升学压力施以心理疏导。毕业班补课，我们要想方设法给他们以关爱，从上一届的毕业班同学中在网上的留言，我们知道他们对学校充满深情的感谢与感恩，足以表现出他们对学校校园生活中的收获与无限的眷恋。

（三）教育教学质量要不断超越

本学年，我们学校的教育教学质量进一步提升，教风学风进一步转变，团结协作的群体氛围突出，全员同唱从严管理一首歌，爱的教育一支曲，旋律强劲无杂音。教育教学管理越来越严、越来越实、越来越细，可以说是抓在精细中，落在点滴处，一环扣一环。毕业班工作步步紧逼，起始学年紧抓不放，学困生跟得紧，尖子生导得深，多层次教学，个体化辅导，使教学成绩不断攀高。初中全区统考挤进顺义区前列，中考同等分数就读学校，高考成绩能高出一截的案例说明了我们老师的加工能力和塑造能力高于别的学校，2011年我们学校招生呈现出火爆的局面也是一个很好的说明。

（四）德育管理要润物无声

德育处要强化德育工作，形成德育特色。以规范教育为主的"道德银行"越来越奏效。我们要让学生的"文明礼貌"有声有色，即文明在课堂、文明在走廊、文明在操场、文明在餐厅、文明在宿舍、文明在车厢。要把文明守纪的养成教育落在实处。"根与芽"和"爱心社"社团活动生机勃勃，活动亮点不断，走出了一条洒满阳光的德育之路。导师制工作继续寻找突破点，让导师成为家校、师生沟通的无障碍交流的桥梁和纽带，让导师和导生成为真正的良师益友……

总之，学校发展也好，人的发展也罢，定位很重要，如果没有定位，就没有方向，就没有目标。岁月悠悠，学校有昨日之定位，才会有今日之辉煌，更将有明日之一览天高。我们选择了教育，教育选择了我们，这就是我们的定位，我们知道这样的定位是怎样的一份辛苦，这更是我们一生的责任，我们要用生命去守候，我们要用我们的爱去塑造一座永远不倒的教育丰碑。

你们的战友：梁勇

2011 年 11 月 27 日

第六十二封信 变与不变：
谈下学年招生工作及班级设置

各位老师、战友们：

大家好！今天的信主要是和大家交流我们学校下学年的招生工作及其与之相适应的班级设置。10 年的民办学校经验告诉我，要想让民办学校发展好，就必须有学生，而且能有好学生，要有好学生，就必须和两个规律相结合：一是教育规律，二是市场规律，违背任何一条规律都将是死路一条。我们之所以选择了民办学校，都是在选择自己的梦想并在民办学校这个平台上实现自己的人生价值，既然选择了，就得适应民办学校的思维及工作方式，要坚守变和不变这两个铁律。

第一，教育的规律是爱，这是不变的法则。教育的规律是爱，爱教育，爱学生，这是亘古不变的规律。苏霍姆林斯基说过："教育技巧的全部奥秘就在于如何爱护学生。""爱"是教育中重要的因素，是一种发自内心的热情，是教师教育学生的前提，也是教师的一种教学艺术和能力。古今中外的许多教育家都把热爱学生看作是教师最基础的美德，我国近代教育家夏丏尊则说得更为直接："没有爱，就没有教育。"所以教育的规律就是爱！

今天早晨醒来的时候，我收到校长培训班同学，海口二中校长刘跃荣的一条信息："校长对老师们说，对考百分的学生要好，他今后可能是科学家；对考80分的学生要好，他今后可能是你的同事；对不及格的学生要好，他今后可能为你捐款；对经常犯错误的学生要好，他今后可能是你的上司；对中途退学的学生要好，他可能是第二个比尔·盖茨或者乔布斯。"

看完之后，觉得很有道理，我转发给了部分老师，这则短信告诉我们：对每个孩子都要好，不能因为任何原因对任何一个学生不好，因为爱是教育的最基本规律。关爱学生，把爱洒向每个学生的心田，让学生真正感受到教师爱的温暖，它需要真正落实到教师的言行中，体现在师生的交往中。这种爱的前提是首先要理解、信任与尊重学生。一个教师只有理解、信任并尊重自己的学生，才会被学生尊重、信任与爱戴。他们才能从心底喜欢自己的老师，才能对学习产生积极的兴趣。

教书育人任重道远，需要的是很大的耐心与发自内心的爱心。如果我们面对犯了错误的学生不冷静、冲动，粗暴地批评学生，表面上可能解决了问题，但实际上却留下了更大的隐患，容易伤害学生的自尊心、自信心，一些学生甚至会"破罐子破摔"，从此走下坡路。每一位学生的家庭条件、生活环境、本人努力的程度以及身心状况的不同，造成了学生之间的差异。他们不可能是"齐步走"或是"齐头并进"的，每个学生都有着不同的情况。这就好比在一群远涉的孩子中，有些孩子由于意志薄弱、自制力差或行走时东张西望而落后于其他人。行进中的某个时候，孩子有前与后之分，于是在队伍后面的，通常被称为"差生"或是"后进生"，现在被称为"学困生"，我们先姑且这样称呼他们。但要记住，在漫长的人生路途中，后进只是暂时的，谁能保证到终点的时候，在队伍前面的孩子仍然在前头，在队伍后面的孩子依旧在最后呢？

我们要时刻提醒自己教育是一项用心来经营的事业，握在我们手中的是一块块稀世璞玉，想要他们发出耀眼的光芒，就要求我们要关爱学生，把爱洒向每个学生的心田，用真诚与理解去温暖学生，争取做学生所信赖的伙伴和知心的朋友。

第二，市场的规律是变，这也是不变的法则。市场不变的法则就是永远在变，瞬息万变的市场，需要我们根据市场的变化迅速调整自己的工作方式和思维方式，迅速让自己适应市场而不是让市场适应自己，鱼在岸上必死无疑，鸡在水里也无法生存。

中学招生，在北京市场上是困难最大的，也是最艰难的，因为北京的公立中学很强势，而家长对初高中的选择又异常慎重，所以市场的不确定因素很多。自我兼任中学校长之后，我们学校连续两年的招生任务之所以能提前完成，不谦虚地说，就是抓住了市场的规律，刺激了家长的选择，每年从春天到夏天的体验活动，我们的老师们非常辛苦，他们在学校的舞台上勇敢地兜售自己的肌肉，展览自己的皮肤，显示自己的力量，叫卖自己的价值，写到此，我的眼睛是湿润的。没有经历这种体验的人，难以理解我们其中的酸甜苦辣，与以现任初二的四个班主任代增喜老师、孙春立老师、刘秀灿老师、李宇老师为代表组织的"春天里的学校"为主题的小升初体验活动；以现任初一的四个班主任才华老师、王大鹏老师、宋冬梅老师、郭东升老师为代表组织的"相遇是一场奇遇"为主题的小升初体验活动；以现任高二年级的钱欣老师、党凤倩老师和现任高一年级为代表的田雷老师、梁辰老师、房玉廷老师为代表开展的"暑期初升高衔接教育"活动是分不开的。所有科任教师、招生办全体职员、艺体中心值班老师、信息中心值班老师、车队值班司机师傅、食堂值班师傅等相关人员，他们几乎每个周六都要从早晨到晚上参与招生体检。付出就有回报，耕耘就有收获，初一连续两年都是在暑假前就完成招生目标。暑假期间的 7 月 15 日至 20 日，为了稳定生源，我们组织了"小升初适应性训练"，四个班级用 5 天的时间让自己的班级产生凝聚力和向心力，为学生的稳定和家长的安定奠定了坚实的基础。高一都是在 8 月 20 日前完成招生目标，紧接着 8 月下旬组织的军训拓展适应性活动，为学生的稳定和家长的安定奠定了坚实的基础。

今年怎么办？这是我去年就开始思考的问题，今年确定从 3 月 1 日起实施新的收费标准，剑桥开始招收初一学生之后，更是让我的神经紧绷。但我相信，有大家的努力，集大家的智慧，我们一定能如期完成招生任务。

新的高一 2 个班，共招 60 人，一个文科班，一个理科班。文科班可以是 25 人，理科班可以是 35 人。我们今年的初三学生有 90 人，请高中部、剑桥中心提前与初三学生做好对接工作，如果对接得好，至少会有 1/3 的学生报考本校高中部，至少会有 1/3 的学生报考本校剑桥中心，对确定报考本校高中或者剑桥的学生可以实施提前面试并预录取和缴费。

新的初一 4 个班，共招 130～140 名左右的学生，今年小学六年级 4 个班共 104 名学生，部分学生一定会升入剑桥初一，部分学生会升入我们学校，还有部分学生会升入外校，所以我们不仅要提前与小学对接体验，更要提前拓展外面市场。今年的 4 个实验班分别为初一（1）班是 2+4 直升班、初一（2）班是创新实验班、初一（3）班是美式实验班、初一（4）班是英式实验班。4 个班级四个特点，各具特色，具体情况，后面我将详细介绍。

今年的招生是主题是：慧眼识初，选择教育——让我们把选择权交给孩子（暂定） 品德在左，习惯在右（2+4 直升班） 爱心在左，创新在右（创新实验班） 自主在左，合作在右（美式实验班） 严谨在左，明理在右（英式实验班） 希望每个人都可以开动脑筋，帮助我想一句广告语，比如"冬日里的温情""把最好的教育献给孩子"等等，请大家在周二晚上 7：00 前发给我，给我启迪与智慧，我们一起设计好小升初的活动。

你们的战友：梁勇

2011 年 12 月 11 日

第六十三封信 创新与合作：
DI 小组赴西安比赛再创佳绩

各位老师、战友们：

大家好！

前天（周五）我们成功举行了校内小升初体验，新的初一团队精彩亮相，让人为之振奋，我们相信新的初一年级 4 个班级一定会有更精彩的表现！让我们一起感谢小学部对我们学校的大力支持！另外，本周高中部预录取了初中部的 50 名学生，希望初三各班班主任和任课老师能够鼓励成绩暂时不理想的学生，继续努力，争取中考之后能达到录取条件。也希望高中部能够提前把高一班主任老师和科任老师名单确定，提前亮相并组织体检，让预录取的孩子做到心中有数。

昨天（周六）下午参加完新浪教育颁奖盛典已经是 18：30，我们学校被评为"家长最信任的学校"，这是最高奖项，因为金奖银奖不如家长的夸奖，金杯银杯不如家长的口碑。从颁奖现场赶到机场已经是 20：00，21：10 飞机起飞飞赴西安，到达西安已经是 23：00，抵达酒店已经是 24：00，忙碌却充实。

今天（周日）下午我和魏老师在西安曲江会展中心参加了 DI 比赛的闭幕式，本次 DI 比赛是规模最大的一次，一共有 400 多支代表队，我们获得了一个二等奖，两个三等奖和一个文艺复兴奖。其实，获得什么奖并不重要，能参与这样的比赛并从中获取创新思维和团队合作的能力才是最重要的。我们的三支代表队以环保科技等理念贯穿 DI 创新思维大赛全过程。学生们在指导老师的带领下，利用每天休息时间和课余时间及社团活动时间进行参赛的准备工作，从选项目、规划、制作道具到撰写剧本，经历了很多曲折和困难。但是同学们克服了准备时间短、比赛经验少、能利用的物品缺乏等因素，成功地在短时间里完成了参赛的准备工作，体现了大家的团队协作精神和解决问题的能力。虽然同学们的知识、能力有限，但是大家利用书籍、网络等多种途径大量搜集信息，学习知识，再将各种废弃物和家校里不用的物品进行拼装，借助同学的才智和资源，通过有效的组合与整合，成功地完成了道具制作，加上学生们精彩的才艺表演，在比赛时得到了评委的高度评价，获得大赛三等奖，为学校争得了荣誉。希望我们的学生2012年5月代表中国赴美国参加全球DI总决赛时取得更好的成绩，为他们加油，为他们祝福！

这是我们第四次参加DI比赛，而且我们还连续两年去美国参加了比赛。2008年第一次DI比赛是在山东济南，第二次是在天津，第三次是在西安，今年是第四次，依然在西安，四次比赛，全部获奖，这代表着我们学校孩子们的实力。孩子们取得成绩的同时，我们要感谢为此付出的指导老师：刘楠楠、刘爱宏、崔岩、才华、王大鹏，这几位老师是DI的主要指导教师，他们为学校的DI比赛做出了许多努力，我们更要感谢郑方怡的家长和魏老师，是他们把这个项目引进到学校。在关校长的大力支持下，让孩子们有了这样的机会。本学期，在孙春立主任、江承明处长、郭东升处长、徐永锐处长的支持下，在罗保文老师的直接推动下，我们由过去的一个队扩展到了两个队。今天比赛结束之后，孩子们都希望能参与下一次比赛，学部和领导一定要给孩子们提供这样的平台和机会，即使到初三，只要孩子们愿意参加，就要给孩子们机会，孩子们在DI活动中学到的东西远比在课堂上学到的东西要多。所以，我希望我们的老师们都能认真了解 DI，并且在课堂上植入 DI 的理念，希望每个人都能成为 DI 教练和 DI 裁判。我今天把 DI 的情况给大家介绍一下，希望大家能关注 DI，参与 DI。

DI 是 Destination Imagination 的英文缩写，它以快乐和有意义的方式培养参与者的创造力、问题解决能力和团队合作能力。DI 协会拥有 28 年的发展历史，总部设在美国的新泽西州，项目覆盖全球 58 个国家和地区，是目前世界上规模最大、历史最悠久的培养创新、创意及问题解决能力的青少年活动之一。DI 直译成中文为"目的地想象"，它以比赛的形式，由全球数百名资深教育专家根据 DI 的教育理念和教育方法设计成 DI 比赛题目，每年 9 月向全球的 DI 参与者统一公布题目，参赛者以 5～7 人团队形式准备题目及参加晋级比赛，最终晋级到全球赛，每年 5 月是 DI 青少年的全球盛会。

DI 关注的是创新、创意问题解决和团队合作的过程式教育，它给参赛者提供的是一个广阔的想象和创造的空间，鼓励和激发参赛者的创造力和想象力。与传统意义上的比赛不同，DI 参赛题目没有统一固定的答案，而只是设置一个"目的地"，在老师和家长的共同引导下，由参赛者自主设计活动方案、设计情节、制作工具和道具，通过团队的合作到达自己的目的地。DI 比赛要求学生为一个目的地搜集相关的社会科学和自然知识，自己动手制作各种装置、用废旧物品制作道具、服装，还要根据比赛内容编辑一个小品，整个过程考察参赛者的发散性创意思维能力、及时应变能力、知识应用能力、时间管理能力、成本控制能力，以及团队合作能力。竞赛题解题方案可以是多种多样，要求参赛者的创意要新、奇、特，因此没有统一的标准答案，标准是"没有最好、只有更好"。

DI 竞赛分为：团队挑战和即兴挑战两部分。在竞赛中，参赛队除了完成竞赛长期题和一个短剧表演之外，还必须抽签完成即兴题的比赛。各参赛队根据本队选定的长期题的题意，经过讨论，通过全体队员的努力实现题目要求。

充满创造力和快乐性的 DI 活动引进中国，引到学校，是对中国现行教育体制的有机补充，为我们推行素质教育提供了一种可行模式，DI 活动在全国范围内的推广，引进创新型的教育理念和教育模式，像一股清新的风吹到校园，给我们带来许多启发。

晚上，我和魏老师请学生们吃饭的时候，我对孩子们讲，你们在课堂上学到的东西也许过段时间就会忘记，而 DI 的比赛经历却会终生难忘，会影响你们一生，作为教育者，能给孩子们就是这样的经历。DI 在中国的推广，为培养和提升中国青少年的综合素质提供了一片土壤，为中国从制造大国向创造大国转型的过程中进行积极的人才储备。我们的育人目标已经确定，即爱心和创新，爱心已经深入人心，创新需要植入灵魂深处，因为创新是一个民族的灵魂，创新是社会发展的基础，创新是精神文化的特征，让我们创新我们的课堂课程，创新我们的工作与生活，创新我们的教学，创新我们的管理，创新我们的教育，在创新中前行！
在创新中前进！

你们的战友：梁勇

第六十四封信 体验快乐，享受成功

各位老师，战友们：

大家好！

窗外寒风凛冽，室内春意融融。

老师一句句温暖的话滋润了我的心田，

原本冰凉的小手不再发抖，

原本冰凉的脸蛋儿已经红润。

只因我在学校！

这首小诗是一个校外学生在小升初体验中，在刘虹霞老师的语文课堂上即兴写的，这充分说明，校外的孩子们在学校一天的体验，我们的学校，我们的老师给学生留下了深刻的印迹。本次体验活动在招办、信息中心、后勤部门的大力支持下，我们老师们从上午 8：00 到下午 5：00 历时 9 个小时，中间没有间断的接待、展示、考试、上课、问卷、拓展训练、发放礼品和通知书，环环相扣，每个环节都严谨有序。虽然很辛苦，但是从老师们给我的信息中能感觉到大家从体验的成功中享受成就感的幸福。活动结束之后，老师们给我的信息让我倍受感动与鼓舞，摘录部分文字与大家共勉！

罗保文老师在给我的短信中说："如果上天是公平的话，他们至少会被我们的诚意打动！"王庆富老师给我的短信所言："虽然很辛苦，但是感到很充实，也很欣慰，能为我们学校和学校的发展做一些力所能及的工作也是我们的职责和责任！"徐永瑞老师给我的短信是这样写道："用我们的真心和热情得到学生和家长们的认可，此时的疲惫真是算不了什么！"郭东升老师给我的信息是："活动的成功让我们兴奋，这是职业的幸福感和创业艰难换来的成就感。"刘虹霞老师把孩子们写的诗发给我并且说："虽然很累，但很幸福，真的！"

今年的小升初体验从上周校内体验正式开始，在开始之前，大家从 10 月底就开始策划和筹备。本届体验是我们学校第三届大规模体验活动，一届比一届早，一届比一届精彩，一届比一届更加自信。希望老师们、班主任们，动员我们的孩子们把他们亲朋好友有上初一、高一的学生推荐到学校来参加体验（本月 24 日即周六还有 2011 年度最后一次体验），我们至少可以给他们多一个选择的机会。我们也不会让他们失望，我们一定会尽力培养好每一个来到学校的学生。

除招生工作在紧锣密鼓地进行之外，我们的教育教学也丝毫没有松懈，上一周，顺义区教委、教研中心组织了一年一度的初中学生素质展示。活动抽取了各初中部分学生，考察学业，展示素质，抽取了学校初中部八年级 12 名学生，九年级 8 名学生，在宋枝梅、崔淑红、严俊杰老师的带领下，赴顺义三中参加了此次活动。16 日，捷报传来，我校 20 名学生参与，有 15 名学生获得一二三等奖，八年级 10 人获奖，蒋瑜鑫、李子衿、许文鑫、刘行获得 4 个一等奖；贾子嫣、张霜霏、黄博、朱文昭 4 人获得二等奖；伍德一珈、李盼获得三等奖；九年级刘致嘉获得一等奖；陈馨瑜、王鑫潮获得二等奖；王子杰、王家亮获得三等奖。这充分说明，我们学校的教育教学质量在稳步提升。只是真诚地希望我们老师们在评价孩子的时候不要唯成绩论，要用多把尺子评价每位学生，即使学习基础薄弱的学生，我们也要发现其特长和优点，给予充分的鼓励和肯定，评价一定要多元化，让每个孩子都能享受成功，体验快乐。

临近期末，我们学校掀起一股浓厚的学习风气，早起，晚睡，放弃午睡……虽然我不同意孩子们加班加点学习，虽然我希望孩子们能学得轻松和快乐，虽然我总是希望我们能通过提高课堂效率来提高学习成绩，但是看着同学们在忙碌着，老师们在忙碌着，我心里还是欣慰着，毕竟"学海无涯苦作舟"啊！毕竟"少壮不努力，老大徒伤悲"啊！

我们学校的老师们和孩子们总是伴随着清晨第一缕阳光唤醒学校沉睡一夜的寂静，当我们睁开睡意蒙眬的双眼，虽然心中对自己温暖的被窝仍有不舍，但头脑中还是很快地意识到，走过了一夜的梦，美好的一天又将绽放！于是，大家依然到操场去跑步，依然走进自己的教室，没有一点枯燥无味，没有一丝疲倦的感觉。每当我从各个教室的窗外巡视，看到的是一幅清晰的画面，大家或低头沉思，或轻声细读，现在的我们学校只有和谐的韵律，没有嘈杂和凌乱的断章。每个孩子能清醒地看到自己的目标是什么，而且朝着自己的目标迈进本身就是一种无言的幸福。

　　看着日历一页一页地翻过去，这一学年即将结束，不免有颇多感慨。不过，总算是带着忐忑的心情在向前走，岁月飞逝，似水流年，真诚希望大家都能在这段忙碌的期末生活中有所收获，让我们一起为本学年画上一个圆满的句号。

你们的战友：梁勇

2011 年 12 月 25 日

第六十五封信 中华传统与西风东渐：圣诞节有感

各位老师，战友们：

大家好！今天是圣诞节，祝大家圣诞节快乐！永远快乐！下周日是新年，提前祝大家新年快乐！永远快乐！

这一年就这样在不经意间结束了，两年的中学校长之路虽然有泥泞和荆棘，但是在大家的支持、帮助、理解甚至是宽容下，还是坚定地走了过来，我体验到大家给我更多的是拂面的清风和温暖的阳光。周二我们召开了学部例会，对下学年的工作构思与大家作了交流，虽然未来的路还有许多曲折，我还是坚定地相信，理想如果能坚持定走得很远，一定能与成功相见，只要坚持努力，梦想就会变成现实。

冬至，其实也是我国农历中一个非常重要的节气，也是一个传统节日，至今仍有不少地方有过冬至节的习俗。这是我国早在2500多年前的春秋时代，已经用土圭观测太阳测定出冬至来了。它是二十四节气中最早制定出的一个节气，有"冬至十天是新年"之说，冬至是北半球全年中白天最短、黑夜最长的一天，过了冬至，白天就会一天天变长。古人对冬至的说法是：阴极之至，阳气始生，日南至，日短之至，日长之至，故曰"冬至"。冬至过后，各地气候都进入一个最寒冷的阶段，也就是人们常说的"数九"，我国民间有"冷在三九，热在三伏"的说法。现代天文科学测定，冬至日太阳直射南回归线，阳光对北半球最倾斜，北半球白天最短，黑夜最长，这天之后，太阳又逐渐北移。

在我国古代对冬至很重视，冬至被当作一个较大节日，曾有"冬至大如年"的说法，而且有庆贺冬至的习俗。《汉书》中说：

"冬至阳气起，君道长，故贺。"人们认为：过了冬至，白昼一天比一天长，阳气回升，是一个节气循环的开始，也是一个吉日，应该庆贺。《晋书》上记载有"魏晋冬至日受万国及百僚称贺……其仪亚于正旦。"说明古代对冬至日的重视。现在，一些地方还把冬至作为一个节日来过。北方地区有冬至宰羊、吃饺子、吃馄饨的习俗；南方地区在这一天则有吃冬至米团、冬至长线面的习惯。各个地区在冬至这一天还有祭天祭祖的习俗。可是如今，我们却丢掉许多自己的民族富有内涵和特色的节日，过起了不少西方的不知其所有的"洋节"。我不是排斥洋节，我只是希望我们应该中西合璧，而不应该崇洋媚外。

我国许多传统节日如清明节、端午节、中秋节、春节等已都被确定为了法定节日，中国的传统节日有着深厚的文化底蕴，但早在 2005 年韩国申报的"江陵端午祭"，就被联合国教科文组织确定为世界级非物质遗产，这在当时引起不少轰动，"端午节"明明是我国的传统节日，怎么就让韩国给申遗了呢？随即引起了国人捍卫文化传统的危机感。作为教育工作者要提醒年轻一代，我们自己文化的精华，自己要珍惜，这样我们文化的表现形式才能得以保留，文化的内涵精髓才会得到传承。

纵观中国传统节庆活动，大多展现出中华民族强烈的宗族家庭观念和社会群体观念，例如除夕的年夜饭，中秋佳节的月饼，重阳节的怀念祝福亲友，春节期间的寻亲问故等等，无不突出人与人之间感情沟通、情绪传递的同乐氛围。

希望学部德育处能组织安排协调好中西方文化的所有节日，做到统筹安排，有的放矢，让学生参与其中，真正了解中西文化的内涵，而不是断章取义，只知其表而不知其里，让活动既有形式又有内容，让其成为教育的一个载体，成为学生自主学习、自主管理、自我表现与自我张扬的一个平台，让学生在中西文化的活动中领略其博大精深。

你们的战友：梁勇

2012 年 2 月 19 日

第六十六封信 规划成就美好人生

各位老师、战友们：

这封信是我本学期的第一封信，大家读到这封信的时候是 2 月 20 日，是我兼任中学校长满 26 个月的日子。我们学校发展到今天，我们的定位"优质初中，多元高中"到底应该如何解读呢？我们"优质"了吗？我们"多元"了吗？这是我这段时间在思考的话题。新的学期，我们学校应该也必须转型，而不是在常规上费心费力，"让初中优质，让高中多元"是我们大家要努力的方向。"什么是优质？什么是多元？怎么优质？怎么多元？"是我们要破解的问题。简言之，优质就是质量优良，多元就是丰富，就是满足不同家长对教学质量和学生发展的需求。

今天我和大家交流一下部分学生家长与我交流话题的思考，大家也许可以从中得到一些启发。许多家长希望孩子成为国际人才，这已经成了很多中国家长和中国学生的梦想乃至行动。我没有留学经历，也不是留学专家，却经常有家长与我交流孩子有没有必要去留学、什么年龄去留学比较合适的话题。今天晚上初三（2）班王龙一及其父母到我办公室聊起中考结束后孩子到底应该选择国内高中还是国际高中的话题。在这之前，初三（2）班王子杰的家长和刁柏森的家长也咨询过我同样的问题，开学第一天即2月13日，初一（3）班赵梦雨的父母也专门到办公室与我探讨过同样的话题，本周五晚上，初二（1）班吴点泥家长和初二（4）班的欧阳恒懿家长也与我探讨同样的话题。

无论是与谁交流此话题，我都会给他们重复学校三个校长子女的案例，以供家长从中得到一些信息。昨天关校长儿子关伟珵被伊利诺伊大学香槟分校录取了，他第一时间给我打电话报喜，说是被我言中了，因为在今年小升初的体验中，我多次提到"关伟珵读完高二，参加托福考试并取得优异成绩之后，正在申请美国前50名大学，如果不出意外，肯定能被录取"，结果如我所料，果然被录取。无独有偶，我的另外一个朋友，中育教育发展中心副主任郝少林的女儿郝煜被剑桥大学面试通过，获得剑桥大学预录取，在此之前已经分别被英国帝国理工学院、英国圣安德鲁斯大学、美国北卡教堂山分校这三所学校无条件录取。中考、高考在即，许多学生陷入了两难的取舍之中：读国内高中还是国际高中？高考和留学到底如何选择。一方面是国内就业形势严峻，另一方面是出国的高花费、陌生环境和"海归"地位的下降。是走是留，何去何从？如果走，到底是什么时候走？自然地又成为中、高考前热议的话题。很多家长和学子为之纠结，有些人直到孩子高考结束才被动地匆忙做出决定。高考后再做决定是否太过匆忙？在哪个年级段做决定才更合理，这段时间，我作了深入思考，在这里，我以个人的看法和观点给学生和家长几点建议，希望我们的老师们也能和家长与孩子一起探讨学生的人生规划。

第一，什么孩子适合出国？家长一定要结合自己孩子的实际情况，判断孩子是否适合出国留学，有这样几个判断标准：是否有强烈的上进心；是否身体健康；是否有基本的是非观；是否有较强的自制力；是否有一定的独立生活的能力。如果对这五个问题的回答都是肯定的，那么，只要家庭经济条件许可，就可以把孩子送出去。

第二，孩子什么时候出国？国家对出国留学一直采取"支持留学、鼓励回国、来去自由"的政策。根据我国《义务教育法》规定，义务教育是每一个儿童都必须接受的强制性的教育。所以只有到初中毕业以后，才能出国留学。我个人建议高中毕业后（无论是国内普通高中还是国际高中）出国留学最好，我曾就这个问题和一些专家、学者，专门从事办理出国留学的机构人员、已经出国的留学生谈。综合起来，赞成孩子高中毕业后送出去的占大多数。因为高中毕业孩子的自理、自立、自强、自尊意识与能力都有了，思想品德基本成型了，又受过中国优良的基础教育，此时去接受国外优良的大学教育，优势互补，最好不过。中国的基础教育确实是非常出色的，我走访过许多在海外留学的中国学生，他们十分肯定地告诉我，尽管在语言上存在一定劣势，但仍掩盖不住他们在数学、物理、化学方面的优势，他们甚至为此自豪，说明中国的基础教育质量高。高中毕业以后出国分两种情况，一是上完大学再去国外上研究生；二是高中一毕业就出去留学。还有的学生，学习成绩不算好，怕高考考不出好成绩，上不了一流的大学，受不到国内最好的教育，于是，在高二阶段就走出国门。我认为接受完高中教育，是送孩子留学的年龄底线。为什么这么说呢？一是从教育制度的衔接上，在国内读完国内高中或者国际高中课程，加上语言成绩，完全可以直接申请到国外读大学；二是读完高中年龄也到成人了，身心发展比较成熟，生活上能够自理，心理上承受能力更强。从文化的角度来说。进入另一个国家、另一个民族，就进入了另一个文化环境，一旦到了另一种文化环境中去学习、生活，孩子势必会面临从价值观念到行为方式的一系列冲突。我们期望孩子留学的理想状态是能对中外文化兼收并蓄、融会贯通，这种文化上的"兼容"不但能令人在学识上有长足的进步，而且有利于塑造新型的人格，最后成为"学贯中西"的人才。我认为至少要接受完高中教育，再去留学，才能达到这种要求。有些家长认为，把孩子早点送出去可以早过语言关，于是一些孩子初中一毕业，甚至还没毕业就当起了"小留学生"。年龄偏低对孩子的身心发展弊多利少，尤其是对于年龄小、英语基础又较差的留学生，在远离家庭、孤身在外求学的环境中，容易在个人心理发展、道德与世界观的发展方面出现问题，在与人交往的能力方面也比较差。如果不能经常地、及时地与家人交流，容易在心理发展上出现偏差。另外，长期不能和家人接触，也容易造成和家人情感上的淡漠，孩子太小，思想尚未定型出国不好。现在的孩子大都是独生子女，在家娇生惯养，意志与精神较脆弱，在各方面离不开大人的关心和关爱，且依赖于他人的扶助与帮助，很难面对外界带来的困扰和应对复杂的事情，遇事往往不知所措，容易处在孤立无援的境地，以致适应不了新生活，新环境，不得已只有回国，造成投资与学业的浪费，这样的案例也比比皆是。

　　仁者见仁，智者见智，我只是以个人观点与大家交流。希望班主任、副班主任、导师、科任教师能与孩子及其家长们共同规划好学生的美好人生，让每个孩子都有美好的未来。

你们的战友：梁勇

第六十七封信 "路漫漫其修远兮, 吾将上下而求索", 谈英语教学与课堂教学

各位老师, 战友们:

今天与大家交流两个话题, 一是英语教学, 二是课堂教学。

一、英语教学一直是北京市学校的特色, 创校至今, 全校一致致力于英语特色的创建, 我一直积极带领着我们学校的英语老师们不断去改革, 去探索, 尝试走班式分层教学, 封闭集中研讨, 外出取经学习, 邀请专家讲座, 加强教研活动, 开展同课异构, 创建英语活动室, 开设英语角, 构建英语社团……

上一学年, 我们又积极主动地与学校家校委员会的家长们进行沟通和协商, 经过多方考察, 家长和学校决定从多所英文培训机构中选择合作伙伴, 对有需求的学生增加英语课时, 千方百计地引进各种版本的教材……如此种种, 想尽各种办法打造英语特色, 从全区考试成绩来看, 英语学科在所有学科当中是最好的, 但是与家长的期盼与学校期待还有距离, 我们到底应该如何加强英语教学?

本周, 我又与多名英语教学专家探讨关于英语教学的相关话题, 思考如下, 与大家交流: 可否尝试集中学习英语时间, 提高学生英语成绩与英语水平, 每周至少 8 个小时的英语学习时间,

中教、外教同时授课，口语、听力、阅读、写作穿插教学，视频、音频、电影、互动教学交互进行，其他学科围绕英语学科排课。比如初中：周一上午是初一(1)(2)班的英语，下午是初一(3)(4)班的英语；周二上午是初二(1)(2)班的英语，下午是初二(3)(4)班的英语；周三上午是初一（1）（2）班的英语，下午是初一（3）（4）班的英语；周四上午是初二（1）（2）班的英语，下午是初二（3）（4）班的英语；比如高中：户口不在北京又不想就读本校高中而且目标是出国的学生，可否单独成班？集中精力加强英语教学，每天至少两个小时学习英语及与英语相关的课程？比如，我们的英语老师们可否由学校统一报名参加托福考试？了解托福到底考什么？怎么考？比如，初中三年英语教学和高中三年的英语教学可否整体思考分级要求？根据英语学科与学生不同年龄特点，教研组认真研究学生语言学习的基本要求与规律，坚持初中、高中三年的教与学整体思考，分级要求。

初（高）一年级是阶段性毕业与起始年级非常关键的过渡年级，如果抓不好，就会出现较严重的两极分化现象。我们可否将起始年级的重点放在中小学或者初高中的衔接教学上，着重培养学生的学习兴趣，培养学生听课、朗读、做笔记、书写、大胆回答问题、课后及时复习等习惯。可否强化口语准确性的教学，要求每个学生过好语音关。在教学中，加强词性教学和句子成分和句子结构教学，使学生一开始就能学到规范的语言。

初（高）二年级是中学六年中的两个重要转折年，学生在思想上和生理上都会发生重大的变化，如果不加以重视，学生的学习将会出现较大的变化，两极分化现象会加大。因此，在初（高）二年级的教学中，进一步加大对学生进行思想教育，加大激励和表扬的力度。在知识学习上，关注每位学生的学习动态，加强对后进生的个别辅导工作，及时采取补偿教学，缩小两极分化，做到顺利过渡。

初（高）三年级是中学六年的关键年，是教与学的收获年。我们应一方面加大对学生心理状态的关注，关爱每个学生，不断调节学生的心理压力。另一面教师认真研究考试说明，把握复习要求，翔实制定教学复习计划。在习题的设计上，以强化基础、提升运用能力为主，重视知识的复现。在练习和考试的处理上，做到批改及时，讲评到位。在教学复习思路上，强调整体梳理教学内容，坚持立足教材，高于教材，打破教材，以话题或教学主题为单位有层次地展开教学与复习工作。

总之，本学期，希望英语教研组根据英语学科特点和英语教学中所碰到的困惑和问题，组织全体英语教师进行专题研讨活动，通过互相讨论，互相碰撞，互相学习，相互研讨，相互听课，互相评课，总结反思，逐步地提高英语教师的教育教学理论水平和专业素养，形成一支团结奋进、踏实认真、朴实纯厚、乐观进取的优秀英语团队。希望英语教研组有效实施英语教学，促进英语教学质量稳步提高，我会非常高度重视并关注英语学科的发展，学校也会努力为英语学科的发展创造条件、建立平台、提供机会，保证英语学科的良性发展，争取让英语学科成为我们学校的特色，成为学校的亮点！

二、课堂教学，是教育教学工作的主阵地，是学生获取信息、探究知识、形成能力的主渠道，也是实现有效教学的主战场。要提高教学质量，就必须重视课堂教学，聚焦课堂，实现真正的有效课堂教学。

这些年来，我们虽然进行了一系列的课堂教学改革，一方面，我们高兴地看到：老师们正在创新教学模式，构建高效课堂方面进行着积极探索和实践。一些教学模式、教学方法、教学手段的创新和运用给课堂带来了新的生机和活力，为高效课堂的创建提供了宝贵的经验。如何更好地提高课堂效率？说句实话，我从心里知道，分数并不能代表全部，但是当我们面对中考和高考，面对孩子们的没有分数就不能升学所承载着太多的社会压力时，总是会使得我们自身急于求成，急功近利，从而使我们的课堂教学总是放不开手脚。反思我们的课堂教学，我们不能为我们取得的课堂教学改革而骄傲自满，我们还必须清醒面对当前课堂教学中存在一些低效、无效，甚至是负效的现象。这些现象解决得越好，课堂教学的效益和效率就会越高，教学效果就会越好。

本学期开学，听了几节课，看了一些助学稿之后，发现如下一些问题，与大家一起交流探讨：

（一）笼统表述多，明晰表述少。许多老师对助学稿中教学目标的设计和表述过于笼统，缺乏可操作性，完全成了可有可无的摆设，失去了对教与学的指导意义和对课堂的导控作用，以致无法评价目标的达成度。我们知道，目标的达成度越高，课堂教学的效果就越好。学生对目标的认识和形成过于淡薄，理解就可能模糊。

（二）教师讲授多，学生实践少。老师以"讲得多""讲得好"为满足，"满堂灌"的现象依然普遍。总担心有哪一个知识点没讲到。不管学生会不会，老师认为该讲就讲，不关心学生的感受，不关注学生的学得。很多时候，对一些所谓的重点，老师会不厌其烦地一遍遍地讲。实践证明：重复讲解学生已知的知识很容易引起学生的心理疲倦，造成课堂气氛沉闷，学习兴趣降低，从而使课堂教学低效，甚至无效。由于课堂上老师的讲解占用了大量的时间，学生只是被动的学习者，偶尔会参与一些枯燥、脱离实际的问题探究，没有足够的主动参与、体验、实践的机会和时间，学生学不会，各项技能得不到应有的训练和发展，课堂效率低。课堂的低效能导致学生厌学。

（三）关注知识多，学法指导少。"授人以鱼，不如授人以渔"这句话老师们再熟悉不过了。著名教育家陶行知说过，"与其把学生当天津鸭儿添入一些零碎知识，不如给他们几把锁匙，使他们可以自动去开发文化的金库和宇宙之宝藏。"……但在实际的课堂教学中，真正关注学生的学习策略，把知识的学习建立在学生实际的认知水平基础之上，在学习知识的过程中指导学生如何学习的老师有多少？课堂上，老师关注的是知识点的讲解是否全面、到位。在指导对学生如何学会学习上关注少，做得少，有些老师不知道该怎样做。结果，学生只会被动地"接水"，不会主动地"取水"，造成课堂低效。

（四）活动形式多，实际收效少。课堂活动形式往往花样很多，但效果往往不尽如人意。问题比较突出的就是：小组合作学习。讨论过程、反馈，都只有少数尖子生参与、表现，大部分学生没有真正参与。突出学生的主体地位不是只突出尖子生的主体地位，课堂教学应面向全体。

（五）统一要求多，个性发展少。教学目标的确立、问题的提出、活动的设计都缺乏针对性和有效性。整齐划一的练习和作业多，发展个性、分层选择的任务少，造成课堂效果的低效。如果我们把低效课堂比喻成是教师抱着学生走、牵着学生走，那么，高效课堂就是教师放手让学生自己走。助学稿的使用，突出了学生学习的主体地位，可以说，从根本上改变了"教"与"学"的方式，使课堂教学发生了质的变化。如果老师们能在现有基础上，在设计和运用过程中，力避上述那些无效、低效现象的话，恐怕你想让课堂不高效都不行。但要知道课程改革的路是漫长艰难的，高效课堂的构建还需我们长期不断的努力。"路漫漫其修远兮，吾将上下而求索。"今天，我借古诗人屈原的这句诗来结束，也算和老师们共勉吧。

你们的战友：梁勇

第六十八封信 学校教育主张: 爱与创造

各位老师，战友们:

大家好!

寒假前，学校教育研究中心把《学校教育主张》的文字发给我，我研读了一遍，董事会曾组织几次研讨，我深受启发。开学以来的这段时间，学校连续召开 3 次关于"学校教育主张"的研讨会，我开始思考学校教育的核心精神——爱与创造。其实，自学校接管力迈学校以来就始终贯彻并践行着爱与创造的核心理念。无论是学校文化，还是学校课堂，无论是社团活动，还是德育活动，无论是运动会，还是沙龙，无不彰显着爱与创造。一所学校凝聚力的形成很重要的一点是有没有共同的价值观，共同的价值观就会演绎成师生共同认可的行为准则，这是一种无形的能动的精神财富。这种共同的价值观就是学校的灵魂，这种灵魂，无处不在，无时不有，学校灵魂对内是凝聚力、向心力，对外就是核心竞争力和品牌。

学校在办学 4 年之后提出"爱与创造"的核心精神，不仅具有时代性，更具有前瞻性。学校精神也好，理念也罢应该具有继承性，它是一所学校文化教育底蕴的积淀。比如，新东方从办学之初就提出"追求卓越，挑战极限，从绝望中寻找希望，人生终将辉煌"至今未曾改变；一些拥有百年历史的名校至今仍沿用了学校创建时的校训：天津南开中学的校训"允公允能""日新月异"，系该校创办人张伯苓先生所题，当年张先生还用冬青草植成标语，警示全校师生，这是一所学校的奋斗目标与发展方向。

每一所学校的存在，都要有体现时代律动的办学理念，如果无视社会在发展，学校的发展就会停滞以至倒退。因此，学校办学理念的内涵必须与时代同步。这是一所学校共同思想认识与共同价值观的引领。一所学校一旦拥有了对学校发展有先导作用的先进理念，那么这所学校不仅有个性有张力，而且有生机有活力。学校在教育的过程中，既要培养学生为人处世的人文素养，又要注重其融会贯通的科学精神；爱是感性的，创造是理性的，学校的每个学生都应该是集高度感性和高度理性于一体的鲜活的个体。学校的学生要做到心中有爱，只有满怀爱的热情，才能发挥出创造的潜质，同时，学校的学生要善于创造，只有不断地突破创新，才能更好地发扬爱的精神。两者兼备，才能达到身心的平衡和内在的充盈。学校构建"爱与创造"的育人目标体系，是一个立足学生成长、放眼学校发展的开创性事业。此育人目标体系的构建，将回答学校培养什么样的人、从哪些方面培养的问题——这是理想。

面对现实，上一周的高考百日誓师活动，高中部组织得有序而严谨，生动而活泼，丰富而多彩，看着高三学生们那种由里及外所渗透出来的锐气与豪迈，我心有感慨，那是生活的馈赠，是生命的脉动，经历高考也是丰富人生历练的浓重一笔。生命就应该历练，即使路茫茫也要昂然前行，那也是成长的印记！我在学校的工作的这几年，特别是兼任中学校长的这两年来，每一天都带给我无比的振奋，每一刻都给我留下了难忘的回忆。曾记得报告厅里的激情演讲，曾记得阶梯教室的尖峰对话。从初一学生的青涩到初二学生的青春，从初三学生面对中考的紧张再高一学生的成熟，从高二学生的会考到高三学生的高考，我所经历的每一个年级，我所遇到的每一个学生，都让我感慨万千。从他们身上，我看到了朝气与活力，也看到了不安和躁动，更看到了一群阳光、自信、充满活力的学生在不断成长，而且成了本校学生特有的标签。尤其是经历了2010、2011的中考和高考，更是给我留下了深刻的烙印，连续两年的毕业典礼，我都情不自禁地泪洒会场。面对即将到来的2012的中考和高考，我心有许多期待。我更不能忘怀的是同事们的那种拼劲，那种敬业精神与职业态度，无论我多晚离开办公室，总有人在加班加点；无论我多么早到操场，总有人比我去得更早，这是本校人所拥有的气质和性格。这种气质和性格直接赋予大家一种生活态度，那就是胸怀梦想，努力工作，大家都在珍惜人生壮丽篇章中的精彩历程。教育之路漫长而多彩，让我们一起风雨兼程，一起感受工作征程的壮美与热烈！

你们的战友：梁勇

第六十九封信 "爱与感恩"：
光爱学校石清华校长主题报告有感

各位老师，战友们：

大家好！

3 月份是我们的爱心主题月，初中部发起了"好人·好事"活动，今天晚上，在团委书记罗保文老师的组织协调下，邀请了光爱学校的校长石清华先生到校给初中全体学生做了"爱与感恩"的主题报告，报告会刚刚结束就有学生主动要求到光爱学校参加义工和捐助活动。

石校长的报告朴素却很感动，他的故事让同学们为之动容。当他一家因为被严重烧伤，流落街头，寻求医治以至灰心绝望之时，一些陌生的朋友帮助了他，从此他们不但坦然面对自己被毁的面容，而且开始收留街头的流浪儿，决心教育他们，用爱重新地塑造他们，于是，2003 年他创办起了自己的学校"光爱学校"，"用光温暖一生，用爱教育一生"。专门收留来自全国各地的流浪儿、孤残儿、特困儿，实行全免费寄宿制。在办教育的过程中，他找到了人生价值最佳坐标点，使他的人生摆脱了烦恼，充满光明。办学艰难时，他和孩子们天天只能吃白菜，他因此成为孩子们的

"白菜爸爸"。但是心中的信念"给孩子们一个温暖的家"让他选择了坚守，这是石清华选择一辈子的坚守，一辈子的坚守令人敬仰。因为坚守，石清华和孩子们的生命因此有了飞扬的灵魂……他点燃了自己生命的火炬，在温暖别人的同时也照亮了自己的内心。孩子们在光爱学校重新获得了关爱，每天还能接受文化教育。石清华校长爱与感恩的案例随口而来，坐在台下听着，为之感动。他说：我活着只有一个目的，就是用光和爱照亮需要温暖的孩子，孩子们渴了，我就是一碗水；孩子们饿了，我就是一把粮；孩子们心里要是感到了寒冷，我就是一团火，就是一缕阳光……　他就是这样以平凡现伟大，以小事铸辉煌，以光爱固永恒，完美诠释了有限与无限、主观与客观、个人与社会的辩证关系。　石青华的爱心感动着社会上善良的人们，正因为如此，引来无数人的仰视，引来无数人的聆听，引来无数人的齐声应和……有的捐衣，有的捐物，还有一大批热心青年知识分子主动上门，为孩子们上课，办教育。现在学校的孩子从最初的 7 人增加到 103 人，校舍搬进租用的二层小楼，改善了办学条件。虽然食物、衣物、资金等缺乏，但流浪孩子们被扭曲的心灵得到修复，感恩的心在传递着。

　　我们的学生，生活在条件优越的家庭之中，没有经历过太多的苦，我们作为他们的老师，应该为他们寻找一些苦难。经历过苦难的人生才能懂得什么是幸福！我们学校的愿景是打造中国的伊顿公学，伊顿公学的学生在校必须接受严格的管束和高强度的磨炼。校方规定，家长在开学后的三周内一律不准探望自己的孩子；每栋宿舍楼为一个集体，统一起居、就餐、锻炼、娱乐……学校实行严格的军营化管理。

我们学校被很多人认为是贵族学校，在一般人的概念中，贵族学校就应该享受贵族般的条件，有贵族样的生活。但是，据我了解，英国贵族学校的学生睡的是硬板床，吃的是粗茶淡饭，每天还要经过非常艰苦严格的训练，这甚至比平民学校还要辛苦。所以，我认为：贵族学校是培养贵族的学校，不是享受贵族生活的学校！所以学校在建校之初，我们就提出了"贵族要通过非贵族的途径来培养"。

我们现在的管理似乎比以前严格一些，但是，要想让孩子们成为真正的"精神贵族"还有距离，而且还有很遥远的距离。所以我提出了"学军，学农与学工"，目的就是想让孩子们体验一些苦与累，这对他们的未来会有好处。俄罗斯哲学家别尔嘉耶夫说："贵族的首要标准是看一个人精神所达到的高度，而不是看他拥有多少物质财富。"

成功也许总是和逆境联在一起，每位成功人士都是经历九九八十一难才能走向成功，这似乎已经成为一个铁律。古今中外，无不如此。比如，美国现任总统奥巴马从幼年到童年经历了两次家庭变故，而且是在环境复杂的背景下成长起来的；贝多芬的成功也总是散发出苦苦的味道，他的父亲用暴力强迫他练习各种乐器，当他稍微大了些，厄运又一次降临于贝多芬头上：他失去了母亲，于是以后的日子里，他只能在苦海中独自漂流。当他开始崭露头角时，痛苦却又一次降临，他的听觉越来越衰退，内脏也受着剧烈疼痛的折磨。正是在这种艰难的情况下，他创作出了举世闻名的《命运交响曲》；李嘉诚的成功也是在苦难中历练出来的，1940年为躲避日本侵略者的压迫，全家逃难到香港。两年后，父亲病逝。为了养活母亲和三个弟妹，被迫辍学走上社会谋生。开始为一家玩具制造公司当推销员。工作虽然繁忙，但仍用工余时间到夜校进修，补习文化，最后取得巨大成功。

希望我们对学生的教育，一定要给学生一些逆境的教育，只有这样，他们才获得更大的成就。不可否认，我们的学生拥有良好的家庭环境，甚至于过着衣来伸手、饭来张口"小皇帝"般的生活。一些家长的过度溺爱使孩子俨然成了温室里的花朵，经不起大风大浪的考验。仔细想想，如果一味处在顺境中，没有逆境的磨炼，孩子势必不能很好地成长发展，将来走上社会，也是难当大任。所以在学校进行一定的"逆境教育"不可少。

其一，"逆境教育"能增长人的理念与知识，提升一个人的阅历。"跌倒""碰壁"的体验多了，人生的见识以及种种的经验就更丰富了。爱迪生历时二十载，做了5万多次实验，才成功地发明了简用电芯，试验大获成功时，就有人问他说，哎，你怎么知道最后试验结果一定是成功的呢？爱迪生告诉他说，成功不是唯一的成果，我有5万多个成果，因为我汲取了5万多次的经验。

其二，"逆境教育"可以拓展人的视野，使人变得更加周密。

当做事遇到很大挫折时，我们常常会下意识提醒自己，下一次预期准备要更加完善、周全。要花三分气力，就预期准备七分气力。一个人明白"工欲善其事，必先利其器"的道理，何愁在学业、事业不能有所成呢？

其三，"逆境教育"有助于激发人的自身潜能，有风险，有挑战，我们才会激发出远远超过自己想象的强大能力。就像弹簧、皮球一般，压得越紧，蹦得越高。外在的压力转变成了内在的动力，迸发出最耀眼的火花。曾经有心理学家表示，孩子在自幼教育成长的过程中，如果教导者给他一个超越自我的刺激和挑战，取得的效果往往会更好。所以说，逆境给人的作用力是很大的。

所以说，学校和家长应该给孩子更多磨炼的机会，让孩子勇于挑战困难，学会自己克服困难，通过"逆境教育"让孩子得到更大的进步和成长。

你们的战友：梁勇

2012 年 3 月 18 日

第七十封信 家庭教育，人生的起点和基点

各位老师，战友们：

大家好！

开学四周，在忙乱中已经过去了一个月。周一，我组织我们学校管理人员和全体英语老师组织召开了"课改再动员"与"英语再强化"的动员会。周二，我与田雷老师在弘源老师的带领下去拜访了南怀瑾弟子张成林老师，就国学话题去向其讨教，张成林老师建议我们在3月28日组织"中华传统文化——爱与创造"的沙龙活动，他将为我们进行一次心灵的洗礼。周三上午，接待了几拨来访的客人，就学校的发展特别是国际化办学与英语特色打造与来宾进行了座谈与交流。下午，我与学校其他领导去拜访了教委民办科领导，就学校下一步的发展，我们与教委进行了深层次的沟通与交流。周四，邀请贺斌教授来学校指导课堂教学，晚上，初中部举行了初三中考百日誓师大会。周五下午，初中德育处组织老师与初三学生进行篮球比赛，我积极参加，一口气连进了四个球，非常兴奋。周五晚上儿子梁宸睿邀请我去游泳馆看他学习游泳，我愉快地接受了他的邀请。几年来，第一次近距离陪儿子游泳，特记录于此，与大家分享。

晚上7：10，我们准时出发了，赶到了游泳馆后，他告诉我应该怎么样，不应该怎么样，就像是我的教练一样。进入游泳馆，有许多同事已经在游泳池里开始活动了，他们都告诉我"梁宸睿游泳不错"，为此，我感到很骄傲与自豪。

儿子穿着游泳裤，戴着宝蓝色的游泳帽和黑色的游泳镜，所以在游泳池中挺显眼。我在看台上向他招了招手，他立刻幸福地笑了，而且给我展示他的游泳技巧。蛙泳，蝶泳，仰泳……像一只小海豚进了蓝蓝的大海，尽情地撒欢。看着他高兴地在水里游，我心里感慨万千。我小时候从未想过要学习游泳，因为我们生活的环境里根本没有游泳馆。只有到了炎热的夏天，才会和几个伙伴在村边的水库里扑腾几下。家长总觉得那是挺危险的事情，因为水库很深。所以我到现在在水里只能是没有章法的乱扑腾。

看着游泳池里的水清清的，蓝蓝的，美得醉人。在这样的水池里游泳真是一种享受，我为儿子能有如此好的条件学习游泳而感到高兴。儿子问我："爸爸，怎么样，您看到我游泳了吗？""当然看到了，你的游泳特别棒，真像一只可爱的小海豚！比我强多了，我给你录像了。"在教练的指导下，他继续专心游泳。看着儿子娴熟的游泳技能，让我感慨万千。因为工作原因，即使在同一所学校，我也几乎没有给儿子更多的时间陪伴他成长，在不知不觉中，他已经成为一个"小男人"。看着他健康成长的同时，我明显感觉到，在梁宸睿的成长中，家庭教育还是有许多缺失，我还是留下许多遗憾。

家庭教育到底有多重要？这是我今天与大家交流的主题思想。这段时间，我接触了几个家庭教育成功的案例，给了我许多启发，其中《空降美国中学》的作者，是一个高中还没有毕业的学生，她的名字叫郝煜，其父亲郝少林先生是我的好朋友，她为了两个女儿的教育，曾经做过三次不可思议的选择，让我对其钦佩有加，其大女儿郝煜今年被英美多所大学无条件录取，被剑桥大学预录取，其中高二在美国交换 303 天，坚持写了 300 篇日记，写下了在美国北卡罗那州中学的点点滴滴：跟寄宿家庭成员的相处、美国校园文化、丰富的课外生活、社会文化等，书中记录了郝煜独立克服心理障碍、语言障碍、人际交往障碍的过程，在处理"寄宿家庭的冲突""课堂中美文化差异"等事情上，郝煜呈现出超越同龄人的高 EQ 素质，短短 11 天就跟家人、同学、老师打成一片，全校年级考试排名第三，组织策划全校为海地地震捐款。郝煜身上有自由、平等、坦诚、勇敢的美国精神，又有达观、上进、自强、宽容的中国美德。小儿女今年 5 年岁，现在已经开始自己阅读《道德经》与《易经》，两个女儿的健康成长，其家庭教育更是占了主导地位。所以一个孩子的成长，关键在父母，主体在父母，当然，学校、社会，特别是老师的作用也都是非常重要的因素。

家庭教育是一个艰难的过程。中国的家庭多数家长认为自己只是负责"养孩子"，至于该怎么"教孩子"，那就是学校的事情了！也就是多数人有了这个不正确的思想，所以在我们的孩子最需要真正教育之时，我们却远离了他们。

在这里，我希望家庭教育能走出家教方式的误区，家教内容的误区，家教观念的误区，让孩子在正确的轨道上成长。

1. 家教方式的误区。在现实生活中，不科学的家教方式很多，典型的有三种：一是娇宠型，主要表现为家长不重视孩子自理能力、劳动习惯的培养，对孩子的要求过于满足。二是专制型，主要表现为一些家长俗守"不打不成材"、"棍棒底下出好人"的信条，对子女采取严厉管制和强迫教育。三是放任型，主要表现为一些家长本着"树大自然直"的原则，对子女教育放任自流，不闻不问。

2. 家教内容的误区。科学的家庭教育应涵盖孩子身、心、智、德等诸多方面，应是对孩子全方位、立体性地培养和开发。家庭教育内容的误区在实践中表现在一些家长对孩子的教育重身体素质培养，轻心理素质培育；重智力开发，轻非智力因素培养；重知识传授，轻能力培养。

3. 家教观念的误区。在现实生活中，很多家庭把对孩子的教育看成是自家的私事。这种把子女当私有物进行培养的观念，使得一些家长对正当合理、科学的学校教育与社会教育不予积极配合，当家庭的教育价值观与之发生冲突和矛盾时，常出于某种狭隘的目的而另搞一套。这常使得孩子无所适从，在社会化的过程中，难以形成健康的人格、心理和价值观念。

在此，我真心希望，我们的老师也好，我们的家长也罢，都能把家庭教育重视起来。家长不要把责任推给学校，学校不要把责任推给家长，孩子健康快乐成长——家校共同的责任！

你们的战友：梁勇

第七十一封信 走课改之路，铸高效课堂

各位老师，战友们：

大家好！

这段时间，我从繁杂的行政事务中逐渐解脱出来，在密切关注课堂教学和英语教学。也听了部分老师的课，其中崔岩老师的课堂让我非常满意，远远超越了我的期待。孙艳霞老师的课堂也在悄然发生着改变，李宇老师也在进行着自我实验性的课堂改革，这封信，就三位老师的课改说开去。　3 月 21 日的周三第三节课，在开课之后的几分钟，我走进了高一（3）班的教室。学生们的分组座次，黑板上的"小宇宙""雷霆""二次元"三个团队名字与下面的"正"字评价就让我油然而生敬意，这样的课堂不是我们一直在呼唤的课堂吗？曾经有的老师进行过初探，但是最终未能坚持下来而夭折，忽然想起 2010 年 5 月，我曾听过崔老师的一节课，当时她带初二政治课，讲的是一堂法律知识，她大胆地把课堂当法院，让学生分别扮演被告、原告、审判长、审判员，让我记忆犹新。今天崔老师的课堂行为及其同学们的表现把我的思绪拉回到了两年前的初中课堂，她从初中调到高中担任德育干事和政治老师，不是偶然，而是必然，特别是今年房玉廷老师辞

职之后，她自告奋勇担当高一的班主任，就在今年，她还兼着初中 DI 团队的教练，在如此繁重的工作之下，作为一年轻老师，却能把高中课堂组织得如此愉悦而高效，实在值得表扬、肯定和鼓励。

我校高中学生的严谨和内敛早已有口皆碑，今天崔老师的课堂却不是一如既往，令我感慨万千。学生们在崔老师课堂行为的主导之下的积极发言与互动表现。学习任务的分配是崔老师这堂课组织教学的核心抓手，师生在课下必须充分准备，有的放矢。让每一个学生都被他的任务所驱动，而不是随机地安排。听了这堂课，我得到了一个明确的信息：其实我们的课改已经上路了，现在老师们都已经达到了"知"的层面，"行"的层面步调不统一也属于正常，如果我们有的老师一时不能确定前行的方向，不妨走进崔老师的课堂，再回头看看来路。就知道自己前进了多少。跳出自己看自己，则自己也可以是"他山之石"。听别人的课，反思自己的课，就是攻玉。

本学期开学初，我邀请了贺斌教授来学校指导，在我的建议下，我们一起随机听了孙艳霞老师的英语课，至于英语，多少年了，未再接触，所有的英语记忆丧失殆尽，对于英语，只有一点点感觉。所以，一堂课下来，只有几个单词似曾相识，模模糊糊地触及记忆的神经，好像在什么时候听过类似的音节，别的，如同天籁之音降落人间，这些好像对于我听课的目的并无大碍，外行看热闹，内行看门道，我只是想看看课堂的热闹，不过，这个热闹和一般层面的热闹有所不同，我观察其热闹的形式是不是合乎教学基本规律，是不是有利于实现教师与学生的课堂目标。如果是，这课起码成功了一半，否则，便一定不会成功。这样说，就是看看课堂的有效程度。基于这种理解，我和贺院长坐在了教室，40分钟，时间倒也过得很快，不知不觉便将最后一秒送给了铃声。孙老师的这一堂课，是试卷评讲，她完好地诠释了课堂中老师与学生的角色任务。学习程序循序渐进，课堂双方相互默契，在她的课堂上，学生的确作为学习的主体存在，教学手段也十分丰富，既有同桌展示，也有激励展示，既有老师讲解，也有学生交流。课后，贺教授对全体英语老师进行了课堂教学评价，孙老师及其同行获益匪浅，第二次，贺斌教授又来听孙老师的课，明显感觉孙老师的课改意识和课堂行为发生了很大的改变。

本学期开学以来，李宇老师从知到行，也在进行大胆的课改，而且每日都有数据记录和考核，每周给学生公示一次一周表现，并进行微观调控。他的课改理论依据：Multiage Pedagogy；他的编组方法是将班级全体同学按照上学期末的成绩分为A、B、C、D四个类型，然后A_1、B_1、C_1、D_1进行组合，A为组长，其余为组员。座位为

讲 台

B C

A D

他的目的是让组长体现监督作用，同时可以和 B 进行探讨，而 A、B 可以对 C、D 进行帮扶。他明确告诉孩子，分组的原则是成绩，仅仅是英语成绩，和人品没有任何关系，每次大考完会进行一个调整。他的考核方法是双重考核法，小组从平时和结果考核：平时从"合作意识、个人行为、作业情况"三个方面进行考核；结果性评价则是在每次小考（月考）和大考（期中、期末考试）后进行自我的纵向小组均分对比。对于表现优秀的小组和进步大的同学、优秀的组长进行表彰。希望李老师能有更好的课堂。

学校教育主张，这段时间也在深入人心。实验老师也在努力探索，"爱心"与"创造"的育人的目标早晚应该在课堂上体现，这种理念的植入，更是提醒我们要在课堂内外对学生进行能力与素质的培养。我们不必纠结于同学们在一个知识点或者一门课程上的成绩，而应该着眼于其人生历程和职业发展，如果能把握好课堂、知识和能力、智商和情商，犹如水中盐，浑然一体，难分彼此。许久以前，在和兰董事长谈数学，他在阐释"什么是数学"的时候引用一句名言说："数学就是在春天的山坡上欣赏美丽的鲜花。"我的数学很一般，但这句话我听得明明白白。这样的表达你说是他的数学好还是他的语文好？是他的情商高还是智商高？所以，无论孩子们的学习状态如何，老师都是大有可为的，关键是看我们怎么教，关键是看我们的课堂怎么改，因为教学的主阵地在课堂。所有的事情策划都极其简单，落实到操作层面上，其中艰难就不是一两句困难所能说得清的了，也并非如我写信这么简单，希望学部领导和教学处抓住课堂改革这个主旋律不放松，我们的教育一定能走得更远。

你们的战友：梁勇

2012 年 4 月 8 日

第七十二封信 忙碌并充实着

各位老师，战友们：

大家好！

上一周，我听了初中李宇老师、宋冬梅老师的英语课，再次听了高中崔岩老师的政治课，这几个老师的课堂都自主性地、不同程度地发生着深刻的大变化。希望全体老师的课改由学校引导走向自己主导！

上一周，我们学校教师沙龙创新组织形式，以"中华传统文化——爱与创造"为交流主题，一楼多功能体育馆近 200 人的大课堂，教师、学生、家长共同参与，组织有序，"圆桌会议"更好地让与会人员分组讨论了学校教育主张。

上一周，在高中部视导工作之际，我也随同教研员观摩了高中几位老师的公开课，一个上午，教研中心一共听了 15 节课，有高一，有高二，有高三，有语数英，有理化生，有政史地体。我也随机听了几位老师的课，把听课感受记录了下来，与大家交流。

上一周，高中部举行首届科技运动会，以"爱与创造"为主题，将理、化、生学习实践与体育竞技、环保理念等融于一体。这是高中部师生集体对"爱与创造"育人主张的诠释，让大家充分感受动手与动脑、益智与趣味于一体的综合性运动比赛，是学生理论知识与实践能力的高度反映。

上一周，在初中英语组的教研活动中，我特意邀请了郝少林先生来交流英语教学的心得与体会，英语教学一直是我们常喊常抓的学科，采取了多种措施，到现在还未能如意，我们一定要想办法突破，让学生学有所成，让家长不再失望，让英语真正成为学校特色。

上一周，与美国纽约林登校区的交换生工作，学生很有收获，这是我们第一次把外国学生与中学生交换对接并直接住宿学生家庭的活动，得到了对接学生和学生家长的支持。希望各班主任对参与交换的学生写出感悟与心得体会。

上一周，我们的学生之间发生些许矛盾，家长参与进来处理，在处理过程中，历经许多不易与困难。学生之间发生矛盾在所难免，可是如果学生间的矛盾是因为老师的教学行为不当而引发，实属不该，值得反思和深思。

下一周，初一、初二全体师生将奔赴江西参加"走近农民，体验农村"红色之旅社会实践活动，让学生有机会走出教室，走进社会，这一举措，家长支持，学生期待，希望全体参与老师在活动前做好相关准备工作，各科老师要根据学科特点给学生布置外出活动的实践课题和作业。在活动中我们一定要付出更多心思管理学生，确保活动精彩，确保师生都有收获，确保活动万无一失！

今天，我主要是把 2012 年 3 月 31 日上午教研中心视导高中部我选择性听课的感悟记录于此，与大家交流。我随机性地听了管国治老师的政治课、刘丽华老师的语文课和杨向东老师的历史课，这三堂课，无论是高三课堂还是高一课堂，都体现了我们的课改的精神实质。

管国治过老师讲的是《专题四发展社会主义市场经济》，管老师的助学稿很细致、全面，助学稿内容极其丰富：有高考设点、有知识体系、有专题关注、有考点精析。在考点精析中有理论，有体系，有知识发散、有全国各地高考经典例题，在例题中解析、答案、点评。管老师的这节课堂准备充分，课堂结构合理，注重把握高考方向，整节课学生的注意力都很集中，思维在不断发展。这一节课，管老师准确地把握了教材，教学环节流畅自然，学生参与热情高，效果好。这节课给我们复习课以不少启示和借鉴。

刘丽华老师的语文课是作文《写作结构》分析与应用，作文课是最难上的课，刘老师把作文课作为其公开课展示，可见其语文素养的大气与语文功底的深厚。她的课堂以"举隅"和"训练"两部分构成，"举隅"先以《后劲》为题对一篇病文进行了失分原因和增分技巧分析，之后又对"升格作文"进行了赏析，让同学们对高考作文的失与得有了进一步的认识。"训练"先以一篇议论文的写作范文《执著，成功的真谛》让同学们理出这篇文章的结构思路，老师给予方法的指导，之后以汪国真的诗《走向远方》作为材料，以《无限风光在远方》为优秀例文进行了点评，从点评中让学生把握文章清晰的结构思路和行文，从点评中让学生体会优秀例文语言的优美和构思的新颖独特。一节课，赏析三篇文章，有病文，有范文，有例文，备课之细致，值得语文老师的作文课研究学习。

杨向东老师的历史课是《近代工业的艰难起步》，她的助学稿有"学生版"和"教师版"。这说明杨向东老师对教材、对学生的研读很深入。从助学稿和PPT就可以看出其对教材的挖掘很有水准。在教学形式上紧扣其课改精神，以精彩的提问、多样而准确的评价和环环相扣的学习活动激发学生学习的兴趣和动力，让学生一直处于积极、主动的学习状态，学生思维很活跃。从"知识清单—完全自主学习"到"合作小结—教师辅助自主小结"，再到"合作探究—教师辅助自主学习"；最后到"当堂检测—教师辅助检测评价"，整个课堂教学环节如行云流水，课堂控制火候把握得炉火纯青，值得我好好学习。

本次视导工作由三个阶段组成：第一阶段顺义区教研中心领

导与教研员深入课堂教学、推门听课，查看教师的备课情况。第二阶段是和教研员深入教研组进行评课指导，询问教研组的教研活动开展情况并提出建设性意见。第三阶段是针对视导的情况，区教研员与学校领导进行座谈与综合反馈。在座谈中，教研中心李永跃主任指出，我们学校的教育教学理念、教师队伍建设、课程建设、文化建设等几个方面都很有特点，值得其他学校借鉴。学校在教师、学生的全面发展、建设浓郁的文化氛围和科研氛围、实现教学管理的制度化和人文化相结合、师资队伍的重点建设、发挥学校教科研特色和优势、组织学校校本研修、开发的整合社会资源等方面已经取得突出成绩。这说明学校的办学理念已经在学校的教育教学实践中获得落实并初见成效。

教研员们在听过"语数外理化生史地政体"十门学科的常态课后，普遍认为学校教师队伍整齐，基本功扎实，工作积极上进，教学理念先进，有一批非常有潜质的教师，对学校教师展示出来的业务水平和活力给予了肯定，也对教学中存在的问题予以了指导。高中部的老师们在本次视导活动中，与教研员积极探讨，查漏补缺，寻求改善课堂教学的途径和方法。各个教研员给予的积极的、建设性的建议和中肯的意见。在下一阶段工作中，学校仍将继续以课堂教学质量为核心，开展主题化的教师培训、校本教研活动，扎实推进教学改革，进一步提升课堂教学质量。区教研中心视领导小组客观地评价、精辟的见解和真诚的指导让学校高中部师生更加明确了方向，树立了信心，增强了斗志，极大地推动了高中各方面工作的开展。希望高中部能主动地、经常性地邀请其全体或者个体到学校来指导老师们的教育教学工作，有他们的支持，将会对学校高中老师的进一步发展壮大起到巨大的推动作用。本次视导也再次展现了学校高中良好的精神面貌，进一步促进了高中部的教育教学工作。通过本次视导，在区教研中心领导以及教研员们的帮助和支持下，高中部全体教师要进一步更新理念，力求在今后的教育教学中有更大的突破。

你们的战友：梁勇

2012 年 5 月 6 日

第七十三封信 让教育奠基 90 后、00 后的人生底色

各位老师、战友们：

大家好！

上周三，宋校长到我办公室，特意就学生从江西学农学英烈与我交换意见，表示肯定的同时，特别鼓励我说我们学校要创新思路，大胆开拓，让学生接受挫折教育、吃苦教育、困难教育，如果有条件，下学期让学生到新疆去摘棉花，自食其力，自给自足，进一步接受社会实践教育。

上周四，我与关校长一起接待了几位来学校考察的公立学校校长，我们的话题总是离不开教育，关校长特别骄傲地说，公立学校不敢做的事，我们敢做，因为只要是对学生有意义的活动，我们就大胆去给学生提供机会和平台，他特别自豪地说，初中部在梁校长的带领下，刚从江西井冈山回来。

上周五，在篮球比赛前遇见蓝董事长，他问我，初中部这次运动会取得优异成绩的原因是什么？我们学生人数少，竞赛单位多，而且学生家庭条件相对优越，吃苦与耐力与公立学校相比有所差距，但是这是我到学校以来体育比赛取得的最好成绩。我回答了三点：第一是全体学生每天坚持跑步，第二是艺体中心寇金龙老师训练有方，第三是我们的学生缺少挫折教育、吃苦教育、困难教育，而我们就通过各种方式与渠道给他们这样的教育。

我们的学生大多是90后与00后，这些学生未来到底会有什么样的人生底色？这就需要教育为其奠基。今天怎么样教育学生，明天就会有什么样的人才。忽然想起，我们学校曾与中国青少年研究中心合作做过80后的一个问卷调查，"80后"步入职场后，他们的工作表现怎样，他们身上的哪些不足制约了他们向更高层面发展？这些不足和在基础教育阶段发展关系最为密切；基础教育哪些方面欠缺导致了"80后"身上呈现出来的弱点？

调查的内容说，"80后"工作中呈现出来的问题，需要基础教育者在六个方面进行改进。学校要多开展社会公益活动，让学生在具体的参与中提升公共道德水准，以及进取和奉献的时代精神；拓展学生的活动空间，锻炼学生实践和动手动脑能力，给每个学生平等的岗位锻炼机会；要积极开展"生命教育"和"挫折教育"，提高学生抗挫折和应对困难的能力，让学生学会劳逸结合，养成良好的学习和生活习惯；要通过具体的团体活动，培养学生团队精神和合作意识，提高学生人际交往能力；要在教育中注重提升学生的自学能力，使学生步入社会后，能不断地自觉提升自己；学校教育要和家长紧密结合，在培养下一代的理念上取得一致。调查的内容说他们也有许多缺失，缺少团队精神，缺少合作观念，没有他人意识，容易跳槽，离婚率高，甚至有人曾说他们是垮掉的一代……　自从上学期我大胆使用 80 后教师之后，我对以前的调研报告产生了质疑，想起学校 80 后的教师们，如胡强老师、王大鹏老师、戴爽老师、唐艺嘉老师、代玉凤老师、才华老师、薛志辉老师、刘芳老师、贺晓娟老师等等，他们工作的敬业精神与合作意识，团队精神与他人意识，比起 50 后、60 后、70 后毫不逊色。下面我就胡强老师的记忆和大鹏老师的记忆说开去……

　　记得 2010 年 11 月 6 日晚 11 点零 5 分，飞机降落在长春龙嘉机场。过安检，领行李，出来时已过 12 点，一抬头，他便出现在我眼前。没有太多套路式的寒暄和问候，他接过我们的全部行李，然后带我走向停车场。开车门，让座，安放行李，说一些套近乎的客气话……一直把我们安顿在宾馆房间才离去，已是凌晨。第二天，当我站在东北师大讲台上做宣讲的时候，他坐在第一排，讲台正前方。他听得全神贯注，面带微笑，且心领神会的样子，很少皱眉、走神、困倦、疑惑。总之，他长着一副对任何一位老师而言完美学生的模样，所以，我很放心地请他互动，我记得当时的情形是这样的：他站起身来，很认真地回答，声音洪亮，但他的答案和我的问题没有关系……于是，我减慢速度，再一次解释了一遍问题，结果，他把刚才的答案重复了一次。我们尴尬地对视了几秒钟，我忽然意识到，我的普通话存在着问题，这意味着，在非常配合的表情背后，他可能没太听懂我讲的内容。开会或者演讲厅的纠结还能表情愉快的人并不多见，他是我见过的其中之一。来到学校之后，从做助教、干事，从代初三 C 层到现在与宋冬梅老师配班代课，他始终在自己的岗位上默默奉献，辛勤耕耘，牺牲自己的休息时间，给学生补课，工作不分内分外，而从来没有提过任何要求……大鹏的印象：2009 年 10 月甲型流感袭击我校，大鹏与许多老师一样，不顾个人安危，冲锋陷阵，关照学生，因此后来把他隔离，就在其结婚的前一天，他仍然在隔离区，再后来，他成了迟到新郎。他没有因为甲型流感的危险而远离学生，他没有因为因结婚而提前离校。当平静后重新去感知大鹏，我才明白，只有对学生爱与责任，只有对学校的忠诚与信念，才有这样的故事发生。天空的幸福是穿一身蓝，森林的幸福是披一身绿，太阳的幸福是如钻石般耀眼，而大鹏的幸福是通过自己的努力换取自己的生命价值。从 2008 年他加盟学校开始，他在生活区坚持做了 3 年副班主任，得到了学生、家长、同事的一致认同，至 2011 年 3 月，初三重新分班，当时学部面对许多困难与挑战，于是让他兼任初三一个班班主任，他临危受命之后，无论是语文课还是数学课，无论是英语课还是物理课，他总是坐在教室的最后一排与学生一起听课，与任课教师一起维持课程纪律，直至初三学生顺利毕业与他含泪告别。2011 级，他义不容辞地接过了现在初一（2）班的班主任，在学生体验中，他激情展示，精益求精，在学生管理中，他尽心尽力，全力以赴，一学年以来，大鹏已然成为优秀班主任之一。前几天，去江西的活动，我在南昌火车站接站，刚出南昌火车站，就看到他背着学生走出来，因为这个学生的脚被开水烫伤，这个学生并非他班的学生。在学校，只要有学生生病或受伤，他总是义不容辞，默默无闻。他的无私与奉献精神，不做作，不神张，大鹏之大，名副其实。在学校每个 80 后都有自己的故事，今天就不一一列举，以后有机会再与大家一起分享，从 80 后这些年轻人身上，让我们看到的是希望。学校的每个人都值得学校骄傲，每个人都值得学校自豪，因为每个人都很重要！现在让我们看到的是 90 后的学生代表孙凯龙，曾是全年级最让人头痛的学生之一，曾是让家长失望的学生代表，但是经过学校，特别是班主任李永洪老师的教育之后，两年来，他从成绩倒数至上周考试的全校第二名，从不学无术到本届区运动会的体育比赛他取得了 200 米和 400 米第一名，取得了 4×100 米第一名和 4×400 米第一名，今天我碰到他，问他："听说杨镇一中和牛栏中要挖你去其学校读书，你有何感想？"

他说："梁校长，是学校成就了我，我不会离开学校。"这种凯龙现象已经成为学校的一种现象。只要我们教育的理念与方向是对的，教育一定可以为学生的生命奠基并打好人生的底色。

你们的战友：梁勇

第七十四封信 教育就是培养良好的习惯

各位老师、战友们：

大家好！

周五上午，接到儿子梁宸睿英语老师的电话，儿子的英语考试选择题一道也没有做，而且全班只有他一个人没有做，这样的行为已经是第二次了。接完电话，我不由深思：作为一名教育工作者，我如果教育儿子失败，那将是我人生的最大败笔。我心里异常难过，随即给他的班主任沈老师发了一条求助信息："沈老师，您好，刚才接到英语任老师的电话，梁宸睿的英语考试选择题连续两次未做，请帮助我查找一下原因，是不是其考试习惯没有形成？一定要帮助我培养儿子好习惯，一定要帮助我关注孩子的语文学科和英语学科，谢谢您！"沈老师及时回信安慰我："宸睿爸爸，您先别急，我了解一下，会多关注，我们一起想办法，不只是英语和语文，所有的都要学好。"班主任的回复给我许多安慰。

作为教育工作者，多年的教育实践经验，在我的潜意识里已经形成一种教育理念，孩子一定要热爱体育锻炼，一定要有好的品格、良好的习惯和开阔的思维，一定要把人文学科的基础打好，一定要把英语学好，一定要对孩子严格要求。我曾和儿子的班主任坦诚交流：别人家的孩子不可以打，不可以体罚，但是梁宸睿例外，既可以打也可以体罚，因为没有严格要求，就没有良好习惯的养成，这也是我作为家长多次和老师交流并嘱咐的话题。

作为教育工作者，多年的教育实践经验，在我的潜意识里已经形成一种思维习惯，无论多忙，不管多累，孩子们的健康成长都是我们快乐的源泉，都会让我们忙碌得舒心，在当下优质教育缺失的时代，我们到底应该给予孩子什么样的教育？在以前给老师的信或者在与家长的报告中，我曾多次谈及此话题，今天结合对孩子的教育体会与思考，再次与大家交流"教育就是培养孩子的习惯，关于阅读习惯，关于运动习惯与关于明礼习惯"的话题。

第一，培养孩子良好的阅读习惯。这段时间接触到许多优秀的家长，优秀的家长一定能培养出优秀的孩子，这些家长有一个共同的特点就是非常重视培养孩子的阅读习惯。我现在也已开始重视对梁宸睿阅读习惯的培养，老师会要求他在自习之后每天至少阅读半小时。在当下的中国社会，我们现在的孩子的确生活在一个喧哗浮躁的时代，他们面临着太多的诱惑，电视、网络、游戏、绚烂的电子产品、丰富的物质世界……让人目不暇接。但是，不管生活怎样的热闹，一个纯净的心灵世界，一种对书香气息的天然热爱，一种良好的阅读习惯，都是一个生命健康成长不可或缺的要素。尤其是当我们进入了阅读的快餐时代，进入了读图时代——包括成人世界都不乐意阅读黑白文字，只喜欢上网浏览，阅读五彩斑斓图画的时候，当热闹的影视把阅读的空间压缩得越来越小的时候，我们语文老师尤其需要具有一种强烈的责任感和使命感：那就是不管社会怎样变迁，不管科技怎样进步，不管教育怎样改革，我们都必须让孩子们在人生记忆力最佳的时期，诵读名家名篇，诵读千古美文，让文化经典占据他们的心灵，让他们的阅读从一起步就直抵经典。只有这样，这个民族才能在今后的岁月中培养出真正有中国灵魂、有世界眼光的人才。无论我们的孩子们未来在哪里，抑或是在哪个国度，阅读对于一个人来说是非常重要的。

高尔基说："我读的书愈多，书籍就使我同世界愈来愈接近，生活对于我也就变得更加光明，更有意义……几乎每一本书都轻轻地发出一种声音，扣人心弦，使人激动，把人吸引到奇妙的地方去。"因此，高尔基发出这样的呼吁："热爱书籍吧，书籍能帮助你们生活，能像朋友一样帮助你们在那使人眼花缭乱的思想感情和事件中理出一个头绪来，它能教会你们去尊重别人，也尊重自己，它将以热爱世界、热爱人的感情来鼓舞你们的智慧和心灵。"基于阅读对人的重要影响，我们一定要注重培养孩子的阅读习惯。爱迪生说："读书之于思想犹如运动之于身体，运动使人健壮，读书使人贤达。"

第二，培养孩子良好的运动习惯。一个人身心健康的重要性不言而喻，健康不代表一切，没有健康就没有一切，健康的身体是一切幸福体验的根本。这段时间，我发现我们的老师越来越重视体育锻炼了，在课间，有的跳绳、有的踢毽子、有的打羽毛球、有的打篮球。我们的学生在这次运动会上取得全区亚军，创历史最好成绩，我的小儿子梁宸睿现在对体育的痴迷更是让我兴奋，凡是体育项目，他都很感兴趣，游泳、羽毛球、足球、篮球、轮滑、自行车以及跳棋、象棋、五子棋……他都涉及。让他以玩的心态学，既锻炼了身体，又习得了本领，何乐而不为。自从儿子热爱体育锻炼以来，极少生病，即使生病，也能顶过去，网络之所以容易使孩子过度痴迷，往往与他们的课外生活贫乏有关。因此，引导孩子养成广泛的兴趣，尤其是热爱户外运动，是至关重要的。青少年体质影响国家竞争力，这不是危言耸听。梁启超说"少年强则中国强"，如果少年弱，国岂能不弱？对于这样的教育危机，我们不能再沉睡。为了培养未来一代，我们投入了大量的时间、精力和金钱，但是培养出来的却是"胖无力"豆芽菜和"眼镜蛇"，营养好了，身体素质却在下降，这难道是我们希望看到的吗？

教育的核心是培养健康人格，健康人格自然要以健康体质为基础。然而，以升学考试为中心的应试教育在中国教育内部形成了一种巨大的异化力量，以至于无数父母告诫孩子："只要你把学习搞好了，别的什么都不用你管！"这句异口同声的话反映出一种可怕的国民共识，这种扭曲的价值观必然导致扭曲的教育，扭曲的教育必然扭曲学生的身体与心灵。尽管党和政府一直强调要推行素质教育，但是客观地说，应试教育的土壤并没有被铲除。作为学校的教育工作者，我们一定要先知先觉！

第三，培养孩子良好的明礼习惯。梁宸睿虽然因为诸多原因的确养成了一些不良习惯，比如说作息时间极其不规律，但是其助人为乐的品质、理解他人、宽容他人的品格却让我欣慰。良好的文明礼仪习惯不仅能给人生带来快乐，而且能够帮助一个人走向成功。从外表上看，文明礼貌是一种表现或交际形式，从本质上讲，文明礼貌反映的是我们自己对他人的一种关爱之情。所以，真正的礼貌必然源自内心。我曾在给学生的报告中讲过许多不讲文明礼貌的正面与反面的故事，今天再与大家分享一个故事：一位妈妈好不容易把孩子培养成了学习上的佼佼者，唯一不足的是，孩子从小就不修边幅，但是，这并不妨碍妈妈为他而自豪。孩子从小就是个学习尖子，不仅考上了北京一所高校，而且在学校里自己补习英语，计划去国外留学。大学毕业的时候，孩子顺利地通过了托福考试和 GMAT 考试。就在面试合格、各项手续也顺利办下来、只等签证就可以实现他的留学梦时，一件意外的事发生了！那天，妈妈陪着孩子去办理签证，孩子的心情非常激动，当听到自己的名字时，孩子高兴地站了起来，站起来的同时不自觉地咳了一声，然后往墙角吐了一口痰。这个细小的动作被签证官员看到，然后对他说："对不起，我们很遗憾地通知您，您的成绩和能力虽然都非常优秀，但是，综合素质方面还有些欠缺，我们不能给您签证。"一个坏习惯，可以让他的努力付诸东流。

学生时代是形成习惯的关键时期。孩子的心灵是一块神奇的土地，你播种一种思想，就会收获一种行为；播种一种行为，就会收获一种习惯；播种一种习惯，就会收获一种性格；播种一种性格，就会收获一种命运。习惯对于孩子的生活、学习以及事业上的成功都至关重要。我国教育家陈鹤琴先生说过："习惯养得好，终生受其益；习惯养不好，终生受其累。"事实上，习惯是一种惯性，也是一种能量的储蓄，只有养成了良好的习惯，才能发挥出巨大的潜能。为了孩子的健康成长和终身的幸福，每一个教育工作者，每一名家长都需要高度重视孩子的习惯培养。

你们的战友：梁勇

2012 年 5 月 27 日

第七十五封信 进一步推进学校教育国际化

各位老师，战友们：

大家好！

今天晚上举行的中学生广播体操比赛一开始，我就被整齐的班级方阵，雄健的入场步伐，洪亮的特色口号所吸引。每个班级在艺体中心与学部的精心组织下，班主任老师和班级同学，认真准备，积极训练。通过这次比赛，进一步规范了同学们广播体操的动作，培养了学生做好广播体操的良好习惯，加强了学生锻炼身体的意识，更增强了班集体的向心力和凝聚力，展现出了良好的班风班貌。同时丰富了校园文化，丰富了学生课余生活，提高我们中学生的广播操水平，促进阳光体育活动的深入开展。学生的表现让我非常满意，特别是各班同学着装统一，队列整齐，动作规范，在比赛过程中一个个屏气凝神，和着节奏韵律，一招一式，动作灵活，伸展自如，充分展示了学校学子的青春风采。经过两个多小时的激烈争夺，决出了一二三等奖、班级单项奖和优秀领操员奖，在此，向获奖的班级和同学们表示热烈祝贺！向为此付出辛苦劳动的老师和同学们表示真诚的感谢！你们的表现，让我的感觉特别舒服，从心里感觉很快乐和幸福，做校长的成就感也油然而生。

广播操比赛结束之后，我们又组织召开了关于"优质双语初中与优质多元高中"再定位的会议。"优质与国际"是学校发展的制胜法宝，当今民办最缺乏的资源就是优质教育资源，而教育国际化不仅是我们学校发展的必然，也是创校之初蓝校长提出的学校教育理念和近期内提出学校教育主张的必然，同时，国家和社会发展要求我们必须国际化！中共中央、国务院颁发的《国家中长期教育改革和发展规划纲要》（2010～2020年）指出："加强国际交流与合作，坚持以开放促改革、促发展。开展多层次、宽领域的教育交流与合作，提高我国教育国际化水平。"在2010～2020年中长期教育规划纲要中指出："将扩大教育开放，加强国际交流与合作，提高中国教育国际化水平，提升中国教育的国际地位、影响力和竞争力，培养大批具有国际视野、通晓国际规则、能够参与国际事务和国际竞争的国际化人才。"中小学教育国际化是世界经济全球化对教育提出的客观要求，也是教育自身发展的内在必然，更是学生成长的必要经历。

学校要国际化，我们必须要回答清楚三个问题，什么是教育国际化？为什么要实施教育国际化？如何实施教育国际化？什么是教育国际化？有许多答案，我更认同这个观点，"所谓的教育国际化就是在世界经济全球化、贸易自由化的推动下，在国际教育贸易市场开放的前提下，教育资源在国际进行配置，教育要素在国际加速流动，教育国际交流与合作日益频繁，世界各国教育相互影响、相互依存的程度不断提高，各国教育相互交流，相互竞争，相互包容，相互激荡，共同促进世界的繁荣和发展，各国在人才培养目标的确定、教育内容的选择以及教育手段和方法的采用等方面不仅要满足来自本国、本土化的要求，而且要适应国际产业分工、贸易互补等经济文化交流与合作的新形势。教育国际化的核心或者本质，说到底就是在经济全球化、贸易自由化的大背景下，各国都想充分利用国内和国际两个教育市场，优化配置本国的教育资源和要素，抢占世界教育的制高点，培养出在国际上有竞争力的高素质的人才，为本国的最高利益服务。众所周知，在知识经济日益显现的时代，国家综合实力的竞争，归根到底是人才的竞争。谁拥有数量多、素质高、具有创新精神和富于创新能力的人才，谁就能把握社会经济发展的主动权，在激烈的竞争中立于不败之地。因此，教育国际化的最终目的是培养具有国际意识、国际交往能力、国际竞争能力的人才，这种人才能立足于本土，放眼于世界，积极主动地参与国际竞争。"

到底什么是教育国际化？或者说教育国际化的内涵是什么？我们非常赞同这样的一个观点：所谓教育的国际化，就是用国际视野来把握和发展教育。

总之，我们应该积极引进西方的教育理念以促进教育改革。世界范围内，教育国际化也成为一种流行现象。实施教育国际化，原因林林总总，包括社会急速变化、经济全球化、信息科技进步等。国际化只是主流，也有其缺点和危机。有的学者和专家担心独特文化和种族身份随着教育国际化而丧失，有人忧虑教育国际化会令发展中国家人才外流，也有人担心教育界盲目追求名牌效应等问题。而许多人内心顾忧的是西方教育认为自己提供的教育最优越，自诩是世界教育的明灯。我们担心的是如果"教育麦当劳、肯德基化"，会使文化和民族特色湮灭。无论教育怎么样国际化，教育必须保留自己的传统文化的精华，这是教育的王道！

你们的战友：梁勇

第七十六封信 致考前学生的家长和老师们

各位老师，战友们：

　　大家好！这是一封高考与中考前写给家长与老师的信。今天晚上信写到一半，去机场接从美国凯旋的 DI 代表队，回到学校已经是凌晨 1 点 40，继续写未写完的信。

　　每年 6 月份是考试月，本周四、周五就要高考了，再过 20 天又要进行中考。高考、中考过后又是期末考试，考试重要吗？回答是肯定的，考试真的很重要，无论是国际教育还是国内教育，考试都是非常重要的手段，在国内有中考，有高考，有国考、有四六八级英语考试等等，在国外有托福，有雅思、有 GRE、有 SAT，这些考试都是证明一个人智力因素，只不过是教育不要以应试为目的就好。我们的教育理念是"不为考试而赢取考试"，这是我们教育的目的。作为校长也好，老师也好，家长也好，就是希望孩子能在正确的教育与引导之下，考试能出色地发挥，考出自己最优秀的成绩，实现孩子自己的理想！同时成就家的梦想与老师及其学校的价值。

　　高考与中考是孩子们遇到的重要的人生关口，特别是高考，它不仅有可能决定自己一生的命运，而且也往往寄托着家人的巨大希望。因此，对于学生来说，高考会让很多孩子心情激动、充满期待。可对他们来说，高考又是一个空前的压力事件，让许多孩子焦虑、紧张、惶恐不安。当然，在这个时候也不乏学生因长时间备考而身心俱疲，对高考产生消极怠慢的情绪等情况。

高考对每一个人来说是公平的，同时也是残酷的，他只用两天时间，或者说六七个小时，就让孩子们把 12 年寒窗苦读的所有呈现出来，然后确定终生，选定一生方向……虽然说"人生路有千万条；三百六十行，行行出状元"，但是毕竟高考对孩子们是一次严重的抉择和考验。

我们这几天要全力以赴地和孩子们一起迎接高考的到来，行政、后勤都要配合与协调，车辆安排要及时，由车队负责，伙食搭配要合理，由后勤负责，周边环境的噪声不再有，由校办协调从本周一开始夜间不要再施工，医务室要保证 24 小时有人值班，其他学部要保证学生回到宿舍区不大声喧哗与吵闹，……以上种种，请各部门理解、配合与支持。

面对高考，每个学生的反应各不相同的，有的学生紧张情绪无从释放，我们也无须刻意地回避，要帮助他们释放；有的学生有对考试紧张与焦虑的现象，我们有意识地帮助孩子疏导；有的同学会是无所谓的态度，感觉很轻松，得过且过，我们要给他一些压力，让他重视起来；也有的学生盲目自信，放松了备考，我们可以给他制造一些紧张气氛；有的孩子学习动机过强、父母和自我期望值较高、自己成绩的波动以及与同学的成绩对比，让他产生了压力感，由此引发其烦恼、焦虑等不良情绪，我们要给予特别关注……

　　面对高考，对考生来说，考前较理想的心理状态是保持适度紧张。虽然考试有点压力，但考生能够转化为动力，促使自己努力备考，复习效率也比较高。学生的心理状态很大程度上影响着考试的成绩，俗话说"过犹不及"，所以，考前孩子需要保持一个适度的紧张状态，才有利于考试的良好发挥。孩子释放紧张、焦虑的情绪，其中较有效的方法之一就是家长或者老师与孩子的顺畅交流。让孩子有机会把心里的苦恼说出来，这样压力才能得到释放，紧张的情绪就会有所缓解。这几天，我们要注意捕捉适当的时机，跟孩子平等地交流，可以选择一些孩子感兴趣的内容或社会性话题，尽量不要过多涉及高考。另外，我们也不要对孩子表现出过分的关注，要给彼此一个独立的空间。面对高考，老师和家长的心情有时候比孩子还紧张，但是这种紧张情绪尽量不要在孩子面前流露出来，不要对孩子表现出过分的关心，因为这会无形增加孩子的心理压力。我们要像平时一样与孩子相处，尤其不要改变日常的生活习惯和生活节奏，再者，家长与老师自己也要平衡心态，面对高考不要过于紧张。要冷静而且客观地看待孩子的情况，对孩子的期望不要超出其能力，确定一个合理的目标。而且要有足够的心理准备，平静地接受一切结果，要有一个乐观的心态，一个平常的心境。因为家长和老师的情绪过于紧张，必然会在言行之中流露出来，孩子一旦捕捉到家长的紧张情绪，自己就会受到很大的影响，所以一切应顺其自然。

我期待，每个孩子都能发挥出自己的真实水平。拼搏的路上并不一定有人同行，但理想，总是要在某个地方等待。

你们的战友：梁勇

2012 年 6 月 17 日

第七十七封信 反对功利主义教育
让教育回归育人本质

各位老师、战友们：

大家好！这封信，我主要是与大家交流"反功利主义教育"的话题。

本周五，我们对高二年级有出国意向的学生召开了说明会。本周六，我又安排徐永瑞主任、姚敏主任和管国治老师在得到其北京新东方昌平外国语学校同意的情况下，我们抱着学习的态度去听了其"招生宣传报告"，徐永瑞主任对整个报告进行了全程录音，管国治老师把报告的整个过程以听后感的方式用详细的文字整理了出来，三个人虚心学习和严谨治学的态度，让我非常感动。我们学习别人，是为了站在别人的肩膀上发展自己，我希望我们每个人都应该认真思考我们今年为什么举办美国实验班？我们为什么以这样的课程结构与培养模式举办美国实验班？我们开办美国实验班是为了功利主义还是符合教育的本质和人的发展的本质？

昨天上午，我们进行了本学期的第9次"小升初体验与校长报告会"，我在与家长交流的过程中，与家长交流了三个话题：一是择校就是择师，二是好的人生是规划出来的，三是学校教育的理念、使命与责任。恰好，今天下午，初三（4）班一个学生的家长与我约好到我办公室与我交流孩子的择校与发展问题，这个学生在学校规定时间的三月一日之前没有选择学校，她准备选择公立高中就读，结果选来选去，最后还是感觉我们学校是最合适其发展的学校。因为，她认为，现在体制内的学校教育太功利主义，这种教育的功利性不仅破坏学生的可持续发展，也必将危害整个学生的前程及其学生背后家长的期望。她的孩子最后决定选择我们学校，因为我们学校教育是"反功利主义的教育"，是适合其孩子发展的。无论是今年举办美国实验班也好，还是我们的办学理念得到家长与社会的认可也好，学校发展至今，我们要进一步认清和克服教育的功利性势在必行。今天我从功利主义的表现和功利主义的危害两方面与大家交流，希望我们一定要坚持"反功利主义的教育"。

一、功利主义教育的表现

第一，在教育的目标上，重成才，轻成人。教育的本真是培养真正的人和真正培养人，是关注人身心的全面发展和可持续发展。然而，功利化的教育却重智育，轻德体；重特长，轻全面发展；关注成名成家，忽视如何做人。其结果，教育成了智育，学生发展片面，难成大器。

第二，在教育价值取向上，重分数，轻质量。当前的教育，无论是高等教育还是普通教育，无论是制度化教育还是非制度化教育。学校收费名目繁多，大到几十万的择校费，小到百十元的书本费、学杂费、服装费、补课费、上机费等等，项目之多，金额之大令人吃惊。不管教室大小、学生多少，只要能装下就行，结果钱是收了，但牺牲的却是教育的质量。一些公立学校的教师乱收家长的礼金，有的甚至办班赚钱，课上该讲不讲，到了课下再讲，课内该讲的课外讲。教育成了创收的手段，金钱的多少成了学生能上什么学校的分水岭。结果是既增加了家庭的经济负担，又带来了教育的不公平，影响了教育的形象和声誉。

第三，在教育行为上，背离教育规律，重结果，轻过程。首先，忽视学生是正处于成长中的人，无视学生作为一个社会个体的正常社会交往需要和人生体验。认为学生的任务就是学习，学习成了唯一，分数成了命根子，文凭成了终极目的。这样，学校加班加点补课，学生反反复复做题，教师成了教书的机器，学生成了考试的机器。其次，采取拔苗助长的做法，幼儿教育小学化，低年级教育高年级化。孩子在学校和家长的要求和监督下，总是要完成远远超出自己年龄阶段的教育任务。在孩子应该用心灵去体验世界和他人，应该快快乐乐地游戏的时候，童年与童真都被功利化的教育无情地剥夺了。谁升学有望就重视谁，谁升学无望就忽视谁。成绩好，一切都好；成绩差，一切都差。一些学习有困难的学生往往因不堪教师的歧视和挖苦而辍学。这种教育行为既违背教育的公平原则，也背离了教师的职业道德。

第四，在教育的途径上，教学成了唯一的途径，重学习，轻教育。丰富多彩的社会实践活动被排除在人的培养途径之外。学校搞封闭教育，脱离社会、脱离生活、脱离人民。教育只为考试，教书是为了分数，学习也是为了分数。考什么就教什么，怎么考就怎么教；考什么就学什么，怎么考就怎么学。离开社会实践活动，不仅人的知识难于转化为能力和信仰，人的社会性难于生成，人的和谐发展也难于实现。悠悠万事，分数第一；教育途径，教学唯一。一些学生只把读书看作是改变自己命运的唯一手段，对社会，对人生都是一片漠然。其结果是一些学生分数不低，素质不高，发展片面；个人主义至上，集体主义缺失；厌恶劳动，崇尚享受。

二、功利主义教育的危害

教育的功利性之所以如此泛滥，主要原因是市场经济条件下人们对利益追求的无限扩大和拜金主义的影响，人们对金钱、名利的追求越来越强烈。教育也由一方净土成为人们追名逐利的地方。

教育功利性对教育本身具有极大的伤害。破坏社会的发展、人的发展和教育自身的发展。首先，教育功利性使整个教育彻底背离了教育的本质。教育本质是要求使每一个人都获得全面发展，而功利性的教育在排斥了一部分所谓升学无希望的学生的同时，对人的全面发展也造成了破坏。在追求升学率、重视智育的旗帜下，人的德、体首先被抛弃，而人的个性和创造性也在标准答案和题海战术中被彻底扼杀。无论教师的教，还是学生的学都是出于功利的目的，教育被功利性彻底异化了。其次，教育功利性破坏了人的培养规律和教育的可持续发展。"十年树木，百年树人。"教育必须近期效果与远期效果并重。然而，功利性的教育却只顾眼前，不顾长远；只要名利，不要事业。读书是为了考试等等，功利思想和行为都在危害教育事业的健康发展。长期以来，我国在学术领域缺少大师级人物，产生不了诺贝尔奖获得者，教育难辞其咎。钱学森之问又被束之高阁。

　　教育功利性与优秀人才的培养是格格不入的，与整个教育事业的大发展也是格格不入的。教育的功利性是教育的悲哀所在！也许，教育的希望真的在学校，教育的变革需要我们全体学校人共同努力担此责任。

你们的战友：梁勇

第七十八封信 临近期末更需关注学困生

各位老师、战友们：

大家好！

今天接到女儿的成绩单，与过往成绩相比，不是很理想，心里有些纠结，因为上初中以来，她这次考试是最不理想的一次（过去是班级前五，这次是班级第十），晚上与她沟通了好久，感觉她的心态还不错，对自己仍是自信满满，心中有了些许安慰。在沟通的过程中，女儿用开玩笑的方式与我说了一句他们同学们当中很流行的话："老师一年布置作业 3 亿多字，试卷连起来可绕地球 3 圈，连续 9 年全球作业数量领先，好成绩，当然更受欢迎。"

我作为校长，又是家长，对教育、对考试有着更为复杂的认识。又想让孩子们考出好成绩，又不想让老师们辛辛苦苦地折磨他们。教育是一个永恒的话题，复杂的问题，费解的难题，这道题，我们一直在求解。我们的中考成绩即将揭晓，初一、初二和高一、高二的期末考试也即将临近，成绩与分数虽然不是评价学生的唯一标准，但却是评价学生的重要手段。每每到考试季，我们总是对成绩充满期待！越是期末，学生越是会表现出一种莫名的浮躁，上课不想听，作业不想写，甚至于违纪的学生也越来越多。期末这段时间，我们每一位管理人员，每一位班主任，每一位副班主任，每一位课任老师，无论是在教学区，还是在生活区，一定要比平常更加关爱学生，一定要以高度的责任心和饱满的热情影响学生，感染学生。利用适当的时机，对学生进行及时教育和提醒，特别是在学校的管理盲区，特别是对班上的一些学困生，我们更加要关注！对于学困生，要想在期末这段时间彻底转变他们，也不是做一两次工作就能见效的，而是要耐心、反复地教育和开导，多留心，发现这些学生的细微的变化，把关心放在对待学生的首要位置，这对稳定学生情绪，提高学习成绩将会起到一定的作用。

其实，班级的每一个学生，不管是学困生还是学优生，都希望能得到老师的关注与肯定，因此，不论是对表现好的还是表现差的学生，都应让他们感到一种被老师关爱的温暖，领会到老师对他们的认可，从而为他们树立期末学习进步的信心，使浮躁之心得以及时的安抚，以愉快的心情和其他同学相处，以便顺利度过放假前的这一段热烈而又难耐的时光。

有一个案例与大家一起分享，一个周三下午，在某教室里发生了这样一件事：一个调皮捣蛋、不遵守班级纪律的学习成绩极差的学生与班内一个品行、学习均较好的优秀学生发生了冲突，争吵了起来。两个学生越吵越凶，大有大打出手之势。学生们见状马上把班主任老师找来。

班主任老师来到现场，那个优秀学生觉得受到了委屈，大声哭了起来。按照我们"常规"认识和看法，成绩差的学生必先挨批，必先受到老师的呵斥。优秀学生哭得那样委屈，老师必"袒护"她。正当成绩差的学生以常规心态等着班主任的呵斥时，而老师却一反常规，看着两名表情各异的学生和全班那么多双恳切平息战争的眼睛，一声没吭，采取"冷处理"。

随后，经过采取不同手段的询问和调查搞清原委，分清是非，做出了公正处理。结果这位成绩差的后进学生大为感动，一反常态，竟主动向老师道歉认错。班主任老师这时则顺势利导，告诉该生："其实你有很多优点，比如见义勇为，热爱劳动，具有很强的组织能力，像上次由你发起的篮球比赛，得到了同学们的一致好评。这些老师都是看在眼里的，老师正在考虑让你来当咱们班的纪律班长呢！你回去好好想一想，看采用什么方法能把咱班的纪律管理得更好，想出一个方案给我，好吗？"这位同学回到班级，为了像个班长的样，一改原来的恶习，不仅遵守纪律，关心同学，把班级纪律管理得很好，而且课堂上也变得很活跃，主动举手回答问题，不会的问题主动提问，课间还经常向学习好的同学请教。结果这位同学学习成绩很快得到了提高。

案例中班主任老师处理学生矛盾的方法很有独到之处，她的做法体现了：其一，教师人格的力量，像阳光一样，能催开鲜花，带给大地勃勃生机和美丽，是必不可少的因素。其二，对于一个学生来说，不管他的学习成绩优还是差，学校应该成为他永远的心灵故乡；不管他将来走向社会之后从事什么样的职业，心灵深处永远都会保留着对学校美好的回忆。其三，培养全面发展的人的技巧和艺术就在于：教师要善于在每一个学生面前，甚至是最平庸的、在智力发展上最有困难的学生面前，都向他打开的精神发展的领域，使他能在这个领域里达到顶点，显示自己，宣告大写的"我"的存在，从人的自尊感的泉源中汲取力量，感到自己并不低人一等，而是一个精神丰富的人。教育是一项艰巨而复杂的工作，同时教育也是一门艺术。我在毕业刚带班主任的时候，有一位同学写了一篇名为《渴望鼓励》的作文，使我感触很深。她写到从小到大，因为成绩一直不好，父母和老师对她总是一味地责怪、批评。从没有听到过一句鼓励的话，使她对自己没有信心。无论做什么事情都会觉得自己是做不好的，因而不敢去尝试。她同时写到，在内心深处，她是多么渴望鼓励，希望得到别人的肯定和认同。于是，我开始与她谈心，交朋友，从此，她非常努力直至考上大学，10多年过去了，现在我们依然保留着如朋友般的师生情谊。老师对于班级里成绩较差的学生有时可能会疏忽，常常得到表扬的是那些成绩优秀的学生。人们常说，其实好孩子是夸出来的。

古人云：数子十过，不如奖子一长。美国心理学家威廉姆杰士说过："人性最深切的要求就是渴望别人的欣赏。"如果平时老师能及时肯定学生的成绩或进步，哪怕只是一点点的进步，就能增强学生的自信，使学生得到心理上的满足感。所以我们在批评学生时，不要总盯着学生的不足、错误。批评学生时要注意方式方法，能不在学生面前批评的就不要在学生面前批评。批评学生，点明错误所在，分析错误原因，指出错误危害即可，不能一味地指责，无限度地上纲上线，更不能对学生进行挖苦、讽刺，以免挫伤学生的自尊心。平时我们要特别注意并引导学生挖掘他的长处、成绩、闪光点。

期末考试是我们一学期工作成果的展示，是收获的季节，是我们所有老师和同学们采摘果实的时候。我们所有的老师、同学要以积极的心态投入到期末考试当中去，要以100%的精力投入到期末教与学的过程当中去，做到善始善终，因为起始教育是教育的重要组成部分。

你们的战友：梁勇

2012 年 7 月 8 日

第七十九封信 一路走来，感谢有你

各位老师，战友们：

大家好！这是本学期最后一封信，信写到现在，其实写什么内容似乎已经不重要了，能坚持到今天，我真的为自己感动。当我独自一个人静坐时，总常常忆起学校这几年来发展的点点滴滴，有时甚至会禁不住眼含泪水，真的，一点都不夸张。

记得每年高考完的时候，高三老师说，"终于可以轻松点儿了"，记得每年中考完的时候，初三老师说，"终于可以轻松点儿了"，记得每年期末考试完的时候，非毕业班的老师说，"终于可以轻松点儿了"。其实，教育是一项轻松不下来的工作，日复一日，年复一年，我经常和别人说我们是"一年365天，一天24小时工作制"。我兼任中学校长这几年心理压力真的很大，因为中学教育本来就复杂，特别是私立的中学教育更是艰难，幸运的是，我拥有你们的支持和帮助，这是最重要的一笔财富！我又是多么幸运！我真的有许多话想要对你们说，却不知如何畅所欲言。中学3年来，每年面对毕业生时，我的心情是复杂的，第一年可以用难受来形容，第二年可以用痛苦来表达，第三年我依然在纠结。这不仅有对孩子们的不舍，更有对教育的遗憾，我忆起几年来我们共同经历的一切，忆起并肩奋战时的点点滴滴，有辛酸，有感动，有艰难，有自豪。

董事会和校委会安排我兼任中学校长之时，也许是无知者才无畏，出于一种责任感，当时心理上的压力很大，怀着各种复杂的心情，然后开始与你们一起奋斗，想起从第一天开始，我就每日不断地压给你们的各种任务，而且是许多艰难的任务，招生任务，保生任务，学生管理的任务，教育教学的任务，想起，我们把一项项任务用美丽的数据呈现出来的时候，我心里依然是许多感激和感动。也许大家觉得"感动"二字太夸张太造作，但是我是真的感动。大家都知道我的坏脾气和工作风格，为了工作，很多时候我指手画脚，甚至是颐指气使、不留情面。对管理人员我也是随时呼来唤去，对年轻老师更是掂来掂去，对孩子小的老师也无法照顾到。但是，你们对我都那么宽容，那么理解，都那么认真地完成我安排给你们的每项任务，我每一次在和别人交流时说"我运气好，跟你们在一起真幸运"的时候，真的都是发自肺腑。

忽然，我想到那么多的往事，从早晨要求全体学生跑步开始，再到尝试走班式分层教学，再到"四有四导"模式下的课堂教学改革，再到德育管理的多项实践，再到把初中全体师生拉到军营去参加军训，拉到井冈山去学农学英烈，再到区运动会，我们勇创佳绩，再到高中部第一届科技运动会的成功举办……不知道如何下笔才能做到不挂一漏十。想来想去，我真的觉得，我们的班主任队伍齐心协力、能打硬仗、老教师们老骥伏枥、任劳任怨，年轻教师意气风发、勇挑重担，副班主任老师严格要求、不辱使命。从我罗列的这些概述性条目，足可看出我在回忆什么，在被什么感动。虽然话长纸短，足以看出我多想浓墨重彩地一一颂扬和我一起奋斗的你们。我曾说你们与我一起干，我能做的也仅仅是记住你们的付出和辛苦，尽校长应该尽的义务，能与你们为伍我深感幸福。真的，我们每个人心中都有杆秤，每个人在工作中的各种表现都会给看见你的人留下印象。所以我说，谁的努力和付出都不会白费。其实，每个人在为学校为集体奋斗的同时，客观上也成就了自己。能通过自己的努力，维护自己的尊严，赢得别人的认可和尊重，也是一种满足一种幸福！

我常想，为什么我们的老师们在各种境遇下都能这么卖力地工作？原来我们骨子里对教育、对学生、对学校充满了深厚感情！就像爱我们的家一样，我们在学校这个"家"待久了，学校就成了我们心灵的依靠。整日在这里时，有些寡淡无味；一旦离开，就会魂牵梦绕。记得某天，我和关校长及余晖主任去看望已退休的刘忠主任，我们有一个小时的对话，她对学校的变化赞叹不已……我很理解她的心情，因她在这里努力过，她对这里感到亲切，感到留恋。有一天，我们也会这样，会退休离开这里，会不断忆起、留恋这里，会为自己曾经在这里的付出感到骄傲，会有许多令自己自豪的故事讲给亲朋好友听，与他们一起分享。

老师们，一个单位，一项事业，永远不会靠一个人、一代人一蹴而就，我们的路还很长。如今，高、中考已尘埃落定，期末考试正在进行，越是期末的一周，我们的工作越是烦琐，希望我们做到善始尽责。特别是期末评语和评价，老师一句话可能改变孩子一辈子的命运。所以，我希望老师们在期末评价中，不管在班内碰到什么样落后的孩子，都应该鼓励他。在平日的教育中，你可以用纪律来约束他，你可以对他严格要求，但你不能侮辱他，把他看得一无是处。在我生命中我最喜欢的老师就是能够鼓励我、能够推动我往前发展的老师，不管你在什么状态，他都会鼓励你，这样的老师是了不起的。孙春立主任每到学期末都会给每个孩子写一封信，值得大家学习与借鉴。即使在假期中，我也希望老师们与家长与孩子保持紧密的沟通，引导孩子们在假期中向上，向善，向好！

转眼，一学年又过去了，尽管这几年，学校的发展受到了社会的好评，我们自己最清楚还有很多不足，尽管我们做了不少工作，但是学校发展仍然任重道远。我相信大家会发扬学校会精神，坚持学校文化，一如既往，努力前行！

再次感谢你们！真心希望每一位老师在假期生活中幸福、快乐！祝福你们！

你们的战友：梁勇

2012 年 9 月 9 日

第八十封信 在不变中求变，在变中求不变
实现中学的精细化管理和学生的个性化

各位老师，战友们：

大家好！新的一学年又开始了，新学期的第一封信伴随着教师节的钟声发到各位老师的邮箱，祝大家节日快乐！永远快乐！

今年的暑假，学校活动丰富多彩：赴美国的名校游学英语夏令营，游览了美国经济中心纽约，畅游曼哈顿，造访华尔街、联合国总部，第五大道、时代广场；体验了美国最刺激的游乐园——

"six flag"，参观薛顿贺尔大学、纽约大学、哥伦比亚大学、哈佛大学、麻省理工学院、耶鲁大学、普林斯顿大学；游学的最后一站到达了美国首都华盛顿，师生们在这里参观国会大厦、白宫、林肯纪念堂、航空航天博物馆，在美国三周，孩子们近距离地感受了发达国家的科学与民主；赴泰国清迈参加夏令营，体验了泰国清迈的风土人情，沉浸式的全英语教学环境，平等民主的教学课堂，在这座泰国第二大城市残存的古城墙下、清澈的护城河边，孩子们享受着这里洁净的空气、舒适的气候，感受了清迈独特的古雅气息的小城故事。孩子们对此行恋恋不舍，念念不忘。赴欧洲的"唱响和平"维也纳金色大厅合唱演出，先从意大利的首都罗马，然后到佛罗伦萨，再到威尼斯水城，然后到达音乐之都奥地利首都维也纳，这里是世界音乐之都，贝多芬、莫扎特、舒伯特、约翰·施特劳斯等世界著名的音乐家在此生活创作，这是一座空气中都飘荡着乐符的城市。金色大厅的新年音乐会、维也纳童声合唱团、维也纳的爱乐乐团，在蓝色多瑙河畔，浓郁深厚的音乐艺术底蕴让这座城市与众不同，这也是世界和平合唱节选择维也纳的原因，为和平而歌。

主办方举办世界和平合唱节，旨在让音乐和喜悦融入全世界的青少年生活，同时使同学们体验到和平的意愿，感悟不同的文化，得到灵感的启发。这是世界和平理念的具体体现，合唱节的成员们将成为和平的天使，心手相牵，用歌声传递对世界最美好的祝福——友谊、和平！在全球多元化的当今世界，这个假期，国际交流变得如此频繁。这些活动让我们的孩子们开阔了国际视野，增长了见识，开拓了思维，学到了书本上学不到知识，丰富而有意义！

今年暑假，学校培训精彩纷呈。从假期前的专家培训与研讨到假期中的自主学习与反思，再到集中培训时的团队拓展与教师交流，之后又到北戴河的文化之旅，开学之后又到军营中与学生一起参加军事训练。不同的培训，给了我们不同的启示。

通过培训，帮助老师明确我们学校的育人目标，为学校教育主张的实践做好理论准备和实践准备；通过培训，帮助老师明确职责，认清自己的角色定位，从而缩短由新老师到成熟老师、由成熟老师到优秀老师的成长周期，实现老师对自己管理工作再定位的转变；通过培训，帮助老师提升管理的技能技巧，从而实现规范、有序、高效的教学与管理。管理人员的培训，以团队建设和反思提升为主要模式。全体管理人员报到之后的当天晚上就召开了会议，对暑假工作和下一阶段的培训工作进行了总结，第二天管理人员分为了5个组，即管理组、教学组、德育组、行政组和后勤组，就育人目标进行了深入的分组研讨，当天下午，在学校三楼体育馆，全体管理人员在艺体中心老师的指挥下进行了拓展训练，旨在提高团队的协作能力和执行力；晚上，全体管理人员齐聚学校三楼会议室，观看著名教育影片《春风化雨》。第三天，全体管理人员就学校四年来所取得的成绩进行了一次细致全面的回顾与梳理。学校走过的这4年所获的成果是丰盛的，取得的成绩是辉煌的。学校各学部、各部门通力合作，将这些成果总结梳理成为21个项目，分别向大家呈现。这21个项目包括：导师案例集、教师沙龙集、名人进校园集、心理课程体系、家校工作体系、学生手册、艺体活动集、校园文化集、学生作品成绩集、课题研究集、课堂模式集、优秀教学案例集、班会课程体系、月品格课程体系、社团课程体系、校报集、升旗活动集、流程制度体系、员工手册、培训课程体系以及教育主张。看着这整整4年梳理出的内容，大家的感想良多。我们在取得成绩的同时，能够系统全面地将成绩分类保留，以便为日后的发展提供经验，这是非常重要和有意义的。教师培训以教师交流、分享智慧为主要模式。分享交流以育人目标体系的5个模块，即育人目标与自我成长、育人目标与课堂教学、育人目标与学科课程、育人目标与岗位工作、育人目标与行政管理所为基础将分享交流的流程分成五个部分，育人目标与自我成长模块中，每一位教师都在育人目标体系下，系统介绍了自己的成长以及感悟；育人目标与课堂教学模块，各位教师分别从不同学科的角度阐述了如何将育人目标与课堂教学相结合，从而达到高效课堂的目的。课堂教学的过程是体现育人目标最直接的方式，正是有了课堂教学这样切切实实的行动，学校育人目标的落地才能有序合理地进行下去；育人目标与学科课程这一模块，每一位教师都做到了仔细研读领悟育人目标体系，认真与本学科的课程特点相结合，在实践中将育人目标的引领和方向作用发挥到最大；育人目标与岗位工作模块，老师们将育人目标与我们日常工作的点点滴滴联系在一起，并在点滴中实现它是一件长久且有意义的重大事情。发言教师从自身工作出发，向全校教师展示了来自班主任、副班主任、导师等不同岗位的工作内容；各学部校长分别以本学部特点为基础，结合学校主张的"爱与创造"育人目标，在"学生成长年"开始之际，提出了切合实际的学期工作计划。幼儿园工作计划的关键词定位"聚焦孩子成长"；小学部新学年的"突破"工作；我们学校校长以"在不变中求变，在变中求不变"为题，与学校提出的"爱与创造"完美结合，阐述了新学期的工作计划和工作要点；剑桥中心校长将"学生成长年"的工作目标定义为"学生自主，教师进步"；汉语中心以"教育国际化""教师成长规划与学生学涯规划相结合"为关键内容。

新学年，新思路，有耕耘，就会有收获！我们学校新学年的主题是"在不变中求变，在变中求不变——实现中学的精细化管理和学生的个性化发展"。所谓"不变"即好的理念与思想，好的做法和方法，好的经验和传统不放弃，坚守教育"爱"的底线不动摇。对教育事业的痴爱，对工作的热爱，对学生的挚爱……学校爱的文化，一百年不动摇，要坚持一百年。所谓"变"就是与旧不同，就是不断变化，就是积极进取；就是向前发展；就是勇于创造；我们的流程标准要创新，我们的课堂模式要创新，我们的课程体系要创新，我们的育人目标等等要稳中求变，变中推新。所谓精细化管理：是针对粗放式管理而言的。现代管理学认为，科学管理有两个层次：第一个层次是规范化；第二个层次是精细化。精细化管理要求工作的每一个步骤都要精心，每一个环节都要精细，每一项工作都是精品。精心是态度，精细是过程，精品是成绩。所谓个性化发展：个性发展是指人类个体出生后直到青少年期个性（即人格）的形成和发展过程。在教育部发布的《国家中长期教育改革与发展规划纲要》中明确提出"尊重教育规律和学生身心发展规律，为每个学生提供适合的教育"的指导思想后，个性化教育模式作为对接这一理念的教育发展趋势，在蓬勃发展的同时也陷入了是非之中。在当下功利化的大环境下，怀揣个性化教育的心，却不得不迎合大众的功利教育需求，戴着镣铐跳舞，成为个性化教育的典型生存状态。我们必须突破这一障碍。今年提出学生的个性化发展，是结合总校提出的"学生成长年"结合学部实际而制定的工作目标，一是指学生发展的人性化，尊重人的个性，突出孩子在整个教育过程中的主体地位，培养孩子的主体意识和主体能力；二是指教育的个人化或个别化，包括应考虑个人的生理、心理、年龄特点，考虑个人的天赋、特长、兴趣、爱好，考虑个人的社会志向和职业选择等等。 我们学校新学年的工作计划与目标（一）成绩：2012～2013学年度，打好"高考、中考、统考"三大战役，促进教学质量的全面提高。1.高考突破600分和名牌大学的瓶颈；高考升学率英才生100%、效益生20%；中美项目达到120人。2.中考500分以上的学生突破两位数；中考普高上线率达线80%，达学校上线率90%；3.统考英语学科保持在全区前 3 名。语文和数学学科保持在全区前 5 名，其他学科保持在前 10 名。（二）生源：全面提高教育教学质量同时以精细化管理为核心，注重管理过程，进一步理顺管理程序，提高管理效益，提升管理与服务质量。完善学部考核制度，确保在校生巩固率达到 90%。学生人数稳定中优化，直升目标：北京户籍 80% 上高中部，外地户籍 80% 上剑桥和美国高中，直升率达到 80%。遵循"无时不招生、无处不招生，保生比招生更重要"的原则，做好宣传与拓展工作，全力做好本学期 10+5 次"小升初与初升高体验活动"，努力完成 2013 年秋季在校生人数 390+260=650 人的指标，并注重生源优化。（三）安全：加强安全教育，做好预警防范，确保重大安全意外伤害零事故，组织相关安全教育活动，及时清除校园内一切可能造成学生伤害的隐患。认真做好安全教育工作，有活动就有安全预案，重视消防、校车等各方面的安全教育，消除各种安全隐患，争取做到安全事故零发生。（四）教育主张：先行试点，分步推进，积极探索，初步落实学校教育主张，形成以班级管理为核心的"自主管理、自我教育"的学生管理模式。（五）团队建设：努力建设一支年富力强、懂管理、业务强、人品好、作风正的管理团队，不断优化师资队伍结构，努力构建一支四高一低（品格高、学历高、能力高、素质高、低年龄）型的教师队伍、班主任队伍和副班主任队伍。本学年度确立 20% ～ 30% 骨干队伍。（六）国际化建设：启动多元化美国班办学项目，2013 年 9 月初开学，美国班学生达到 50 人，着手构建国际化的办学氛围，强化教工培训，强化外语教学，拓展国际交流与合作，初步呈现国际化办学环境。（七）打造英语特色：整合英语课程，在新的初一年级设置"美式实验班""英式实验班"，注重英美文化的渗透，有条件地增设"初中托福"和"SSAT"等课程；根据学生及家长的需求，继续引进如"lerning center"这样的英语强化机构，提高学生的口语与听力的水平，完善英语的特色教学；加强与国际学校的交流；营造国际化学习的氛围，举办国际文化讲座，教学区进一步完善中西文化布置。老师们开展学英语活动。（八）流程与标准呈现：制度建设、课堂模式、课程建设、课题研究、评价体系、学生成长规划体系、德育体系等基本成熟。（九）德育工作：契合德育主题月的工作实施，并尝试德育与社会实践活动的有机结合，提升德育管理的品位。继续坚持开展班主任沙龙活动，给优秀班主任提供交流学习的平台，提升班主任的管理水平。生活教育课程化：探索生活区管理社区化的路子，打造宿舍区"温馨家园"，完善导师特色：完善并进一步健全规范、科学、指导性强的导师评价体系，注重形成性的督促与检查，使导师工作更加具有针对性和时效性。（十）家校工作：定期召开家校委员会会议，充分发挥家校委员会的作用，形成家庭教育和学校教育的巨大合力。利用家长开放日等活动，对家长进行教育引导，强化家长的教育意识，让家长和学校的教育主张保持高度一致，家长和学生满意率达到 90% 以上。

　　新的学期，新的起点，新的希望！让我们一起努力，为了实现我们的计划目标而拼搏！为了明年秋天的收获，我们今年就要辛勤耕耘！

你们的战友：梁勇

第八十一封信 伊春一中 60 周年校庆有感

各位老师，战友们：

大家好！

时间过得太快，转眼开学已经两周了。第一周，初一、初二和高一组织了军训，今天看到一条微博：教育部体育卫生与艺术教育司司长王登峰日前透露，北京大学 2011 级学生两周军训期间，近 3500 名学生累计看病超过 6000 人次，晕倒者众多。而我们学校的中学生，在军营里，在高强度、高压力的军训中，我们的学生在坚持与忍耐中顺利、安全地完成了军训任务，值得我们骄傲与自豪！第二周，我们组织了全校的开学典礼和庆祝教师节活动，在典礼上，老师方阵的展示，充分展现了我们中学教师团队的风采；初中部周三下午又组织了自己特色的开学典礼暨"学生成长年"主题工作部署会，作为本学期第一次盛大的集会，典礼秩序井然有序，新学期开始之际，初中全体师生以饱满的精神、坚定的信心迎接新学期的到来，看着孩子们灿烂的笑脸，我们发自内心地愉悦；周二晚上和周三下午我们分别组织召开了美国班学生鼓励会和美国班任课教师协调会。美国实验班是我们学校的一个创新，也是一个创举，我们必须群策群力办好，才对得起选择我们的学生和家长；另外，孙凯龙、甘霖、刁伯森、徐嘉聪、祁灿阳等这些优秀的初中毕业生也义不容辞地选择了我们高中部，我们必须全力以赴带好这些孩子们，否则，我们真会于心不安。周三和周四我分别参加了天竺管委会和区教育系统安全维稳会议，安全工作永远是学校第一要务；另外，周四上午还接待了北京市政府涉外管理处的领导来校指导工作和兄弟学校来访的工作；周五我和关校长，李校长一起受邀到黑龙江参加伊春一中的60周年校庆。周六，我们五位语文老师参加了国学的论坛，国学课的开设一定要坚持下去，而且要办出特色，让学生受益。另外，这一周因为钓鱼岛的主权归属问题，举国上下爱国热情高涨，我们要教育学生拒绝暴力，理性爱国。

今天我主要和大家交流参加伊春一中60周年校庆的心得与感悟，把记录的点点滴滴与大家分享。

我们一行9人于周五上午9时乘坐南航经停哈尔滨后飞往伊春，在从哈尔滨飞往伊春的过程中飞机遇到了气流颠簸，过山车式的飘摇，让我想起了伊春曾经的空难，本来，订票的时候就买了一份保险，飞机没有节奏地上下摇晃又让我们多了一份心悸，若不是此次参加校庆活动，一时半会，我们也不会出现在小兴安岭的红松堆里。机场修在两道山梁之间的谷地里，看来始终避不过风带。下飞机后，我和关校长开玩笑地说，儿子的学费不用担心了，李校长则幽默地说，明天看不到头版与自己有关的新闻了。我们抬头仰望，这里有最美丽的蓝天，一口空气吸进肺里，甜味和清新合二为一，心为之一颤，把刚才的恐慌忘之脑后。

伊春是中国的林都，是天然的氧吧，坐落在美丽富饶的小兴安岭腹地，是中国优秀旅游城市，中国十佳避暑旅游城市，全国卫生城市，世界绿色生态旅游城市，世界十佳和谐城市，全球十大最适合居住城市，傍兴安之麓，枕汤旺之湄，璀璨明珠，举目千山秀色，俯瞰万里碧波，享"红松故乡"之美誉，可近身自然，携"天然氧吧"之盛赞，能呼吸绿色。来到这里，就喜欢上了这座小城。这里不仅景色优美，而且人真诚、友好、热情。

我从公立学校辞职出来已经10年，一直对公立学校存有偏见，而参加完伊春一中60周年校庆活动之后，对我潜意识里的这种偏见观念有所触动。原来在中国的许多小城镇还有一批有思想的校长在坚守教育的底线，还有一批爱岗敬业的老师在辛勤耕耘，默默奉献，伊春一中就是这样学校的典型代表。这所学校创办于1952年，是全省首批重点中学和省级示范性高中，系市委、市政府直属高中，是全市基础教育龙头和窗口学校。学校历史悠久，源清流洁，薪火赓续，文脉相承，是省内几所知名的人文学校之一。现校园占地面积23万平方米，校舍建筑面积7.2万平方米，有现代化教学楼、办公楼、体育馆、宿舍、食堂、浴池等。主体建筑共 13 栋，教学区、运动区、生活区、休闲区布局合理，环境优美宜人，是省内几所著名的现代化园林学校之一。从硬件设施上甚至可以和我们学校媲美。

伊春一中有全市最雄厚的教师队伍，学者云集，名师荟萃，现有教职工 266 人，专任教师 200 人，其中特级教师 4 人，高级教师 80 人，省级以上优秀教师、骨干教师、教学能手、学科带头人 50 余人。学校有全市最优秀的学生群体，莘莘学子，齐聚一中，现有教学班 60 个，在校生 3400 余人，每年中考以后，全市最优秀的初中毕业生都来此就读。学校有全市最优质的教育质量连年攀升新高，蜚声省内，享誉林城，深得林城学生及家长的厚爱和称赞。

在徐志民校长的带领下，学校进行了重新定位和思考，在"格物，修身，孝悌，至善"的校训引领下，学校秉承"一切为了学生健康发展"的办学理念，弘扬"合作共赢，崇尚一流"的工作精神，恪守"天道酬勤"的工作信条，坚持"真诚、善良、正直、豁达"的做人原则，围绕"质量立校、科研兴校、特色强校、依法治校"的工作思路，不断深化教育改革，细化常规，从严治教，打造出了小兴安岭教育的领军品牌、龙头品牌和特色品牌。

薪火相传，化桃育李，杏坛播撒，立德树人。多年来，学校被评为国家级绿色学校、第四届中国百强中学、省级和谐校园、省级文明单位标兵、省普通高中课程改革先进集体、省中小学校体育卫生艺术和国防教育先进集体，多次被评为市基础教育名校。现在，伊春市第一中学正以崭新的姿态踏响出征曲，正以雄健的身姿展翅高飞，正以矫健的步伐向着"国家级示范高中"迈进。

在这么一个城市，有这么一所学校，组织的这么一个活动，让我感慨万千，校庆活动组织得井井有条，严谨有序，有条不紊，从接站到接待，从文艺晚会到庆祝大会，远远超出了我的预期。每天的接待午餐和欢迎晚宴，餐桌上的大豆腐、木耳、圆菇、松子、小鸡炖蘑菇，野山猪肉，怎么吃都比北京有味，毫无疑问，伊春人用其独有的森林、空气和美食，诠释了真诚和热情的含义。本来，我就喜欢东北，这次伊春之行，更让我爱上了东北，其他嘉宾也都被深深感染；校庆文艺晚会共分三个篇章，第一篇章：燃情岁月，第二篇章：金色年华，第三篇章：仰望星空。主题突出，内容丰富，整体立意新颖，编排构思巧妙，表演热情真挚。庆祝大会简洁大气，定位精准，没有拖泥带水，领导讲话高瞻远瞩，校长讲话高度概括，老师讲话热情真诚，校友讲话感恩母校，学生代表讲话饱含真诚，全校师生入场退场规范有序。整个校庆活动的每个环节都是无缝对接，做到了分秒不差的零失误。这种精益求精的工作态度值得我们认真学习，深刻领会！

伊春一中，60年辛勤奋斗，培育了万千学子，60年风雨兼程，成就了今日辉煌！60年寒来暑往，60年春华秋实，60年磨砺奋进，60年传承创新，回眸过去，展望未来，我对中国的教育充满信心。

我们学校2013即将迎来5年校庆，与60年的学校，甚至上百年的学校相比，我们还很稚嫩，但是我们起步高，标准高，我们可以站在巨人的肩膀上发展自己，成就自己。

你们的战友：梁勇

2012 年 10 月 7 日

第八十二封信 我校学子多奇志，绿茵场上展风姿

各位老师，战友们：

大家好！新学年的第一个月在匆匆中结束，时间总是这样在不经意间溜走，总是感觉匆匆，太匆匆。2012 的国庆和中秋在不凡中落下帷幕，高速免费爆堵，景点人满为患，我们学校一片祥和，师生员工及家长平安，风景我们这边独好！

这一周的信最值得和大家交流的就是我们一年一届的运动会，体育运动自我们在全区运动会获得第二名的历史最好成绩之后，已成为我们学校凝聚力和向心力的一种象征，也是我们学校追求更高、更快、更强精神的一种象征。本届运动会以学校教育主张"爱与创造"为主线，以环保理念和环保材料为载体，反映北京风光、北京民俗、北京精神、北京特色、北京历史等。我们学校从初一至高三的 6 个年级学生代表队从不同的角度，采用不

同形式、不同内容，体现北京文化，从而达到本届校运会的目的。在体育运动中，孩子们不仅凝聚了团队精神，激发了拼搏热情，同时通过对北京文化的了解，培养了学生对首都北京以及对祖国的热爱之情。

在本届运动会的开幕式上，从我们学校各年级学生充满创意的代表队身上，不难看出我们的学生在年级组和老师们指导下，学生们创意的体现与全心的付出，更看出了学生们的无限创造力、想象力和超强的行动力、感染力。初一年级组的《万里长城》创意精彩，表达了刚刚进入初中的他们像黎明中的第一抹朝霞，是森林中新生的嫩绿，刚刚参加完7天的军训生活，虽未洗尽他们身上的稚气，却磨炼了他们的顽强意志。他们整齐的队伍和统一的动作，昭示了中国长城的独特魅力；初二年级组的《中华雕塑》创意丰富，在北京的街头巷尾到处可以看到活体雕塑，并且这种艺术形式越来越深入我们的生活。他们利用活体雕塑这一艺术形式为我们展示老北京普通百姓的日常生活；他们利用废旧衣物喷漆制作出一种雕塑，他们将动态的现代舞与之结合，将传统与现代、动与静、力与美完美地融合在一起，他们让我们在艺术的殿堂里尽情地享受活体雕塑行为艺术带给我们的惊喜和震撼；初三年级组的《中华名店》创意深厚，反映出北京的老字号历经数百年变迁发展，有着深厚的历史文化底蕴，既是古都北京的宝贵遗产，也是现代北京的特色名牌，是北京历史文化名城的重要标志之一。老字号秉承的传统文化，主要源于儒家文化，内涵极为丰富，尤其是诚信经营、注重质量、周到服务以及独特技艺等，支撑着老字号几百年来延续生存和发展，是商家宝贵的精神财富，其无形资产价值弥足珍贵，对北京展现世界历史文化名城和现代化国际大都市风貌有不可低估的重要作用；高一年级组的《科幻北京》创意精致，可爱的机器人和时光之门造型表现了未来的北京风貌，作为全球经济、政治、文化中心，人们的日常生活已经全面智能化。各种高仿真机器人运用在生活的各个领域。在出行方面，每个人都配有太阳能动力汽车或飞行器，在交警机器人指挥下，井然有序，依据目的地的远近，自动分流为飞行模式和陆地模式。

　　未来的北京，已经成为天际联系站，通过时光之门，不同星系的人都能和谐相处，整个宇宙成为一个和谐的大家庭。此时，正有一批来自河外星系的类似地球人，穿过时光之门，来到我们北京，来到学校！高二年级组的《中华空竹》创意细腻，传承传统文化，抖出精彩人生。抖空竹作为一项古老的传统民俗文化，集健身、娱乐、表演于一体，深受北京市民喜爱，2006 年 5 月经国务院批准列入首批北京非物质文化遗产。巨型空竹由废旧泡沫雕刻而成，空竹上的手绘图案赋予这项古老的体育运动新的青春活力。空竹声，声声入耳，小小空竹抖出北京文化。空竹形，鬼斧神工，小小空竹抖出精彩人生。高二的全体学生手拿空竹，精神抖擞，体现了中学生的活力与激情；高三年级同学组成的《彩旗方阵》，同学们昂首挺胸，举着彩旗迎风飘扬，即将面临高考，高三学子胸怀大志，勇往直前，奋力拼搏。用汗水浇灌希望，用刻苦书写成功。是雄鹰，就该搏击长空；是蛟龙，就能畅游四海。今天，学校为我搭建舞台；明天，我为学校绽放精彩。预祝高三的全体同学明年高考再传捷报！

本届运动会的会徽是运动会上一道靓丽的风景线，设计者是我们高中部高一(2)班的王静怡同学。此标志左右为"北京"的"北"字的变形，同时也是两个运动员的形象，中间是"京"字的变形，同时也为赢得比赛后兴奋跳跃挥手的冠军形象。他们的身体组成了"学校"拼音的首字母(XYC)，整体按照校徽的主要形态——树的造型，爱是我们的核心，创造是我们的羽翼。单看树叶上有5个彩色小标志，它们是学校5个学部的代表标志。2012这4个阿拉伯数字采用北京民俗文化中的"虎头鞋、灯笼、糖葫芦"的元素组成，突出了我校学生对北京文化的热爱，展现了爱国、创新、包容、厚德的北京精神。入场式上，我们学校的孩子们衣着统一，步伐铿锵有力，他们高举着自己亲手设计的队旗、队徽，高喊着刚劲有力的口号，精神饱满地走向主席台接受学校领导和老师们的检阅。运动会筹备期间，学生们在老师的指导下亲自设计方队主题，不辞辛劳地设计开幕式的服装道具，几分钟的方队凝聚着他们近一个月来的努力和汗水，他们的创意和辛苦得到了全校师生的称赞，集体的力量、学子的智慧在入场式的表演中得到淋漓尽致的展现。

本届运动会的另外一道亮丽的风景是运动会上有我们学校这样一群学生，赛场上，他们竭尽全力、努力拼搏；参赛之余，他们拿起手中的工作记录本和检查监督表，胸挂工作牌，佩戴校徽，手持指示旗穿梭于班级之间，坚守着自己的岗位，认真工作，任劳任怨。他们就是高中部的第三届学生会干部，运动会的两天里，他们坚守着自己作为学生干部的责任和担当。本次运动会巡视检查，由高中部学生会纪检部牵头，主席团直接负责，分两个检查小组进行，检查包括每半天 3 次的常规检查以及不定时的巡查。巡查内容涉及运动会期间的人数考勤、班级文明、纪律、卫生、宣传等几个方面，学生干部在巡视中针对不规范行为会做出及时的提醒督促和分数的评比，以此起到监督检查的作用。高中部学生会的学生干部正在用自己的实际行动为同学们做出榜样，为学部的管理添砖加瓦，他们彬彬有礼的言行，认真精细的工作，热情积极的态度，定能撑起学部管理的半边天，他们在学生会这个宽广的平台上锻炼着自己的能力，营造着属于他们自己的新家园。

本届运动最浓墨重彩的风景是我们学校在团队展示评比中取得的成绩，初二年级组的中华雕塑和高一年级组的科幻北京获得最佳特色奖；初三年级组的中华名店和高二年级组的中华空竹获得最佳创编奖；初一年级组的万里长城获得最佳表演奖，初三年级组的中华名店团队和高二年级组的中华空竹团队获得第五届秋季运动会精神文明队，高三年级组的彩旗队和高一（2）王婧怡会徽设计者获得特别贡献奖。

本届运动会最振奋人心的风景是在短暂的一天半的紧张竞赛中，我们学校学子顽强拼搏，取得了骄人的比赛成绩：高中年级高一（1）以116分的总成绩取得第一名，高三（1）班以108.50分的总成绩取得第二名，高一（3）班以89分的总成绩取得第三名，高中囊括了前三名；初一年级组剑桥初一年级（A）（B）两个班级以169.5分的总成绩取得第一名，初一（1）班以118分的总成绩取得第二名，初一（2）班以90分的总成绩取得第三名，初二和初三年级组初三（1）以139分的总成绩取得第一名，初二（1）班以87分的总成绩取得第二名，初三（2）班以65分的总成绩取得第三名。6个奖项，我们初中部占了5个，而且含金量极高。

在学校举行校运会之前，9月22日至23日顺义区中小学生秋季田径运动会在牛栏山一中运动场上隆重举行。我们学校的学生在历时两天的运动会上奋力争先，努力拼搏，不断进取，超越自我，不仅锻炼和展示了自己的身体素质，更体现了更高、更快、更强的体育精神，并且持续了春季运动会上的精彩表现，继续给力前行，共有25人次获得前六名，总分仍然保留全区前三名的优异成绩。

无论是区运动会还是校运动会上，我校运动健儿赛出了学校人朝气蓬勃的风采，赛出了学校人努力拼搏的精神，他们是我们的骄傲，是学校的骄傲。精彩的运动会必定会长久地留在大家的记忆中。希望我们的班主任老师能够支持并鼓励运动健儿戒骄戒躁，积极锻炼，为明年的春季运动会做准备，争取再创辉煌，谱写新的篇章。我也更希望，我们全体师生能够积极参加体育运动，增强自身体质，健康生活，健康工作。真正做到每天锻炼一时，健康工作 30 年，幸福生活一辈子。

你们的战友：梁勇

第八十三封信 学校转型期的挑战与机遇：新学校论坛有感

各位老师，战友们：

大家好！今天我参加完第三届"新学校论坛"回到学校已经是 19 点 40，我又到阶梯教室参加了高一年级的国学课，并和高一全体学生做了关于"国学与信仰"的交流。

今天这封信主要是把周六和周日参加第三届"新学校论坛"的体验与感悟给大家汇报，因为论坛信息量极大，今天只汇报周六上午和下午的论坛内容，周日上午和下午的论坛内容下周日的信里再给大家汇报。

金秋十月，天高云淡，天气比往年要冷许多，周六和周日，我带着小学部的孙喜索老师、初中部的江承明老师、高中部的崔艳军老师、艺体中心的胡金龙老师到北京十一学校参加了第三届新学校论坛活动。本次活动面向全国，与会代表 1200 余人。"新学校行动研究"是十一学校校长李希贵于 2007 年发起的一种研究项目，是全国教育学科"十一五"规划课题，新学校行动计划方要通过对参与者所在学校及相关实验学校的测量、透视、诊断、追踪和对比，分析、研究、解决学校中课程、学生、制度、文化、教师和校长中存在的问题，提取理想学校的基因，破解理想学校的密码，构建理想学校的模型。用两句话概括就是把你的行动拿出来研究，把研究的成果转化成我们的行动。

我们学校去年曾与十一学校有过互动，既请过时任十一学校分管教学、现任育英学校的余校长来与我们交流分享他们的改革成果，也走到十一学校的课堂去看了他们的课改。这学期，我和同事们再次满怀着崇敬与好奇走进敬仰的北京十一学校，现场聆听了教育同仁们分别所做的"新学校行动研究"的演讲，每一场都会受到启发，最重要的是听到了李希贵所做的两个半小时的主题报告，心中油然而生对一位教育先行者、改革先锋者、富有哲理与管理智慧且坚守在教育第一线的大胆实践者的无比敬佩与折服。

周六上午的活动由新学校研究院副主任李振村主持，分别由 6 位学者进行各半小时的研究讲述，其间穿插了两场互动问答活动。整个活动没有开幕式，没有请什么行政领导参加或讲话，从 8 点到 12 点，整个会场都沉浸在聆听、思考、对话的学术氛围中。同济大学陈家琪教授带给大家"创新轮子"的哲学思考；深圳云顶私立学校杨坚校长带来了"情投意合"的温情教育的感动；享受国务院政府特殊津贴、已有63岁的哈尔滨市南马路小学校长赵翠娟带来了"学习型学校"建设的坚守；南京市北京东路小学的公民教育，北京十一学校王春易老师带来的从"学科教学"到"学科教育"的实践与思考。香港培伦小学连文尝校长的"不一样的学习经历"的介绍，虽简洁但不简单，从学校管理到课程改革，从宏观到微观，每一位主讲者以演讲者的姿态娓娓道来，把自己在学校管理或学科探索中的经验进行分享。每位老师的讲述，时间很短，但内容精彩。更为可贵的是都很守时，体现的是一种国际水准。李振村妙语连珠的点评与提升，更是给上午的学术研讨活动增色不少。

周六下午的活动整整持续了4个小时，活动由《中国青年报》大记者李斌主持。首先由两位校长作半小时演讲，分别是山东临沂十二中的刘迪校长介绍了他们的"游学课程"以及杭州青蓝小学王学军校长介绍的"集会教育"的组织及创新。最后是李希贵校长作《学校转型期的挑战与机遇》的主题报告。李校长以北京十一学校真实的课程改革为例，以故事讲述的方式介绍了学校的改革与创新，最重要的是以一所学校的课改来验证新学校行动研究的意义与价值。李校长的报告主要阐述了以下几个方面的内容：当课程成为学校的产品，当我们寻找不同的课程价值，当行政班消失以后，当每一位学生需要规划与选择课程，当学生的成长加速，当出现改革焦虑症时我们的策略。每一方面的内容都由真实的故事组成。印象特别深刻的故事有：学校 60 年校庆的校友课程故事。今年十一长假正逢"十一学校"60 年校庆。李校长创新了校庆方式，进行了校友课程的开发，连续开展了 6 天活动。每一天的活动由一个年级承办，每一天的活动分别包含三个内容：一场不超过 20 分钟的仪式（每一天都有一个主题，如十一出旗仪式、图书馆命名仪式、地标启动仪式等）、以 10 年为界组织校友会（50 年代、60 年代一直到 00 年代）、行业校友会（不同年代的人以行业为主进行聚会，由同学们进行校友接待、采访、对话等），给人耳目一新的感觉。一张张照片记录了这些课程拓展的故事，也真实地记录了中学生的成长。类似的创新管理思想、策略、方法、过程、故事还有很多。一个个那样鲜活，那样让人兴奋，充满智慧，又充满激情。

李校长的报告给了我三点启示。

一、鲜明的学生观，是李校长改革的起点与归宿。在整场报告中，最为鲜明的就是李校长的学生立场，即改革为的是学生，改革过程中真正得益的也是学生。比如开展多年的"戏剧节""泼水节""体育季"等，不是简单地把它作为活动开展而已，而是先由学生设计开始，继而由学生全程参与，其间学生可以在这些活动中获得真实的成长，比如：师生关系的改善，音乐、美术课程整合后带来的艺术享受与提高等，促进了学生素养的真正提高；再比如反复强调的平等、自由，我在去食堂就餐的门口，看到了"北京十一学校的道歉日"海报，赫然看到了校长十月十二日的道歉卡，细细一看，原来是十一学校传统的与校长共进午餐活动因为李校长即将出差去台湾而无法满足学生的心愿，故而校长公开写了道歉卡，为全校开展"道歉日"活动做出了榜样，更让我感受到了校长以生为本、与学生平等相处的境界。

二、唯有课程领域的改革才是最重要、最彻底的改革。整场报告给我震撼最大的就是来自课程领域改革的彻底。要知道，一所学校最彻底的改革必定在课程，没有课程领域的真正改革，就不叫彻底的改革。而李校长和他的团队为此付出了艰苦卓绝的努力。他认为：课程是学校最为重要的产品，也是学校的核心竞争力，必须着眼未来，立足实际，通过对国家课程的开发和学校课程的建设，系统开发满足学生需求、充分落实学校培养目标的校本课程。同时要确立处处是课程的意识，并使之成为学校文化。他大胆地进行了"3.0版"的课改。所谓"3.0版"，是李校长自称的，是指打破国家、地方、校本课程框架，完全从学校实际需求出发，重新开发的北京十一学校的一套校本课程。这一套校本课程里涵盖了国家课程、地方课程、校本课程的不同层次、不同类别或综合的要求。以数学为例，会有数学1、数学2……数学5等不同层次要求，由学生根据实际能力水平选择，根据课程不同级别拿不同的学分。这在上午十一学校的王春易老师详细介绍的生物课程的改革过程中可以窥见一斑。课改的目的之一就是：尽可能多地把课堂还给学生，给学生以更多的自主学习的平台。目前，十一学校自主创编的课程教材已经正式出版。当看到李希贵校长 PPT 里呈现的课程规划的一张张表格时，我感受到了所有教师已真正成为课程开发者、实施者。

三、为学生的真实成长而改革。在李希贵的讲述及随后进行的访谈中了解到，李校长的"新学校"改革，并不是为了改革而改革，为创新而创新之举，是他哲学思考及办学实践结合的结晶。就如"当行政班消失之后"，北京十一学校是六年制初高中校，两年初中、四年高中。从高一开始，十一学校就取消了行政班，即我们通常所说的班级。一般情况下这是大学才开始的，而十一学校将此提前至了高中阶段。起初，班主任"心乱如麻、心惊肉跳"，但随着改革的深入，高中阶段的班主任逐步被导师、咨询师等身份替代，承担着人生引导、情感辅导、学业指导等职责，少了许多其他琐事的管理。而学生呢，也由"集体的一员"向"团队的一员"转变，这是更符合社会公民教育的需要的。用李校长的话来表述，就是想让高中生在自由空间里培养自律意识，因为他认为，构建每一位学生为自己负责的教育机制是必需的，公民教育真实地摆到了眼前，要让高中生早点明白：要为自己而活。

两个半小时里，李希贵校长以他的淡定、从容、不卑不亢、不疾不徐的讲述，赢得了全场千余人的一致的敬佩。在现场进行的短信互动中，不断有老师表达自己的敬佩之情。我想，作为国家督学，李希贵用自己的改革行动改变着北京十一学校，也引领着从事新学校行动研究的各位校长们以及他们所带领的管理团队认真地走在改革之路上。有着教育情结的同事们、老师们、战友们，希望我们也能一起立足我们学校实际，立足本班实际，立足本学科实际，回到原点，为孩子的理想未来做最现实的努力！

你们的战友：梁勇

2012 年 10 月 21 日

第八十四封信 白岩松：让"新"学校成为"心"学校

各位老师，战友们：

大家好！上周和大家交流了参加全国第三届新学校论坛第一天的心得，本周和大家交流第二天的体会。接到邀请函时就知道本次论坛除了来自全国各地的名校长之外，还有重量级人物参加，我们充满了期待。李希贵的主报告自然是一个，而最为期待的当属白岩松的演讲了。这是我第 N 次与其面对面，每次与这位央视著名主持人在现实生活中近距离的接触都会被他的睿智所折服。然而这天，在北京十一学校的体育馆内，再次目睹了白岩松的睿智与风采，也亲身感受到名人的轰动效应。

一大早，我与参会同事们迫不及待地来到了主会场时，会场内已经座无虚席。老家的校长提前到会帮助我占领了一个相对靠前的位置，刚刚坐定，抬头一看，短信平台已经打出了"岩松，你来了吗？""松哥，我们等你来！""白岩松老师，我们到了，您来了吗？"的消息。显然，大家都和我的心情一样，有点焦急地等待。8点多，本来平静的会场出现了一些骚动，白岩松和李希贵一行步入了会场。大家不约而同地鼓起了掌，更有狂热粉丝校长们急吼吼地拿着照相机往台前赶，想为自己心目中的偶像留个影。一个，两个……不一会儿，白岩松的面前已经围满了"记者"，一阵闪光灯此起彼伏。见大会组委会没有阻拦的意思，又一拨人往前涌来，场面有一点点失控。这时，主持人——北京十一学校的一位高二女学生适时地开了腔。见大会要开始了，大家纷纷回了座位，就这两三分钟的时间，全场就有热血沸腾的感觉。

在女学生简短的主持语后，白岩松正式登台演讲，大家报以热烈的掌声。白岩松的演讲题目是《新学校论坛何时成为"心"学校论坛》。从他站上讲台到半小时演讲结束及随后进行的半小时现场互动，我粗略地计算了一下，全场给予了18次掌声或会心的笑声。当他谈起自己的家庭是教育世家时，大家报以会心微笑与掌声；当他追问："你幸福吗？"并发表当下"你幸福吗"成为时代命题，捅在了全国人民的腰眼上，而事实是幸福并没有如约而至时，大家陷入了沉思；当他就"保钓"这个敏感的话题发表他一个央视名嘴的负责任的观点时，大家都有"爱国的确需要理智"的共鸣；当他列举十一长假中种种"抢""急"的事实并追问：中国人究竟抢到了什么？为什么都那么急？同时剖析：这是一种道德焦虑，不会做社会人，只想做自然人；只想结果，不想过程；都在抱怨别人，却不反思自我时，我们领教了一位新闻工作者的敏锐与智慧。此时，白岩松话锋一转：试问：这些现象跟教育有关系吗？得出的结论是：有！因为，当下中国的教育，很大程度上是只重结果的教育，忽略了教育过程的意义与价值。

随后的演讲，会场要么鸦雀无声，要么热烈鼓掌。他的许多观点与论述引起更多校长的共鸣与思考：我们的方向培养的是"才"，而不是"人"。"人才"偏了。我们的教育何时真正放到"人"上，那就是中国教育的希望。

我们的道德水准真的那么糟糕吗？不，并不悲观。人性的进化是很慢的。因此，从不抱怨道德水准之糟糕。而恰恰要思考的是：通过怎么样的教育激活善的一面，通过什么样的规则与法律扼制恶的一面。这样，我们作为"社会人"才称职了。

人都有自私的一面。今后中国的改革，一定要建立在人性上。顺应人性去改革就能成功。教育也一样，要让结果教育转向过程教育。幸福有三个因素：物质，情感，精神。物质是基础，情感是依靠，精神是支柱。

教育不能眼里只有"物质"，即：分数是物质，"才"也是物质。这些都需要，但不能只注重这个而忽略其他，就像社会只看重"物质"，不注重"情感、精神"就会滑坡一样。

体育中要让青年人看到赢，同时让人们体会输也要输得体面和有尊严。我们要带着对赢的追求，但也要随时做好心甘情愿地输的体面与有尊严。

不幸福，原因是不平静。试着做别人的"天堂"，是不是会幸福一些？要传承老祖宗的智慧，也要敬畏"邻里乡亲的眼光"。

未来的中国靠自己，靠教育。

未来的中国人就是你的学生。

……

以上这些只是我"速记"下来的白岩松"语录"。不知不觉，半个小时过去了。白岩松很守时地结束了自己的演讲。而台下的我们却丝毫不过瘾。短信平台上不时有评点与互动问题滚动播出，毫不掩饰自己对"偶像"的崇拜与敬仰，渴望与白岩松多一些交流机会的。在随后的互动环节，我抢占先机第一个与其互动，向其提问了关于信仰的问题，白岩松完全充分地展示了他一个新闻主持人的敏锐及对整个场面的把控。这里，既有秩序的遵守，也有对提问者的尊重；既有自己主观思想的表达，也有对他人观点的剖析。问题不可谓不尖锐，但回答却总能"柳暗花明又一村"，掌声一次次响起，心中的敬佩之情一次次升腾！当白岩松又一次守时地结束了互动之后，也是上午的会议稍事休息的时间。大家不无遗憾：真愿意整个半天都给白岩松，聆听他的时事剖析与观点演说。

令我们非常惊喜的情景出现了：居然，接下来的半场由白岩松主持！这真的是意想不到的（大会本没有这样安排），因此，整个活动规格大大提升了——央视名主持来主持校长与学生的论坛！他滴水不漏的点评，睿智幽默的补场，精要深刻的互动，让全场校长们不由自主地响起一次又一次热烈的掌声。而白岩松的留下也是非常值得的一件事，因为，现场几位校长的精彩报告及十一学校学生的优秀表现，让他在总结时不无感慨地说："如果说，我的'新'学校成为'心'学校是一种美好的期待，话题有些沉重的话，那么，今天我听到的几位校长的发言，几所学校的行动已经让我看到了希望。是的，中国不缺希望，中国需要信心。我看到了，我不虚此行！"中国的教育的确存在许多问题，我们在呐喊，我们在爱与创造，这就是我的行动，学校，在行动！

你们的战友：梁勇

2012 年 10 月 28 日

第八十五封信 "孝"在行动中

各位老师，战友们：

大家好！

今天接到一个家长的电话，与我讨论如何让孩子懂得孝敬父母，这个话题，我们聊了近一个小时，家长能够意识到培养孩子孝敬父母，是一件好事，如果我们的家长都能够有这样的意识和行为，我们的孩子就会多一份责任感。显然，有爱心、有责任心的孩子，才会真正去做孝敬父母的事。就这个意义上说，孝心也正是新时代健全人格的标志之一。稍微留心一下就会看到，有孝心的孩子在走出家门以后，也必定会尊敬别的老人和长者，必定会尊敬老师、关爱同学。正因为这样，任何一个家庭里，有一个孝敬的孩子，就会充满爱意，充满幸福，使家庭里每一个角落都洋溢着温馨的气氛。就这样，孩子与父母共同创造了和谐家庭。而从未来的角度看，孩子的孝，也是传承中华文明的一个重要方面。

如今，家庭教育受到普遍重视。谁都知晓让孩子健康成长是件大事，父母们都会全身心地去爱自己的孩子。可是，孩子总会渐渐长大，在他们的成长过程中，是否懂得了感恩？是否懂得用自己的行动来回报养育了自己的父母和家庭呢？归结成一句话就是：孩子是否想着应该孝敬父母？人们似乎很少谈这个话题，因为，在父母心中，爱孩子从未想过要回报；另一方面，对于许多的父母来说，孩子还未长成大人，似乎也还不介意孩子的孝敬与否。事实上，孝敬父母是一个极重要的大话题，是必不可少的感恩教育。谁都知道，家庭是社会的细胞，和谐家庭是和谐社会的基础，而真正的和谐家庭，必须由父母和子女共同来构建。得到子女的爱戴是父母对孩子的一种希冀。我们学校二楼的文化布置就是"二十四孝图"，每学期的衔接教育我们都有给父母敬茶和洗脚的教育，因为"百善孝为先"。希望包括我在内的每个老师都能孝敬我们的父母和长辈，教育我们的每个学生都能孝敬父母和长辈。周六从山东参加"学校民主管理经验交流会"和"淄博五中七十周年校庆"回来的飞机上，忽然，想起了精心哺育我成长的姥姥，流着泪写了一篇日记《忽然，很想念姥姥》，与大家分享，与同仁们共勉！

忽然，很想念姥姥

半夜里，接到老家远房舅舅的一个电话，一个远房姥爷去世了，虽然他打电话的目的是让我帮助其儿子在北京找份工作，我还是心情沉重了起来。一是因为世俗的世故，一是因为血浓于水的亲情。

突然想起，今年暑假从北京回老家只有3天时间，本意是看望姥姥和父母的，母亲带着姥姥在县城租了一间小房子专门接送弟弟的孩子上学，也算是陪读，父亲过着自己逍遥的退休生活，农村老家的房子让邻居照看，父母知道我回来，很热情地接待并招待我，把我安排在普通大酒店，日程安排得很满，每天似乎都很忙，每顿饭都被安排了出去，我无奈而又虚荣体面地享受着这种热情。

直到临回北京的时候，我才发现，竟没有在家吃了一餐饭，让我心存内疚，暗下决心，下次回家，不与任何人打招呼，好好享受一下与姥姥独处的时光。今年冬季，我准备把姥姥接到北京，尽一些孝道。

我上初中时候，是姥姥在镇里租着房子陪读，姥爷一个人住在老家村东一隅偏僻的窑洞里，三年春夏秋冬，姥爷在村里春种秋收，姥姥在镇里每天为我洗衣、做饭，这也是姥姥的全部职业，三年的一日三餐，从未耽误一次，有时姥姥会专门到镇里集市买一些油条之类为我改善生活。她在怀里揣一个热乎乎的"干面饼"塞到我手里的形象总会时不时浮现在我眼前，她却不舍得吃一口。晚上我做作业经常到很晚，她总会陪我到最后。

我们几个关系不错的同学常常在我们租住的院子里聚会，有杜平、海龙、永平、陈强……那是一段很美好的时光，一群人疯玩，玩累了就一起躺在炕上或者坐在院子里，在那幅图画中，姥姥总处于一个非主角的位置：她安静地在门旁或院落的某个地方席地而坐，离我们不远也不近。那是一种很舒服的距离，让我们觉得不受长辈监督和干预，却也不觉得被冷落。我们感到无比的安全与不拘束，继续投入尽兴地疯闹。姥姥那种温暖的眼神一刻也不曾离开过我们，又或者，那种眼神不只是为我们而存在，它也为自身的需要而存在，姥姥也需要看着我们，我们成了她欣赏的对象，就如同她正在看的电视或小说，在她的精神世界中，同时进行的是另一番想象。

现在，我时常想，如果没有她和那种特定的表情，那个画面一定少了真正的亮点。经常会在忙里偷闲的某个晚上，我会忽然特别流着泪想念她。拿起电话，和妈妈说：我想接姥姥到北京来住一段时间，可是总是被固执地拒绝，这次，我准备不再接受她们的固执！

这几年，我每次回家，走进屋子时，她总是做好了见我的准备，她一定期待好久，衣着整齐地坐在炕沿边上，一见我就拉着我的手叫我的乳名，告诉别人，我一定想她了，我总是会情不自禁地摸摸她爬满皱纹的脸，还有她沧桑的手。她总是一直不停地说话，大都说一些有关她的近况，她很认真地强调一点，她吃饭很好，身体很好，让我不要为她担心。每次离开了，坐在车里，我都会很安静好久。她已经 88 岁，许多时候，让心灵触动的大概只是一种感觉，透过这种感觉，其实不需要一件具体的事件或一句完整的话语。尽孝，不能等待，让我们在尽孝的同时，培养我们的学生也要懂得尽孝，懂得感恩！与大家再次共勉！

你们的战友：梁勇

第八十六封信 没有任何借口

各位老师，战友们：

大家好！我于 2012 年 5 月 10 日正式开通了新浪微博，在选形象照的时候，我特意选取了 2010 年去美国西点军校时候拍的一张照片。周六晚上，我走进书房，从书架上取下了关于西点军校的几本书，《走进西点军校》《西点军校十堂课》和《没有任何借口》，这几本书是几年前陆续买的，买到之后，曾经浏览过，没有精读，本周六晚，我选择了《没有任何借口》这本书，想用西点军校的精神来激励自己，今天与大家分享读书心得。

《没有任何借口》，看书名第一印象，有一种强硬冷漠、不近人情的感觉。但仔细品味之后，却深刻体会到它的内涵：没有任何借口实质上是一种负责敬业的精神，是一种服从诚实的态度，是一种完美的执行能力，它是要求我们尽己所能去认真做好每一项工作，而不是为没有完成任务去寻找借口。

"没有借口"看似冷漠，缺乏人情味，但他却可以激发出一个人最大的潜力。在人生中，不要把太多的时间花费在寻找借口上。失败也罢，做错也罢，再美妙的借口对事情的改变又有什么用呢？工作需要努力和勤奋，工作需要热情和勤奋，工作需要一种积极主动、自动自发的精神。自动自发地工作，才能取得好的结果和成绩。

西点军校的校训是"国家、荣誉、责任"，西点军校培养的不仅是一名军人，而是美国社会的精英，这是在它的办学过程中最为引人注目的地方。《把信送给加西亚》的主人公——安德鲁·罗文，1881 年毕业于西点军校。作为一个军人，他没找任何借口，排除千难万险，九死一生，终于完成了一项重要的军事任务——将信送给加西亚。战争年代，西点军校是美国的神话，英雄从这里走出；和平年代，西点军校依然是美国的传奇，西点军校里有一个广为传颂的悠久传统，就是遇到军官问话，只有四种回答："报告长官，是！""报告长官，不是！""报告长官，不知道！""报告长官，没有任何借口！"除此之外，不能多说一个字。据美国商业年鉴统计，美国军政要员中竟能有40%以上的人来自这座学府；再俯首今日之经济社会，西点军校俨然美国的另一个"哈佛商学院"，多少叱咤经济舞台的风云人物都来自西点军校……在西点军校200年的历程中，她成功地培养出了一大批杰出的领导人才，其中有挥斥方遒的政坛领袖，有驰骋疆场的军事将领。比较著名的有麦克阿瑟、艾森豪威尔、巴顿、威斯勃兰特、施瓦茨科普夫、克拉克将军等。在美国商界，活跃着这样一批公司的董事长、总裁、CEO等高级管理人员：他们取得了骄人的业绩，但他们并未在商学院接受正规的商业教育，令人惊异的是，他们都毕业于西点军校。比如可口可乐公司、通用汽车公司、国际电话电报公司、英特尔公司、美国东方航空公司、美国在线等，都是由西点毕业生担任过总裁。二战后，在世界500强企业中，西点军校培养出来的董事长有1000多名，副董事长有2000多名，总经理、董事一级的有5000多名。任何商学院都没有培养出这么多优秀的经营管理人才。"没有任何借口"是西点军校奉行的最重要的行为准则，是西点军校传授给每一位新生的第一个理念。

看书的时候，觉得心里很惭愧，又觉得幸运。惭愧的是里面说的一些不好的习惯，大都能在我的身上找到影子；幸运的是我看了这本书，知道了自己的缺点，亡羊补牢，为时不晚。第一章第一节的标题"借口是拖延的温床"，看了本书以后觉得，很多事情并不是像你想象的那么困难，有些事之所以看起来不容易做，是因为你把许多小的事情不断往后拖延，积压起来，最后就变成一项"艰巨"的"不可能"的任务了。而这种拖延的原因就是各种借口，拖延的结果就是由拖延而放弃，有些不能放弃的工作就马虎行事，敷衍应付了事。这是我看了这本书后的最大收获。而我从中学到的就是：现在的事情现在就做，今天的事情绝不拖到明天。我深深地相信，以这种态度对待工作，对待生活，肯定会获得成功，至少身心会感到轻松愉快。

"工作就意味着责任"，"工作是我们要用生命去做的事"，充分说明了我们应该怎样对待工作。将工作看作是自己的一份责任，而不是义务，会觉得更有成就感，就会更努力地工作。以前我会把自己的工作做好，仅仅因为它是我的工作，做好它是我应该的，心里总有一种"压力"的感觉。但是如果从另一种眼光来看的话：我做好它，因为我可以凭努力做好它，而经过了这种努力，我会感觉到我的成功，心里会有一种自豪感，而不仅仅是完成了我应该做的工作，就会有更大的热情去对待以后的工作。

不可否认，每一个人都喜欢理由，因为理由使得我们看起来更加完美。可是理由的背后是什么呢？这些理由真的能够站得住脚么？如果这些理由不被接受又怎么样呢？而一旦习惯于找借口，那么可以逃避很多的事情，可以把一些事情做得更糟糕，可以为自己没有 100% 努力做事情的时候找一个退路。这个习惯一旦形成，就很难改变，正所谓积习难改就是这个道理，因为借口会越来越多，借口会越来越完美，甚至自己都会被自己寻找到的借口的完美无缺而感动，可想而知这样的后果是什么。

　　所以，我告诉自己，热情地对待人生，对待生活，对待工作，减少自己寻找借口的可能。不管做什么事情，都要以心去做，以生生不息的精神、火焰般的热忱充分发挥自己的特长，那么不论所做的工作怎样，处处以主动、努力的精神来工作，即使在最平凡的工作中，也能增加自己的厚度和价值。我会继续追求成功，但并不把自己的失败作为一种理所当然的认识，因为我将不会有任何借口来开脱。

　　西点军校校训中有这样的记载，只有秉持信念，才有可能激发起一个人无比的毅力，产生出最大的效果。比如，军官派你去完成一项任务，但由于种种原因，你未能按时完成。当军官问你为什么时，如果你为自己辩解，说由于这样或者那样的原因，导致自己未能按时完成任务，那就错了。你只能说："报告长官，没有任何借口。"因为军官看重的是完成任务这个结果，他根本不会听你无关宏旨的滔滔不绝的解释。

　　这所学校之所以采用种种方式，就是为了让学生学会适应压力，懂得失败是没有任何借口的。在生活中，我们经常会听到一些借口。职位没有提升，会有"后门太重"的借口；上班迟到了，会有"路上堵车"的借口；考试不及格，会有"出题太偏"借口。……只要细心去找，借口总会有的。借口成了一面挡箭牌。找到借口的好处是能把属于自己取得的成绩呈现出来，而把应该自己承担的责任推卸掉，心理上得到暂时的平衡。但长此以往有害而无益，因为有各种各样的借口可找，他本人就会懈怠下去，不再想方设法去争取成功。

与大家分享《没有任何借口》并推荐这本书，希望可以帮助我们改变心态、思想、观念和思维模式，"工作、任务、困难、矛盾"是每个人的人生在不同阶段、不同场合常常会遇到的四个相同的词汇，每一个人可能都会有很多不同的想法和感受，或者满意，或者失意，或者高兴，或者厌恶，其实，这些都可以进行自我调整。只要你记住：只要有热情和行动，只要有努力和勤奋，只要我们能全身心地付出和奉献。我们一定能获得理解和支持，得到认可和尊重，一定能担负起作为人所必须具备的使命感和责任感。让我们充满信心和勇气，为自己的工作负责任，努力做最优秀的员工，全力以赴、自动自发地为圆满完成任务而努力，从而在工作中获得更多的奖励，让我们的生命更精彩！

你们的战友：梁勇

第八十七封信 什么是真正的贵族教育？

各位老师，战友们：

大家好！今天晚上我们学校摄影社的同学们自发组织，邀请到《人民日报》资深摄影记者，高级编辑，中国新闻摄影学会学术部副主任许林老师来给学生们做《影像人生——摄影》的专题报告，许老师除了给同学们讲了摄影知识与技巧之外，告诉同学们摄影要求真，求美，求实。在最后的小结中，我说"希望同学们不做物质的奴隶，而要有做精神的贵族"。

在许多人的概念中，私立学校就是贵族学校，就是一些家庭条件好的孩子在上这样的学校，享受奢华的生活与学习条件。学校的每一个人，包括每一个学生，每一个老师和每一个家长都有责任改变社会对私立学校的这种观念。

真正的贵族一定是富于自制力，一定是有强大精神力量的，而这种精神力量需要从小加以培养，所以蓝董事长在一开始就提出了我们的愿景是"打造中国的伊顿公学，为精英家庭延续成功"，我们的途径是"贵族要通过非贵族的方式来培养"。伊顿公学的学生睡的是硬板床，吃的是粗茶淡饭，每天还要经过非常艰苦严格的训练，这甚至比平民学校还要辛苦。伊顿公学也确实用这种方式培养出了很多优秀的人物，比如蓝董事长经常引用打败拿破仑的那个威灵顿将军的名言"我在球场上奔跑的时候就决定了这场战役的胜利"。他就是伊顿公学的高才生。威灵顿是世界军事史上非常有名的人物，他在和拿破仑进行决战的时候，曾经留下过一句非常有名的话。当时他冒着炮火在前线观察敌情，他的参谋人员多次劝他早点撤下去，因为前线太危险，可是威灵顿就是不动，参谋人员只好问他，您万一阵亡了有什么遗言？威灵顿头也不回地说："告诉他们，我的遗言就是像我一样站在这里。"

伊顿公学至今保持着贵族教育传统，学生在校必须接受严格的管束和高强度的磨炼。校方规定，家长在开学后的三周内一律不准探望自己的孩子；每栋宿舍楼为一个集体，统一起居、就餐、锻炼、娱乐……贵族学校实行严格的军营化管理。这似乎让人难以理解。人们通常认为贵族学校的学生应该是养尊处优，过着悠闲奢华的生活，而这种"苦行僧"式的生活能和贵族挂上钩吗？西方的贵族精神究竟倡导的是一种怎样的精神呢？

所谓贵族，大家可能想到的就是"贵"和"富"这两个字，对这两个字，不同的人有不同的理解。在大部分人看来，贵和富是一回事，但事实上这是两回事儿。富和贵不是一回事儿，富是物质的，贵是精神的。俄罗斯哲学家别尔嘉耶夫认为："贵族的首要标准是看一个人精神所达到的高度，而不是看他拥有多少物质财富。"所以贵族精神，首先就意味着这个人要自制，要克己，要奉献自己，服务国家。所以贵族精神跟物质条件，有的时候可以说没有什么关系。就像当年张爱玲所说的，旧上海公寓里的那个电梯工，一定要衣冠楚楚，领带打得整整齐齐，才肯出来给顾客开电梯，这也体现了一种贵族风度。还比如在天津有一个下岗的三轮车夫，靠自己蹬三轮车的微薄收入养活了几十个孤儿，一个一个送他们去上学，我们也可以说，这个人具有一定的贵族精神。所以说，贵族精神说离我们远也远，说离我们近也很近，我们每个人都可以成为一个精神贵族。所以我们是不是该这样理解贵族精神的高贵之处，那就是干净地活着，优雅地活着，有尊严地活着。不会为了一些眼前的现实利益去背信弃义，去不择手段。基于这样一种意义上来讲，精神的贵族和所谓富有之人应该是没有关系的。精神的贵族不一定富有，富有之人不一定是贵族。因为这种贵族精神不是用钱可以买来的。

我希望我们的老师们教育我们的学生和家长，同时也要警醒我们自己，贵族是从充溢的物质生活中升华出来的。我们不要做物质生活的奴隶，而要做精神生活的主人，我们要始终以一种高傲的姿态面对生活，不被它迷惑，不被它压倒，不被它吞没。我们要从一切生活的享乐和苦痛中跳出来，引领生活前进，而不是被生活牵动。我们不在物质生活中沉沦，也不在精神生活中漂浮，而是要在这两者之间欢乐地飞奔。

你们的战友：梁勇

第八十八封信 挫折中成长，困难中进步
摔打中前行，失败中成功

各位老师，战友们：

大家好！北京经历了一场大雪之后，在传说中的世界末日到来之前，中央经济工作会议在十八大之后于今天落下了帷幕。在这个特别的日子里，这是我写给大家的又一封信，用这种方式与大家交流了三年，世界末日肯定只是一个传说，我们的交流一定还可以继续……

在本学期我们学校组织的沙龙中，我提出一个大胆的命题，让学生成长就是要创造如下条件："校长无为，管理人员退后，教师放手"，让学生在挫折中成长，在困难中进步，在摔打中前行，在失败中成功。从"无师自习、无师课堂、无师监考、无师管理"中让学生在我们的视野中自觉、自主成长！学生健康、快乐、成长是校长应该永远考虑的战略事项，在学校，以人为本，就是以学生的和谐发展为本，以教师的专业发展为本，以家长的持续发展为本！

这些观点如何成为现实，学校教育主张如何落地并得以实施，学生健康快乐成长的路径到底是什么？特别是中学生面对中考高

考，让学生在繁忙的学业之余，我们如何能唤醒属于学生心灵的那一片净土？让学生保持心灵的纯净是最难能可贵的事情，对教育来说真的算是一种心灵的救赎。因为心灵的干净与纯洁比头脑的知识爆炸更重要。

要让学生健康快乐成长，我们全体老师要率先开阔国际视野，更新教育观念，不能总是在中国传统教育中举步不前，我们要坚定不移地从课堂改革，课程整合，课题研究，评价模式，家校互动中探索出一条路子来，5年以来，特别是近3年来，我们在这几方面已经有了不少成果，现在需要总结，提炼与升华，在实践中推广与运用。

前段时间我与国际部带领各学部的一些老师代表到我们的邻居学校，北京英国学校参观考察，有些所见所闻及感悟与心得，记录于此，与大家分享，希望从中得到一些启发。这所学校的学制与学段与我们一样，都拥有从幼儿园到高中的系统教育，校园与我们的校园是同时建设的，建筑风格有许多相似之处，而且我们是其真正的房东，从表现上看并无差异，但是当我们走进其学校了解内涵的时候，你会感觉到虽是一墙之隔，却有天壤之别，两所学校各有千秋，我们应该取其之长补己之短！其教学大纲主要偏英联邦国家，教学内容则是国际化的，教学环境及其文化布置、学校设施设备配置与西方学校完全一样，它就像是把一个外国的学校放在中国大地上，进入校园仿佛来到国外学校访问，我们首先听取了学校招生办李老师对学校总体情况的介绍，然后与其一起边参观学校，一边就国际学校的办学理念、教育思想、教学内容与方法、学生评价、家长学校、东西方教育的差异等方面进行了较为全面、深入的交流。

他们的办学理念是：培养孩子成为最好的自己。学校融合中国本地的环境，培养孩子成为多元化、未来的国际型人才，将来都成为最好的自己。教育思想是培养学生思维的创新性和批判性。围绕这一目标，教材内容注重与实际密切结合，使学生能利用所学知识解决相关问题。在教学方法上多以"为什么会产生这种现象，你有什么研究发现"为契机引入将要学习的知识内容，然后要求学生自己收集、评估相关信息，用自己的知识和价值观对信息进行分析、评价，然后做出决策，得出结论，在课堂上发言讨论。老师是课堂讨论中的一员，鼓励学生把自己与众不同的观点表达出来，挑战老师的观点，挑战书本的权威。这使得学生从记忆、背诵书本的"劳役"下解放出来，转化为对知识的思考、创新、批判性吸收。他们在"学生评价"问题上，它以"培养孩子成为最好的自己"为宗旨，建立科学的学生评价体系，从学生做项目、演讲、沟通、态度、成绩等多方面考察、评价学生，每个孩子各有所长，都是最好的。

谈到国际学校与中国教育的差异，李老师强调了两点：一是中国的教育是让孩子学到一定的知识，课本、教程里的知识学生都要会，甚至背出来，考试必须能答出来。国际学校是从幼儿园开始就培养孩子读书的习惯，让他们喜欢阅读，然后知道从书中怎么去摘重点。看完书以后会让学生站出来跟小团体分享，告诉大家书的重点在哪里，然后展示给大家看；二是国际学校的学生学习世界的历史，培养"世界观"，不同国籍的教师学生之间彼此尊重各自文化。学校的老师来自多个国家，学生来自多个国家，文化都不同，所以在学校里面，不专注于某一种文化，但是会让孩子知道全世界有多少不同的宗教，让大家都能知道别人跟我的不同。他们有一个国际日，大家在那天，把各自国家的优秀文化都展示出来让大家知道，使孩子能够尊重别人的，保留自己的。培养国际型人才、共建世界村才是最重要的。在我们访问结束将要离开时，在学校操场上看到了非常感人的一幕：一群十多岁的男、女学生穿着短衫、短裤在踢球。此时北风凛冽、寒气逼人，但孩子们运动的身姿活力四射，激情飞扬。他们是学校的小主人，也是和谐世界的未来。

我们应该结合我校的实际情况，讨论如何从我们能做的一些方面开始做起，如转变我们的学生观，改变我们的评价方式，在教学中尝试多学科整合等等。我们无法改变世界，但可以努力改变自己的每一节课。在东西方教育的碰撞中我们寻找以人为本的共同追求。

你们的战友：梁勇

第八十九封信 站在 2013 年的门槛

各位老师，战友们：

大家好！在 2013 年的第一周，祝大家新年好！在新的一年心想事成！

初中、高中分别成功举办庆元旦文艺晚会，标志着 2012 年的结束与 2013 年的开始，我对今年的元旦晚会甚为满意，特别是高中的元旦晚会，更是感觉到了中学生的激情与活力，感受到了他们的才华与能力。回顾过往的一年，发生了很多值得永远纪念的事情。国际层面，总统更替，首相更新，国家层面新老交替，反腐深入，历史总是在一幕幕重演。每天发生的故事让我们有时候会感动，有时候会悲愤，有时候甚至会义愤填膺；有时会沮丧，有时候会放弃，甚至有时候也会举棋不定。但不可否认，我们迎来了崭新的一年，无论过去的一年有过什么，时间终究没有等待我们。

站在新年的门槛，告别 2012 年，这一年对于我校虽是历史长河中短暂的一瞬，但却是我们学校建校史中最大的一次发展机遇，也是我们学校发展最好的一年。这一年，我们收获多多、喜事连连。我们难忘 2012 年，因为这不平凡的一年造就了无数的精彩：我校被正式授予"北京市四星级物业管理示范"单位；我校 47 名学生在北京市第十一届"希望杯"钢琴音乐节上共荣获三等奖 1 名、优秀奖 5 名，我校荣获"优秀组织奖"；我校运动员参加顺义区中小学生田径运动会取得了优异的成绩，其中初中组获得团体总分第二名的好成绩；在亚洲花样滑冰比赛中，我校初中部学生高桥明芳同学以精湛的表演赢得了冠军；我校教师代表团队代表顺义区教委参加了 2012 年首度教育系统教职工运动会游泳比赛，并获得两枚银牌和一枚铜牌的好成绩；我校汉语中心全体学生参加"第六届北京市中小学外籍学生汉语节陶艺比赛"，众学子捧奖回来；我校三支 DI 社团奔赴美国参加"DI2012"全球赛，三支社团在 100 多支代表队中分别获得优异成绩；我校代表队在第十四届"飞向北京——飞向太空"全国青少年航空航天模型比赛顺义区赛中取得了优秀的成绩，27 名参赛选手全部获奖，其中一等奖 18 名、二等奖 5 名、三等奖 4 名，我校荣获"优秀组织奖"；我校武术队 24 名队员参加了由中国武术协会、北京日月天武术培训中心举办，由北京市武术运动协会少儿武术研究会承办的"北京市第九届少儿武术比赛"，共获得奖牌 20 枚、证书 20 张；我校初三学生在 2012 年中考中取得优异的成绩，总均分较 2011 年递增 20 分，其中刘致嘉、吴租界、王鑫潮、王家亮、陈瑞等 5 名同学闯入顺义区前列；我校 2012 届高三学生再创佳绩，理科 53 人，本科达线 52 人，本科达线率达 98%，其中达一本线 22 人，达线率达 42%，达二本线以上 44 人，达线率达 83%，文科 16 人，本科 15 人达线，本科达线率达到 94%，其中重点 8 人，达线率达 50%，达二本线以上 14 人，达线率达 87.5%；我校剑桥国际中心毕业生 100% 进入国外大学，70% 的毕业生进入世界前 50 位大学；我校合唱团在维也纳市政大厅唱响第三届世界和平合唱节，被授予本届合唱节最高奖"世界和平奖"和"最佳组织奖"称号；我校高中部钱欣老师被评为 2012 年顺义区中学优秀班主任；原高二（1）班在班主党凤倩的带领下被评为 2012 年顺义区优秀班集体；我校初中部才华老师、代玉凤老师在鄂尔多斯举办的全国讲学稿研究会二届三次会议之课堂评价篇上分别荣获全国二等奖和一等奖；我校运动健儿在顺义区中小学秋季田径运动会上取得优异成绩，共计 25 人次获得顺义区前六名，初中组荣获团体总分第三名；在中国马术协会举办的第七届西坞马术大赛中，我校初中部初二（1）班王韫婧同学勇夺场地障碍马主级别亚军和青少年马主级别季军的好成绩……

过往的一年是我的本命年，这一年我人生同样经历了一些悲欢离合，这些或悲或喜也给了我很多关于人生新的体会。在亲朋好友中有人生病，也有人离去，有人喜结良缘，也有新生命出生。这一切再普通不过，人类历史以来，一直是这样的循环往复，只是我们没有好好地去审视它。只有经历病痛，才会感觉健康之重要；只有经历生离死别，才会感知生命的可贵，只有经历失败，才会体会成功不易，只有经历苦难，才知真情难觅。正所谓，不经历，无体会。

这么多年来，我始终以"读万卷书，行万里路"作为座右铭。所以读了不少书，也行了不少路，这一年，《干法》这本书给我这样的启示，在迷茫中寻求人生的积极意义，生活会更精彩；《哲学、宗教与信仰》这本书再次告诉我们永远要保持生活的正能量；《二号首长》让我知道了政治与官场的纷争；《侯卫东官场笔记》让我仿佛从主人公身体上找到了自己多年来奋斗的影子；毛佩琦的报告让我知道了大学与中庸的厚重，白立新的讲座让我明白了良知的力量；带队欧洲维也纳合唱比赛，让我领略了艺术的魅力；到伊春参加一中的校庆，让我感觉到了大自然的神奇。

这么多年来，我以"帮助别人，快乐自己，努力工作，幸福自己"为价值取向，这一年，我帮助过许多人，也继续在努力地工作，只是面对一些人和发生的一些事会让我有时候在积极与消极之间徘徊。2012有很多政治家、科学家去世，最难忘的是国学大师南怀瑾的辞世。他参悟人生的一句话很难忘，作为这封信的结尾与大家共勉："佛为心，道为骨，儒为表，大度看世界。技在手，能在身，思在脑，从容过生活。"

你们的战友：梁勇

第九十封信 感悟生命

各位老师，战友们：

大家好！这周四，我和小学部李校长来到台湾学习、培训。走下飞机，走出机场，我真切地感受到台湾是我们祖国的宝岛。我们同是炎黄子孙、华夏儿女，语言是相同的，文化是相同的，心更是相同的。

几天的学习收获很大！最大的收获就是让我看清了生命的本源，让我真正明白家庭、亲情才是我生命的北斗星！我将净化心灵、改变自己、向信仰出发。

以下摘录一些感悟生命的言语与各位共勉：播种，并不只为收获。学会给予别人微笑时，不太盼望回以笑脸；付出真情时，不太在意是否有感激的泪水。像那块菜地一样，且不计较收获，只要生命不留空白。一个人有一个人的天性，一个人有一个人的活法。每个人在这个世界上是独一无二的，只要你保持了本色，生活同样绚丽夺目。

爱是一张纸，一旦装进感情的信封，其正面必写着挚爱与真诚，背面必定写上忐忑与激动。幸福的含义有不同的层次，得到自己心仪已久的东西如愿以偿，是一层；看到自己的付出给别人带来快乐和幸福，自己享受别人的幸福，又是一层。毫无疑问，后者远胜于前者，因为幸福不是一个人的。

生命也是一样，像精致的玻璃酒杯，常常经不起天灾人祸的碰撞，粉碎成一地璀璨后，每一片都是透明的心。生命又常常像昙花，用许多年的泪与汗，加上心血浇灌，才会有笑看天下的一刻。有人将爱心比作灯火，独盏不明，但千盏万盏，再暗的地方也会被照得如同白昼。做让人感动的事，让感动点缀得我们的每一个日子都鲜活生动，充实丰盈。最美的笑是一种发自内心的阳光。而阳光是无法制造的。单单就这一点，人类就不应该自负，毕竟我们无法制造出一切。

于人而言，勇敢的最高境界首先要保护自己，然后要通过文明的、理智的、超然的方式去感化别人，鞭策别人抑或改变其原有的那种危急状态。否则，勇敢给人的感觉是鲁莽、悲壮抑或是凄美。搬开别人放的石头很容易，因为这些石头从外表上我们就可以辨别出来；难就难在搬开自己那些心造的石头。正视缺陷，它或许将我们带入另一片风景。目标稍微下调一点，稍微脚踏实地一点，眼前定会海阔天空，风光无限。很多时候，我们就因为缺乏下调一点的勇气！很多人常常埋怨自己的生活不圆满，这也不如意，那也不舒心，进而心情抑郁，生活无味。其实，损伤和缺憾往往是我们进入另一种美丽的契机。不完美是生活的一部分，拥有缺陷是人生另一种意义上的丰富和充实。制定目标也许不算太难，可是要能贯彻到底就不是件容易的事了。一个真正的决定必须是有行动的，并且还是立即行动。亲情、友情，有时并不需要更多华丽的词藻来装饰。它包含在那些朴素的言行中。

如果一个人能善待别人的过失，给予他人理解和自尊，帮他人恢复自信与坚强，那么，他就是一个高尚的人。他也能获得别人的尊重和信任。人只有经过努力奋斗，才能使自己变得坚强，面对困苦磨难，我们只有勇往直前。你害怕别人，别人害怕我，你的整个生活将乱成一团。放下这种胡思乱想，放下这种恶性循环，不要在意别人。你的生活就足够了，不要顾虑别人。如果你无牵挂地生活，你的存在就会进化，别人也会分享你的存在。你乐意分享，你也乐意给予，但首先你必须停止顾念其他人以及他们对于你的想法。

只要永不放弃，失败就是暂时的，只要坚持下去，总会有成功等在前面。画一扇窗给自己，这是一种怎样豁达超然的人生。如果上帝在关上门的同时，也封闭了那扇窗，那么就画一扇窗给自己。那样，我们被现实之壁撞痛的郁闷灵魂才有得以喘息的机会，希望才有枝可栖，一切还没有来得及实现的梦想才可以在心灵的窗前翩然翻飞。

"拣一片最完美的树叶"，人们的初衷总是美好的，但是如果不切实际地一味找下去，最终往往只会吃尽苦头，直到有一天你才会明白：为了寻求一片最完美的树叶，而失去了许多机会是多么的得不偿失。况且人生中最完美的树叶又有多少呢？世间的许多悲剧，正是因为一些人热衷于追求虚无缥缈的最完美的树叶，而忽视平淡的生活，其实平淡中往往也蕴含着许多伟大与神奇，关键是你以什么样的态度去面对它。

你们的战友：梁勇

第九十一封信 新起点，新征程

各位老师，战友们：

大家好！龙年已去，蛇年已至。

我以我在年终的总结会上的开场白作为本学期第一封信开始的话。蚌含之珠，其璀璨与晶莹之美，源于贝壳对于沙砾层层的包裹与细微的研磨。每遇入蚌之沙，贝壳以其内层不断分解的珠汁和着包裹与研磨的阵痛，假以时日，终成蚌之珍贵，珠玉光华……回首我们学校走过的 5 年之路，同样有着类似于珍珠成熟之前的那一份包裹与研磨的阵痛，这样的阵痛所带来的是更多的思考与成长，鞭策着自己在办学实践中不断地再学习、再提高与再完善。

回首过去，感慨万千……

2009 ～ 2010 学年，充满挑战的日子里，我们面对困难一起接受了挑战！

2010～2011 学年，我们稳定了学部发展，我们一起稳扎稳打，稳中求胜！

2011～2012 学年，我们锐意改革求新路，坚持做自己！我们一起进步，在探索中前行！从课堂改革到课程整合，从评价模式改变到教师成长再到学生成长。

2012 年～2013 年：我们在发展中不断前行，我们在创新中力求转型，我们在"舍·得"间不断收获！展望未来，信心满怀……

2013 年：我们要改变自己，我们要超越自我！为找到我们学校发展的北斗星而继续探索。

本学期的工作重点是：一个中心，两个基本点，"三个代表"，四项基本原则，八项具体工作，请大家认真领会，贯彻落实执行。

一个中心是以育人目标爱与创造的落地为中心。（学习、教研、内化、优化、融化、落地）。学校育人目标，即"爱与创造"的教育主张是国家目标的校本化、精细化和系统化，本学期我们要以教研组为单位对其进行优化、内化、融化。

两个基本点是"我们学校（初中、高中）的成长"和"三个主体（员工、学生、家长）成长"。为我们学校未来的发展找到标签并且将其擦亮！让我们的员工自觉成长，让我们的学生个性成长，让我们的家长引领其成长。

"三个代表"是我们学校的教育要"代表中国教育国际化的趋势、代表中国民办教育的发展方向、代表中国教育的价值取向和价值追求"。

四项基本原则是"安全、稳定、发展"的原则，"精致、精细、精品"的原则；"民主和自主"的原则；"素质和优质"的原则。安全是前提，稳定是基础，（科学）发展是硬道理；精心是态度，精致是过程，精品是成绩；民主是趋势，自主是必需；素质教育要实施，优质教育要形成。

八项具体工作：1.结合育人目标继续完善初中123与高中四有四导的课堂建设体系；2.结合育人目标把常规管理工作进一步制度、标准、流程化并进行优化形成文化；3.结合育人目标继续完善3G+X课程（社团活动）体系；4.结合育人目标继续完善提升导师制；5.做好家校联系工作；6.做好五年成果梳理的聚焦与呈现工作；7.招生保生工作：直升：北京户籍40%上高中，20%上剑桥，外地户籍40%上剑桥，20%上高中；保生：流失率控制在10%以内；招生：开拓10所小学与10所初中，组织5～6次体验活动；8.组织并迎接中考、高考与统考，争取新突破。

新的一年里，我们工作要立足实际，以常规管理、队伍建设、教学研究、学科活动、深化课堂改革，加强课程整合与开发等为抓手，继续走内涵发展的道路，努力构建"优质多元中学"，全面提升教育教学水平，力求教育教学质量稳中有升，不断增强我们的可持续发展的能力，真正提升我们的办学特色和品位。新的一年里，我们要进一步解放思想，加强管理。以学部文化的力量管理人，教育人，熏陶人，发展人，培养人，构建学校文化建设新机制。促进学校内涵发展，形成人文管理、民主管理、规范管理有机统一独特的学部管理文化，用心打造"学校我们学校"的标签与品牌。

新的一年里，我们要以"打造好每一个班级、发展好每一位学生，教育好每一个孩子，引领好每一个家庭，上好每一节课，组织好每一次活动"的思想，以精益求精的态度做好教育的每一件事。2013年，中学师生与家长一道携起手来，抖擞精神，努力工作，站在新起点，实现新跨越！

你们的战友：梁勇

2013 年 3 月 10 日

第九十二封信 新学期工作思路

各位老师、战友们：

开学两周很快就过去了，上一周的信，我主要就工作思路从宏观上做了部署和安排。这一封信，我从微观上提一些要求，希望大家各负其责，执行落实。

一、创新管理机制

1.完善管理制度，提高我们学校班主任、年级组长、教研组长、管理人员的责任意识、目标达成意识，建立自我约束和目标管理机制，提高制度执行力、规划落实力及目标达成度。倡导"管理者成为工作的合作者"，强化干部队伍"求真务实、开拓创新"的工作作风，在工作中"用心观察、耐心指导、诚心交流"的"三心"工作特点，提升为教育教学服务的工作品质。

2. 完善教师和学生评价考核模式。坚持"从起点看提高，从基础看进步，以评价促发展"的评价原则评价学生，评价教师。重视过程评价、日常评价，关注结果评价。

3. 开辟有效途径，通过家长委员会等形式，增强家长评校、学生评教的权能，广泛吸纳校内外的意见和建议，挖掘一切可利用的教育资源，形成合力办好学。

二、加强师资队伍建设

1. 结合五年校庆，德育处开展多种形式的师德建设活动，切实做好学校"高压线"不触，学校"底线"不碰，组织开展教师教育论坛、读书论坛、教师礼仪等活动，调动教师的积极性，发挥教师的创造力，为教师自身的和谐发展搭建舞台，提供机会。提升教师魅力与形象，总结出有特色的教师文化，为学校文化建设做出应有的贡献。

2. 通过建立"集中培训、专题培训、研讨交流"的立体培训机制，教师利用网络进行教育叙事、教学案例、读书体会交流。通过"青蓝工程""导师结对"等形式，加强对青年教师进行系统培养，使80后青年教师成长为优秀教师、骨干教师。制定教师外出培训汇报交流制度，进一步完善和优化教师奖惩制度及年级组、教研组、班主任评先考核细则。

3. 加强班主任队伍建设。通过对班主任的校本培训、班主任工作例会、"班主任论坛"等形式，引导班主任树立正确的教育观和学生观，改善班主任工作方法，提高班级工作实务技能及班队活动设计等方面的能力。

三、注重德育工作实践

1. 抓好德育常规管理。依据中学生生理、心理发展特点，结合学校教育主张，分层设计教育目标，确定教育内容。加强班会课的管理，定期组织主题班队会观摩研讨，完善品格月主题课程活动和节日文化课程活动，注重班级文化的建设，各学段要根据本学段学生实际，有重点、有针对性地开展工作，为学生的品格、能力和文化知识学习创设良好氛围。

2. 突出深化具有学部特色的"四项教育"即品格德教育、民主法制教育、行为习惯养成教育、心理健康教育研究，积极探索德育特色品牌形成机制。

3. 实现德育活动主题化，深入挖掘中华民族优秀传统文化的深厚底蕴，结合学校文化资源，挖掘传统节日和重大事件纪念日等教育资源，提高教育实效。

4. 完善学生自主管理机制，加强爱国主义教育和民族精神教育，培养学生生存能力、实践能力和创造能力，倡导师生环保理念，实施环保行动，通过组织环保手抄报、绘画比赛，在环境教育中取得实质性突破。向学生逐步渗透创建绿色学校的概念和意义，增强学生的环保意识，开展研究，形成以课程、学科渗透、班队会、社会实践活动为一体的德育模式。

5.组织好社会实践活动，特别是初中四月份组织的出京社会实践活动，以课程的方式分层推进，充分发扬学生民主，从学生个人与家长共同讨论，再到班级与同学老师沟通，再到各班级展示陈述表决，让学生参与，让学生决定，让学生组织，民主是文明社会的重要标志，也是人人都期待的。对中学生而言，民主意识和精神的培养也是非常有必要的。中学生是未成年人，他们的思想观念和认知水平都还不够成熟。他们的民主意识需要鼓励和培养，但对具体做法又应该有一定的引导，切不可随意放纵。毕业班的高三外出和初三外出，也要发挥学生的主导性。

6.扎实做好安全和卫生工作。一是落实"以人为本，安全第一，预防为主"的方针，坚持安全工作"逢会必讲，逢活动必预案"的原则，全面落实学校安全工作的各项要求，完善学部安全工作制度和安全管理档案资料，实施"一岗双责"制，适时开展安全法制教育活动，加大安全工作的监督自查力度，加强师生安全知识教育，积极进行安全疏散演练和应急培训，提高自救自护能力；做好学生常见病预防和传染病防控工作，按学校要求组织好学生体检工作；落实安全目标责任制，开展主题班队会等系列活动，提高学校、家庭、学生的安全教育水平。

四、深化教学管理研究

1. 按照"务实、有效"的教学工作要求，以"引领和推进学生自主学习，主动发展"为核心，以提升教师学科素养为基础，加大课堂教学改革力度，要以质量为核心，要从深化课堂教学改革、提高课堂教学效率入手，实现素质教育与应试能力训练并举，建立有效调控教育教学质量的评价体系。

2. 加强学科"专题研究"，并探索执行"执教—交流—评价—改进—再执教"的研讨思路。从根本上提升广大教师的学科素养和教育教学能力，引领教师充分参与教学研究，让教学研究工作立足课堂、服务课堂、引领课堂。完善教研组集体教研活动制度，继续以教研组为单位创新集体备课方式方法，促进课堂教学的质量效益。本学期，各教研组在期中前后分别围绕课堂教学实时组织一次"同课异构"活动，组织一次中青年教师课堂教学比武活动。

3. 发挥教学处继续加大课堂教学指导力度，提升教师学科素养。注重加强学生课堂常规管理，培养良好的学习习惯，掌握自主有效的学习方法，提高学习效率。教学处要注意发现和培养几个在培养良好行为习惯和常规管理明显有效的班级和教师，并加以总结推广并表彰，教学处要根据学校的教育主张，不断进行教育教学质量的评价和监测，利用评价结果反思教师的教学过程，查找问题，及时修正方案，使方案切合实际。

4. 加强学期教学流程的精细化管理，规范教师教学行为，促其养成良好的教学习惯，注重课堂教学指导和教学质量检测，进一步改革作业布置与评价的方式方法。抓好日常教学管理，开展好教学计划中安排的学科活动，落实各项检查，并做到有检查，有记录，有总结。

教育无小事，事事是教育，我们的老师已经足够辛苦与操劳，已经足够负责与敬业，我的文字，只是希望能给大家一些提醒，让我们一起努力，共勉！

你们的战友：梁勇

2013 年 3 月 17 日

第九十三封信 爱的教育，严的纪律

各位老师，战友们：

大家好！周五下午参加了下学期新初一班主任的交流会，周六上午参加了小升初的体验活动，周日下午接待了一个高中学生的家长，让我对班主任工作有了更深刻的体会和感悟：班主任工作需要爱，需要严，需要耐心，需要细心，需要关心，需要责任心，但是更需要等待……耐心地等待每一个孩子的健康成长。

新学年，我提得最多的两个字，一个是"爱"，另外一个是"严"。三年前我提出了"爱的教育，铁的纪律"，新学期，我希望我们继续坚持"爱的教育，严的纪律"的指导思想，把三年前用的"铁"

字改为"严"字，因为铁似乎冰冷了一些，而严却是富有情感的。

我相信，对学生，爱到深处情会自现，水到渠成严也能服。一位哲人曾这样说过："如果你要一年的繁荣，就种庄稼吧；如果你要十年的昌盛，就培育人吧！"种庄稼，我们都不是行家里手，但是我希望我们能做一个教育行业的忠诚耕耘者，教师是爱的使者，教师的职业是神圣的职业。而在教育人的过程中，个别学生的教育工作更是令许多人困惑的问题。下面就个别学生教育的周末感悟谈谈我的几点体会：

一、爱是打开学生心锁的钥匙

有人说："老师是学生的阶梯，学生是老师的延伸和辐射，师者唯有把全部的光和热、情和爱迸发出来才能真正称其为师。"好学生谁见谁爱，可是对于学困生，尤其是没有学习动力、学习习惯又不好的学生，他们课上捣乱，考试不及格，坐无坐姿，站无站相，怎么爱得起来呢？其实越是学困生，越需要爱他们，因为他们就像一棵小树，要定期为他们剪枝。如果放弃了对他们的教育，就是我们教师的失职，我们就有愧于"人类灵魂的工程师"这一称号。对于这些学生，我们就更需要了解他们内心的所思所想，多一分理解，多一分耐心，多一分爱心。我们要用火一样的真情去温暖那一颗颗幼小的心灵，使他们感到你的真诚，才能够被接受。有道是：尊师才能重业。上不爱下，下不亲上。试想学生如果恨你，讨厌你，他能认认真真地学你这一科，心悦诚服地接受你的教育吗？

我们教育工作者都应该记得刚参加工作时的一些难忘情景，刚毕业的那一年，我就带初三的班主任，班上有 81 个同学，我们班有这样一个学生，经常打架滋事，甚至经常赌博，他认为这是"能耐"，稍不顺心，对同学们破口大骂，他认为这很"潇洒"，对于这样一个学生，靠简单压服的态度，靠硬碰硬的方式是解决不了问题的。为此，我首先找他谈话，问他有何特长。他说爱好体育，于是我就让他负责两操一课，任我班的体委。军训时让他带队，他积极性高，喊口号很卖力气，还积极为同学服务，买药、打水等等。我表扬了他，并鼓励他说，他将来会成为一位出色的体育教员。以后的训练他就更有劲了！然后，我就找机会接近他，嗓子痛了，我给他买药；胃病犯了，我给他送饭……渐渐地，他对我有了好感，就和我拉起了家常，道出了他的心里话。他说："老师，我们家并不富裕，我的父母也都是地地道道的农民。家里就我一个独苗，他们也知道我成不了大器，把我送到学校就是想让我晚点步入社会，他们怕我走向社会之后，会成为危害社会的一分子。我这个人，自制力差，我也想开了，在高中混三年，省得在家种地干活，毕业之后，回家娶个媳妇算了。说句心里话，有时，我也很羡慕那些学习好的同学，在家里，父母喜欢，在学校受老师宠爱，他们被爱的光环包围着。而我呢？在父母眼里，是将来社会的残渣；在学校，是老师的出气筒；只有和那些哥们在一起时，我才感到快乐。这些天来，您对我的态度，才让我感到我还有可取之处。"说到这里，他已泣不成声……我抚摸着他的头说：

"谁说你是差生呢？那是你的自卑心在作怪。被人瞧不起并不可怕，可怕的是自己瞧不起自己。只要你振作起来，各方面都严格要求自己，谁都会对你另眼相看的！""真的吗？我真的还有希望吗？"他用疑惑的目光看着我。"真的，一定会的，只要你坚持。"我鼓励他。于是从那时起，他像变了个人似的，班里的事他抢着干，上课也能专心听讲了，也爱问问题了……结果期末考试他在我们班内排行 23 名。

二、宽容豁达也是一种教育手段

爱是架起师生互相理解信任和相互支持的桥梁。有道是：该宽容时且宽容。对于学生的错误，需要批评，但有些错误，则不能太"较真儿"。当个别学生犯错误时，教师应了解此时学生的心态。对其错误不姑息迁就，剖析产生根源，指出危害性。同时，还要谅解他们的一时鲁莽，做到宽容有度，严而不厉。中学生的过错大多是由于自制力差而造成的，而对于学生非本质的过错一味地批评往往收效甚微，对他们采取宽容谅解的态度，则常常收到良好的教育效果。有人说：宽容、豁达是一种洒脱，也是一种修养，爱可以使人变得宽容、豁达。我体会到：批评是一种教育手段，宽容、豁达也是一种教育手段，有时，是很有效的教育手段。

三、没有严格要求的爱，不是真正的爱

在教育手段的实施中一定要"严"。教师应当学会在对学生的严格要求中取信于学生，"严"与"厉害"不能混为一谈。"厉害"是一种生硬、粗暴的教育方式，只会起反作用，达不到教育目的。

严格要求与热爱学生是一致的。俗话说得好："严是爱，纵是害，不管不问要变坏。"要让学生对老师真心爱戴，老师对学生首先要严慈相济，严而不厉，爱而不纵。施爱要面向全体同学，避免对个别学生的偏爱。

总之，我体会到，为了让学生接受我们的教育，让我们的心灵与学生的心灵产生共鸣，班主任工作不再是空洞的说教，而应当更多地倾听和理解，研究学生的心理。教育不只是公开的、集体的，更多的是个别谈心和辅导，拿出慈父与慈母的爱去感化他们的心灵。一定会"爱到深处情自现，水到渠成严也服。"虽然一个人的转变是一个漫长和渐进的过程，但如果我们教育者善于捕捉契机，巧妙地运用教育手段，则可能会起到催化剂的作用，使一个人迅速转变过来。

栽下了一棵树，世上就多了一抹绿荫，转化了一个学困生，就把社会向前推进了一小步，这就是我们的职责与使命！

你们的战友：梁勇

第九十四封信 "学校教育主张—爱与创造" 的落地与实施

各位老师，战友们：

　　大家好！以下两段文字来自一位家长对蓝董事长两本书的读后感，作为这一封信的导语。与大家一起学习。

《学校教育主张》读后感

　　是随波逐流、办一所"好学校"，还是独立探索、办一所"救救孩子"的"个性化学校"——真正有志于百年大计的校长们，可能还在为此而纠结。《学校教育主张》不只是蓝春校长和学校同仁们所奉行的"爱与创造"的激情宣示，更是他们多年脚踏实地、知行合一的科学总结。以南开中学、南开大学为代表的民办教育，曾培养了无数英才，书写了中国现代教育的辉煌；相信《学校教育主张》能给同行们提供有益的启示，大家携手共进、求新求变，突破令人窒息的考试教育，蹚出一条个性化的素质教育的生路！

　　——一位学校中学孩子的家长、《人民日报》高级记者　赵永新

《为教育呐喊》读后感

《为教育呐喊》不仅是信仰和责任驱使下的激情呐喊，更是融汇了中外教育理念精华和具体实践经验的睿智思考，让人心有戚戚；《为教育呐喊》不仅直指问题所在，更揭示了产生问题的根源，给出了解决问题的良方，令人豁然开朗。无论您是规划教育大计的官员，还是执掌一所学校的校长，不管您是一名教师，还是一位家长，当您花一点时间读完蓝春先生的这本小书之后，相信会有"值得一读"的同感。而受益匪浅的，也绝非只是您本人。

——一位学校中学孩子的家长、《人民日报》高级记者　赵永新

本学期工作的主线，工作的中心、工作的重中之重是"学校教育主张——爱与创造"的落地与实施。开学一个月，我们落地了多少，执行了多少，是中学每个管理人员与教师都应该反思与总结的，用当下流行的一句话来形容就是我们"喊破嗓子不如甩开膀子"。工作在教育教学一线的我们是与"爱与创造"推进中种种困难的正面"交锋者"，我们对"爱与创造"的认识和理解在一定程度上影响着学校教育主张的实际走向。在推进素质教育的过程中，还主阵地于课堂，把"爱与创造"理念贯彻到学科教学中，应是当前全面实施学校教育主张的关键一环。

"爱与创造"就是要实现对传统课堂教学的扬弃，除了在空间构成和时间过程两个方面的继承、调整和优化外，还要突出创新精神、实践能力和学生非智力素质的培养，把因材施教落到实处。

身处学科教学第一线的广大教师，肩负着"爱与创造"教育思想与课程和课堂的具体实施，因而自然成了"爱与创造"实施的主力军。在既定的课程标准、教材内容、评价体系等现实的内外条件下，该如何充分发挥自己的主力军作用？我们首先应该抓住课堂教学这个占用时间最多、内容最广、涉及面最大的教育主阵地，在对传统课堂教学的扬弃中积极推进。

在空间构成上的教育课堂，教学目标应该是知识、能力、品格的统一，而不只是应试的知识与能力；教学对象应面向全体学生，而不只是照顾少数学生；教学内容应是教给学生对明天有用、能适应未来社会发展需要的东西，而不能只限于课本与应试的知识与技能；教学关系应是以学生为主体、教师为主导的双边互动，而不是教师"一唱到底"、学生被动接受的单向传授；教学手段应是现代多媒体与传统手段的整合，而不是仅靠一支笔一张嘴"战斗"一节课；教学方法应以启发式手段引导学生主动探究，而不是"填鸭式"的一味灌输；教学重点应着眼于学生创新精神和实践能力的培养，而不是考试方法与能力的反复训练。

在时间过程上的教育课堂，组织教学应注重情境教学，激发学生的求知欲，而不是威严的纪律管束；更多以生活化的方式呈现知识，引导学生从纷繁复杂的生活现象中归纳、抽象出理论，而不应只是演绎推理，用有限的课本知识去解释无限丰富和无限发展着的实际；强化学生的个体参与，不仅要调动他们动耳动脑的心智投入，还要促使学生动眼、动嘴和动手等多方面的身心投入；教学过程目标的达成不仅需要引导学生自主获得知识，而且还要促进学生的情感、态度、审美等心理以及价值观、人生观等思想品德的成长。

要实现对传统课堂教学的扬弃，除了在空间构成和时间过程两个方面的继承、调整和优化外，目前更重要的应该是从以下三个方面进行突破。

第一，突出创新精神和实践能力的培养。传统的课堂教学，"师道尊严"的气氛太过厚重，培养出来的相当一部分学生只是考试的"高手"，而缺乏独立分析与解决问题的能力。因此，我们应该着眼于学生的创新精神和实践能力的培养，抢占这个教育的制高点。应极力创造让学生敢想善想、敢问善问、敢做善做、敢说善说的课堂教学环境。要做到这一点，首先必须淡化老师的威严色彩，缩短师生之间的距离。教师来到学生中间，与学生一起讨论问题，使教师与学生之间以及学生与学生之间形成心理上的相融。同时应该鼓励学生质疑，发表与教师或课本不同的意见，切忌伤害学生的自尊心和熄灭学生创新思维的火花。其次，应该让学生之间相互交流，使课堂成为学生展示自我的舞台，增强学生的自信心，消除使学生成为"分数奴隶"和"标准答案"的土壤，在教学中形成学生的独立人格意识。此外，应该加强对学生学习方法的指导，真正把打开知识宝库的"金钥匙"教给学生，让学生学会学习，学会持久发展。

第二，注意非智力素质的培养。传统的课堂教学，受应试的钳制，过分强调智育，忽视了对学生非智力素质的培养。在教学中，要注意向学生提出难度适当的学习任务，用任务驱动的办法激发学生的学习积极性和学习兴趣，让学生运用已学过的知识，借助于教师的指点、同学的帮助和学习小组的讨论，通过模仿和自己动脑动手去加以解决，从而培养学生的学习习惯，成功意识和克服困难的坚强意志等优秀品质。通过小组活动，还能培养学生与人团结、合作、尽职尽责的团队合作意识和责任意识；通过班级课堂的信息发布、信息交流等课堂活动，可使学生养成倾听别人意见的包容心理。

第三，要把因材施教落到实处。传统的课堂教学，由于考虑到教学内容与时间的关系，教师往往只关注教学内容与教学任务的按时完成，而忽视了学生的课堂活动细节。由于考虑到答案的标准化，教师关注的是答案的唯一性、标准化，往往会忽视学生的不同见解，忽视思维的碰撞。在课堂上，教师的职责必须是使每一棵"树苗"都能健康茁壮地成长。因此教师的课堂教学必须关注每一个学生，不仅要关注答案正确的学生，也要关注答案错误的学生；不仅要关注答案的统一性，也要关注答案的差异性；不仅要关注教学内容与教学任务，更要关注思维碰撞与学生的个性发展。

"爱与创造"能否全面落实的关键在于对学校教育主张真正内涵的理解是否到位，素质教育指向的是学生全面素质的培养，要实现这一目标，教学的有效性不容忽视。现阶段，要保留传统教学方式中适合素质教育发展的部分，摒弃那些死板的、机械的、低效的、陈旧的教学方法，力求把每天的每一次教育教学行为都调整到最佳状态，从根本上树立"爱与创造"的理念。

你们的战友：梁勇

2013 年 3 月 31 日

第九十五封信 IPad 进课堂，是利是弊？

各位老师，战友们：

大家好！这一封信与大家讨论一个问题，即 Ipad 进课堂是利大于弊还是弊大于利。

我对 Ipad 进课堂一直蠢蠢欲动，上一周我们到郑州二中对 Ipad 进课堂进行了考察学习。创建于 1941 年的郑州二中有悠久的办学历史，厚重的校园文化，先进的办学理念，卓越的教学质量。自 2010 年 10 月学校大胆创新，提出"开放办学"，对学生开放、对家长开放、对社会开放，让所有关注学校、关注学生、关注教育的声音都参与到学校管理中来，学校汲取各种有利于办学的观点和建议，在各方监督下，对学校进行民主管理，使学校得到了社会各界的广泛关注，并且发生了显著变化。2011 年，学校秉承

其 "敢为天下先" 的魄力，将数字化教育革命推行到课堂中，在创新实验班每个学生都手捧一台 Ipad 上课。二中的学生能熟练地将 Ipad 在课堂中运用，整个课堂高效有序，网络在这里是他们汲取知识宝藏，化解难题渠道和与老师沟通的平台；曾经以为智能课堂离我们很遥远，但它已经在我们身边。

就在前两天的 3 月 28 日，《中国经济网》报道北京海特花园小学举行电子书包课堂展示：平板电脑代替教材上课。据悉北京将拨 300 万元，今年完成纸质教材电子化。这两年，不少地方的中小学正在推行"电子书包"项目，将平板电脑引入课堂和教学。这种改革到底是弊大于利还是利大于弊，希望引起我们全体老师的思考，为下一步我们的 Ipad 进课堂改革做好思想基础和必要的心理、行为准备，或者从某个实验班开始，或者从某些学科开始。感兴趣的班级或者感兴趣的老师可以发邮件给我与我沟通，我们一起论证其可行性，经过论证之后，我们最终还是把选择的权利交给老师、学生与家长。

关于 Ipad 进课堂有两种声音，一种是弊大于利，另外一种是利大于弊。

弊大于利的理由是：Ipad 进课堂必须慎行，"电子课堂"引入了视频、动画等，能调动学生兴趣，但总体来说，将平板电脑引入中小学弊大于利。首先，有损孩子身心发育。中小学生正处于生理发育的关键阶段，长期使用平板电脑，必定对学生眼睛、颈椎等造成影响。而且，平板电脑也易造成孩子相互攀比、沉迷游戏；其次，容易形成惰性。现今的人过度依赖电子产品，提笔忘字，遇到问题就"百度"的不在少数。使用平板电脑，会让学生遇到问题习惯求助机器和网络，产生依赖心理。无论科技如何发展，教育最重要的是沟通，学生与老师、与同学，老师与老师之间的接触，语言沟通，心灵相通，是任何技术也取代不了的。否则会陷入"唯工具论"的误区。

利大于弊的理由是教育者不能排斥新技术：10多年前，当PPT初次登上教学舞台时，也有很多教师反对，提出了种种理由。而如今，PPT已经成为校园的一种常规性教学方式。由此可见，新技术的优点是显而易见的，再如何抵触也难抵挡其融入课堂的大势；用平板电脑进行教学有很多好处：减轻学生书包重量，节约教材纸张，而实际教学方面的优势更多，通过电子化、网络化、交互式、实时性能够让原来沉闷的课本"活起来"，有效提升学生的学习兴趣。看待平板电脑进课堂不可偏颇，这不是一个取代师生互动的自主教学的模式。有些技术如打字取代手写一样是大势所趋，对于这类新技术，教育者应当做的是亲自体验，顺势而为，积极利用，而不是畏之如虎，才能让我们的教学水平更进一步。

教学工具总是在不断进步的，从投影仪等现代教学设备的使用到电脑网络环境下的教学，每一次都是质的飞跃，如今，平板电脑进入课堂也是大势所趋。不过再先进的设备也是为教学服务的工具，学习很多基础知识，我们多年来早已总结出了非常成熟的教学经验，平板电脑作为一种辅助教学工具，当然可以进入课堂，但也只能是课堂中多种教学工具中的一种而已。有了计算器，我们仍然要用手和脑计算，有了汽车，我们仍然要用腿走路，有了平板电脑甚至更先进的教学设备，最终起作用的还是人本身。只要把握好度，通过一些手段提升学生的学习兴趣才是最好老师。课堂是学生学习的主要场所，现在的学生已经不同于以往，他们身上具有强烈的时代特征。而电子产品的"图文声并茂"更能够吸引孩子，如果中小学生的课堂一味拒绝"电子书包"，显然是摒弃了一种提高学生学习兴趣的路径，更重要的是，教学工具是服务于教学的。显然，"电子书包"有着天然的优势，能够快速地促进师生的沟通。这是传统课堂所无法比拟的。

华东师大教育学系主任朱益明教授认为，Ipad进课堂没有必要大惊小怪，这是现代技术影响课堂的表现，或许已是大势所趋，关键看人们如何有效利用。"Ipad等现代信息通信技术设备必然会影响传统的教与学，它们或许将成为学校中不可缺少的教学设施。我们对待Ipad进课堂的态度不应抗拒，也不应隔离，这些都是不现实的。设备是死的，人是活的。关键是，我们要考虑的是如何有效用好它，而不是用不用它。当然，这对学校对教师的挑战很大。"

对于Ipad进课堂形式和内容孰重孰轻的问题，朱益明认为，新技术进课堂起步阶段，很可能形式大于内容。但相信随着电子化课堂不断推进和完善，内容会大于形式。"当前人们对Ipad进课堂有争议也是很正常的事，即使在国外也是争议不断。但是，不能因此而拒绝平板电脑等设备进课堂。"

Ipad 是否进入我们学校中学的课堂？请大家各抒己见，只为我们的学生更好，我们的教学更好，我们的教育更好。

你们的战友：梁勇

2013 年 4 月 7 日

第九十六封信 让我们走进激励教育

各位老师，战友们：

大家好！清明假期，在回山西老家扫墓的途中，我看了一本名叫《激励理论》一书，它是美国著名心理学家赫兹伯格所写，他告诉我们，人们的学习和工作绩效取决于他们的能力和激励水平（即人们积极性的高低），用公式表示为：工作绩效＝能力 × 激励。

由此可见，要使每个老师发挥更重要的作用，领导就应该激励老师，要使同学在课堂上充分地发挥他们的才能和创造性、主动性，使他们都保持高昂的情绪和强大的向心力去实现教师规定的学习任务和目标，教师就应经常采用多种方法手段去激励他们的积极性，因为积极性是发挥潜能的原动力。

读完这本书之后，我反思良久，平日的工作，是不是因为我的性格使然，对大家的批评太多了，激励太少了，也许这本书就是改变的力量，让我们一起共勉，一起努力。激励从我开始，从每一位领导开始激励老师，老师激励学生，在激励的手段上，初中部的孙主任是我们学习的榜样。我把读书的心得与体会记录于此，与大家分享。

一、激励可以增强领导与老师，老师与学生之间的相互信任感和了解的程度。老师和学生是有感情需要的，每个人就需要那里得到尊重、友爱、温暖、情谊和教诲。当这种情感需要得到满足后，他们便会以更大的激情工作或者学习。这种情感建立在人与人之间情感交融的基础上。教师和学生之间的感情融通包括情感和信息两个方面，感情和信息融通了，可以增强师生之间的亲和力。

二、语言激励应该是教师经常运用的教育手段之一。以勉励的口气布置任务，可以充分利用人的自尊心和荣誉感，使其潜在的能力得到最大限度的发挥。表现特别好的学生，最大的期望莫过于得到教师恰如其分的评价和鼓励；有某些过失的学生，最害怕的莫过于受到教师的挖苦和冷遇。生硬的命令，一开始就剥夺了学生的主动性和创造性，降低了他们的活动热情。如教师布置学生跳高："你们必须给我跳过去，跳不过去的要受罚！"学生听了心里不舒服，带着顾虑练习，效果肯定不会好。如果换成勉励式布置："同学们要大胆地练习，跳不过去没关系，我再继续辅导你们。"同学们听了不但乐意去练习，而且练习时没有心理负担，练习效果肯定比前者要好。包括在训练比赛中，我们中学一位老师部曾经为一场校际篮球比赛感叹道：体育比赛是残酷的。撇开结果以及其他因素，无论是成功还是失败，让学生知道我们是很好的团队，我们努力得很好，我们就是成功者。如果很好地运用激励对于学生心理的健康成长和提高有很大的作用，甚至我觉得有时候对学生的人格感化有重大作用。

三、参与式激励，让学生更有创造性。行为科学研究的结果表明，参与管理，参与决策，是人的一种自我实现的需要，是精神方面的一种自我实现的需要，是精神方面的一种高层次的需求。从这一原理出发，教师在备课过程中就要倾听学生的呼声，了解学生的要求，收集学生的建议，让学生献计献策，让学生参与备课。

四、宽容式激励，是增进关系的基础。课堂上，师生之间产生矛盾是常有的现象。遇到这种情况，首先，教师要容人之短，不怀成见。教师的宽容是育人的前提，是妥善解决矛盾、融洽师生关系的基础。其次，教师对学生要热情教诲，以情感人。若采取"以牙还牙"的办法，必然激化矛盾，破坏师生关系，严重影响教学。美国心理学家罗森塔尔研究的"皮格尔马利翁"效应证明一个人在受到别人语言评价时，这种评价在一定程度上可以改变被评价者对自己的看法，并因此改变自己的行为。如果不了解学生的特点，不能区别对待学生，不研究语言的艺术，就会导致负效应发生。如果这种融通和理解得到了同学的认可，他们就会以更大的激情投入学习和训练，且这种效应会长时期持续下去，对提高教育教学质量有百利而无一害。

五、影响式激励，是最有力的教育。影响式激励主要表现在教师自身的模范作用上。课堂上，教师懒懒散散，学生就会有令不行，有禁不止；教师严于律己，要求学生做到的，自己首先做到，学生就会模仿老师，严格要求自己。教师的表率行为具有很大的感召力，能对学生产生有力的感情激励作用。

激励是一种能力，也是一种态度，更是"赏识教育"理念的主要手段，让我们互相激励，并肩携手，让每个学生在激励的氛围中找到真实的自我，让每个学生都做最好的自己。

你们的战友：梁勇

2013 年 4 月 14 日

第九十七封信 什么是成功的教育？

各位老师、战友们：

大家好！4 月 9 日上午，北京市西城区民办教育协会会长、副会长、秘书长以及西城区教委民领导到我校进行了参观与交流。

次日，秘书长张秀琴发来一封感谢信："此次到贵校参观学习活动十分成功，参与人员十分感慨称'不虚此行'。在此，我代表西城区教委民办科赵颖科长、西城区民办教育协会杨之靖会长及全体考察人员，对你们的热情接待和提供的宝贵经验再次表示感谢！同时带去对学校领导以及全体为我们服务的老师们的衷心谢意和问候！希望我们学校与西城区民办教育协会及各会员单位就此结下交流学习的良缘，相互学习、相互合作、相互促进，不断开拓民办教育新的局面，获得更好、更快的发展！"

这封信，是对我们的激励，也是对我们的鞭策。在参观的当天，北京市西城区老年大学校长评价我们学校5年来的办学"经验可贵、成绩可观、启迪深刻、内容丰富"，他说我们学校突出了四个"人"的观念，即人文理念、人本思想、人文关怀和人才目标。杨之靖会长说，来到我们学校，犹如春风扑面，让大家不虚此行，受益匪浅。我们学校是一所有自己的教育理想和教育理念并配有具体实施举措的中国民办学校中的先行者。就像蓝春校长说的那句话一样，我们学校正在培养学生一种决战未来的信心与能力，值得我们所有教育工作者学习借鉴。学校的教育是真正的成功教育。

这些高度的评价，让我们诚惶诚恐，引发我更多的思考。什么是成功的教育？我认为，任何类型的教育都可能是"成功的教育"，同时也可能是"失败的教育"。能让学生以成功的心态走向社会，就是教育最大的成功，因此，我们主张不求人人成为精英，但求人人走向成功。如果问我"你心目中成功的教育是什么样的？"我会坚定地回答：成功的教育，不仅是考上了多少清华、北大，更重要的是让学生能以成功的心态走向社会。过去我有一个学生，本来学习成绩是不错的，按照他平时的成绩，是能够考上清华北大的，家长、老师对他的期望也很高。但是，由于发挥失常，他最终没能去成清华北大，而是上了知名度也很高的一所重点大学，据我所知，由于舆论的压力和世俗的偏见，这个学生是以失败的心态走向大学生活的，这种灰色心理一直伴随着他。而在现实生活中我们也时常看到这样的现象：有的学生在校成绩好，走上社会却无所作为；有的学生在校经常被归为差生，走上社会却能成就大业；有些重点大学的毕业生也可能一事无成，而有些一般院校的学生却能大有作为。另据报道，全国知名企业家有1/3的人文化程度在大专以下。为什么会造成这种局面呢？我们对学生的评价方式与学生的实际素质及成功可能性之间为何会出现如此之大的偏差和背离？这里面有社会发展过程中的某些局限，更有我们教育观念出现的偏差。

这些事例让我开始反思一个问题：到底什么才是成功的教育？首先，成功的教育应当使每个学生具备成功的潜质。对古今中外杰出成功者的研究发现，凡成功者都具有共同的素质，如远大的理想、强烈的愿望、敏锐的头脑、缜密的思维、健全的人格、独特的个性、超常的勇气和魄力、坚韧不拔的恒心和毅力等等。因此，教育不应仅仅是让学生学习一种知识技能，更应当引导和培养学生高尚的情操、持之以恒的毅力、克服困难的勇气、乐观幽默的性格，是关心社会、尊重他人、善待自己的修养，是善于相处、善于合作、善于把握自己与他人情感的能力等等。只教给人知识的教育不是成功的教育，而没教给人自信、自尊的教育更称不上是成功的教育。为什么在众多的素质中我要尤其强调自信和自尊呢？因为我认为，在以竞争为主要特征的现代社会里，自尊和自信是一种重要的心理品质，而成功与自尊、自信可以说是密切联系，不可分割的，二者相辅相成，互为因果。教育教学实践表明，获得成功的体验，这是学生个性化发展的要求，没有比取得成功更能使学生激动和受到鼓舞了。一个人如果在青少年时代能对自己的学习、工作满怀成功的信心，就会为将来从事的社会事业打下良好的心理基础。有很多学生学习成绩不好，甚至厌学、逃学，究其原因，不能说跟他们很少甚至从未体验过成功的乐趣毫无关系。事实上，这部分学生由于成绩差，在学校常常受到老师的批评、训斥和同学的冷嘲热讽，在家里又常常受到家长的打骂责备，根本就享受不到成功的乐趣。他们视学习如猛兽，提到学习就害怕，碰到测验、考试就发慌，学习带给他们的是沉重的心理负担。经常的失败经历，使他们感到心灰意冷，产生自卑和失望，导致恶性循环，从而极大地限制和影响了自身潜能的发挥。

自信心不是凭空产生的，必须以实力为基础。由于中小学生自我认识的局限性，往往看不到自己的潜能，因而常常表现为缺乏自信。比如说，从心理学角度来看，初中生的自我评价一般比较低，部分初中学生比较自卑，他们没有辩证地分析自己，无法认识自己的优点和缺点。特别是当遇到失败和挫折时，他们往往会往死胡同里钻，更多看到自己的弱点和缺点，导致自卑感越来越强。因此，对于学生来说，主要是发现或培养自己的实力，而对教师来说，则是为学生发现或培养自己的实力创造条件，而优秀教师的一大特色就是善于培养学生的自信心。

追求成功是一个人学习和生活的基本动力，渴望成功是学生的基本心态，没有任何人会以失败作为自己的人生追求。可以说，成功是一座灯塔，能够照亮人生的航程，给予人们动力和方向。因此，对于成功的渴望便成为人们终身不解的情结，成功的偶像成为人们顶礼膜拜的对象。但是，在当前急功近利的思潮影响下，对成功的理解出现了狭隘化和简单化的倾向，家长们对成功的理解就是孩子日后找到个好工作；学校的管理者和教师对成功教育的理解就是能考上多少个北大清华。孩子们自背书包的那一天起，就从成人那里获得了最简明扼要的人生公式：出人头地＝考试高分＋重点学校＋白领阶层。在这些对"成功"的狭隘理解的观念驱使下，出现了千军万马过独木桥的局面。学生们的个性得不到张扬，创造才能被压抑。

我国著名教育家陶行知先生就曾说过："你的教鞭下有瓦特，你的冷眼里有牛顿，你的讥笑中有爱迪生。你别忙着把他们赶跑。你可不要等到坐火轮、点电灯、学微积分，才认识他们是你当年的小学生。"这话说得很有趣，也很深刻，它意在警示教育者，成功本身就是动态的、多角度的概念，成功的教育对于每个人来说应有不同的标准，因此教育不能用一个标准要求所有的受教育者，因为社会不是只需要一种规格的人，成功的教育就是要把每个人的志向、素质、条件与社会的需求对接起来。人们不必羡慕他人的成功，也不能复制或是"克隆"他人的成功，但也可以应该借鉴他人的成功，只有正确地确定自己的目标，并正确地去实施，才会有属于自己的成功。人是一个特殊的个体，并且正是他的特殊性使他成为个体。个体的丰富多样是这个世界之所以五彩斑斓、惹人热爱的原因所在。教育必须准备好面对异彩纷呈的生命姿态。生命的成长是倔强的，教育必须有助于培养这种自强不息的力量！具体到教育实践的层面上说，学生的文化课成绩尽管存在差异，但是教师不能仅仅以学业成绩的好坏来判断和评价一个学生能力——因为我们不可能也不需要把所有的人都培养成一种人——而应创造别的舞台，拓展课程让学生充分展示自己，塑造学生成功的心态。我们开展的第二课堂即社团活动就是一种很好的经验。

周三，我带客人去参观我们的丰富多彩的社团活动，看到孩子们快乐、自主的活动，我享受到了成就感。因为在这里，不仅能使学生得到课堂上得不到的非学业素质的训练，而且有利于开发学生的非智力因素，培养学生的自信心，有利于学生尽快成功成才。每个人都需要自己的成功教育，真正成功的教育，其魅力正在于让人成为他自己，成为他经由教育即有望完善的自我，并获得属于他自己的成功。 未来社会的竞争说到底是人才的竞争，那种高分低能的人绝不是社会所需要的，必将被社会淘汰。必须改变这种状况，让每个学生都能以成功的心态迈向今后的人生之路。我主张，不求人人成为精英，但求人人取得成功。"让每一个学生以成功的心态走向社会"，说到底就是为学生的成才负责，为学生的未来发展负责，为学生的一生奠基负责。成功的教育，实际上就是给予学生智慧和灵魂，教会学生可持续学习和发展的能力。

你们的战友：梁勇

2013 年 5 月 5 日

第九十八封信 由"苏乐"报告
反思中美学生评价标准

各位老师，战友们：

大家好！

周四晚上听了初二（1）班黎苏乐《我的成绩是"钻"出来的》主题交流，黎苏乐从个人的经历、对学习的理解、学习方法的介绍、特长兴趣的发展、性格的养成等方面侃侃而谈，落落大方，表达清晰流利，而两年前，她刚来学校的时候，对中文还比较陌生，两年后的今天，却是如此突出。报告结束之后，我问她，你的理想是什么，她回答，我高中毕业之后首先是要报考美国哈佛大学，读新闻专业，我想从事记者这个行业，她不仅学业优秀，而且主题报告思路清晰，个人奋斗的目标明确，我真的感触颇多。

黎苏乐，初二（1）班现任班长，美籍华人，生于美国，在来我们学校初中部之前一直在美国生活、学习，怀着对中华文化的热爱，对中国基础教育特别是初中阶段教育的向往，于2011年9月毅然回国，在众多的学校中，毅然选择了我们学校初中部。从刚来学校时的中文说得不流利，数学成绩乃至英语成绩也并不突出，还有一些生活方式上的中西冲突，人际交往上的中西差异所引起的不适和焦虑，到今天成为一班之长、学生会宣传部部长，成绩上也是出类拔萃，各科成绩齐头并进，多次蝉联年级第一，同时兴趣广泛，国画作品多次获得全国大奖，校园十佳歌手第一名，多次参加国内、国际音乐节等演出活动，屡获殊荣。在初中部类似黎苏乐的优秀学生不断涌现，如李聪、连大山等，一股"苏乐"现象如旋风般刮起，到底是什么原因，会引发这些现象？值得我们思考总结。

我想，在这里原因很多，更重要的一点是对学生的评价起关键作用。世界不是完美的，对任何事都可以有不同的衡量标准，这一点从苏乐同学的交流报告中可以感觉到。

自从儿子赴美国留学接受国际教育以来，特别是自我们高中开办美国班以后，我开始关注美国的评价标准和录取标准，我们可以通过美国名牌大学对候选人的录用标准来探究美国教育下的学生素质标准。有一年，有3200位SAT满分的学生申请哈佛大学，结果哈佛大学录取的学生中56% SAT在1500分以下。因为在名牌大学，录取的并非成绩好的学生，他们录取的是将要贡献社会的人。举例来说，一个女孩学习一般，但她以1300多分的SAT被哈佛大学录取。她出生在一个富裕的家庭，富裕到她一辈子不工作也可以衣食无忧。高中的暑假，她没有去暑假班学什么大学预科，而是天天到餐馆打工挣钱，挣的钱捐给拉美两个穷苦的孩子上学。她几乎把全部的课余时间用来做志愿工作了。这个女孩在大学申请里写道：我的父母有钱，但如果我从他们那里要了捐出去，那是他们的慈善而不是我的。

　　与教学方式相配套的是对学业的评价方式。质疑老师的观点，"会提问题"是老师考查学生学习能力的一个尺度。即使在标准化的考试中，也可能没有标准答案，关键是看思路。比如，我看过一个报道：请举例说明达尔文进化论是如何进行的，并对物种的进化做出你的预测。一位学生的写作大意为：当前地球上的少女有美有丑，根据达尔文的理论，我预测将来美女会越来越多。理由是：美女才有人要，丑女没人要，嫁不出去，自然无法繁殖后代。中间举了很多事例论述了他的观点。结论是：美女人见人爱，她们最适应环境等等。这样的回答，在国内肯定是不及格的，不过在美国，由于他的格式正确，主题鲜明，至少可以得到80%的分数。

建立科学的素质评价标准是推进素质教育的要求。因为素质教育的本质在于恢复教育的本来意义和价值，即养成学生健康人格，促进学生全面发展。素质教育要求课程内容必须与学生成长经验、与生活世界紧密联系起来，培养学生探索精神和创新思维，使学生能在学习中体验思想、创造的魅力，这才能提高学生的学业成绩，而且能让学生体会到学习的欢乐。

所以，我们除了在建设高效课程，构建科学课程的基础上，要加强评价标准的制定，这也是学校未来的趋势与走向。如何制定学生的评价标准，如何实施，是我们应该认真思考的课题，也是我这段时间认真思索的课题。

你们的战友：梁勇

2013 年 5 月 12 日

第九十九封信 无情岁月，有情人
—写在学校五周年校庆之际

各位老师，战友们：

大家好！

今天是母亲节，祝福天下的母亲幸福、安康！

今天是汶川地震"5·12"五周年纪念日，为灾区祈福。本周，我们将迎来学校5周岁生日，我们将举行5周年校庆，5月19日，将迎来我们学校的5周年校庆，校庆绝不是为了搞一次庆祝活动，也绝不是一种宣传形式。校庆是对学校5年文化积淀的一种挖掘，校庆是对学校办学5年成果的梳理，校庆是对全校师生凝心聚力的一次机会，校庆是积累人力资源的一种举措，校庆是校友相约、老朋友聚会的一方平台，校庆是学校文化建设的重要组成部分，是宣传、展示学校5年业绩的重要载体。

校庆的筹备和实施过程，本身就是无私奉献的过程。许多人都在为校庆工作而不计报酬地加班加点，校办主任余晖，从校庆的策划到组织，从5年成果梳理的协调到嘉宾的邀请，从宏观到微观，事无巨细，以魏校长为首的艺体信息中心，从庆典演出的策划到校史馆的装修，从早到晚，忙前忙后；发展中心徐永锐主任，从宣传片的拍摄到制作，上下协调，学部周旋，各学部的校庆协调员，在做好本职工作的同时，积极投入其中，后勤的保障工作，有任务就有执行，不管是白天还是晚上，不管是工作日还是周末，从无怨言，如果没有一批默默无闻的志愿者，没有一帮乐于奉献的身体力行者，就不可能有我们学校的圆满的校庆，这不只是校庆的筹备，更是学校精神文化的体现。

与学校结缘，5年来，我们始终在一起，10年后、20年后，无论你我在哪里，我们都来学校再相会。20年后怎么样？学校变得怎么样？我们自身变得怎样？谁也不好预知。来不及感慨，来不及回味，让多彩的梦满载理想一路向着未来放飞……

20年后再相会，那时的山，那时的水，那时的风光一定更美。那时的春，那时的秋，那时的硕果令人心醉。那时的你，那时的我，那时我们再相会……

另外，我写了一篇《无情岁月，有情人》的文章与大家分享。

无情岁月，有情人

小龙五月，京城初夏，学校校园，鸟语花香。

5年来，拼搏奋斗，呕心沥血；

5年来，启航发展，蒸蒸日上；

5年岁月，记载了沧桑，记录了时光；

没有变的是我们的情，我们与学校的情……

5年前，力迈齐聚首，共筑学校。新校迁，爱心连，生源稳，家校建，人气聚，口碑延，加班加点，人人不曾闲……

4年前，足迹遍京城，汗水洒乾坤，上内蒙古，下山西，跑山东，赴河北，飞厦门，走天津，里忙外忙，风尘心甘甜……

3年前，中学临危受命，已有40余月。朝起早，夜眠迟，严管理，务求真，构体系，改课堂，初中高中，个个笑开颜…

两年前，学校生源紧俏，学位一座难求，工资增，学费涨，手牵手，齐欢畅，心连心，赞歌唱；校内校外，师生乐开怀。

看今朝，5 年校庆时，蓝天映照碧海，春风绿满校园。

平添豪兴，祝福诚出我心间。

你们的战友：梁勇

2013 年 5 月 20 日

第一百封信 语文论坛，返璞归真
五年校庆，精彩纷呈

各位老师，战友们：

大家好！

校庆周，好忙，忙里偷闲，我们周二晚上召开了本周招生例会，周三举办了我们学校沙龙专场，周四组织了学生专场，周五上午组织了学生家长会，真语文论坛开幕仪式，中午举行了画展与义卖剪彩，下午组织了来宾与家长演出专场，忙得不亦乐乎。今天与大家交流一个自命题话题《语文论坛，返璞归真 五年校庆，精彩纷呈——"真语文"论坛与校庆有感》"真语文"论坛在我校举办，历时两天，昨天下午落下帷幕。两天的论坛，无论大师的讲座，还是老师的讲课，都给我留下深刻而难忘的印象！老师的课没有精美的课件，没有动听的音乐，也没有眼花缭乱的画面，没有煽情的话语，每一句话都真实自然，每一个指导都恰到好处，每一句点拨都能让孩子有所进步。 以下我围绕"真"字谈一些我听课的感受：

真之一： 学生的率真：新疆的李老师在执教《两只狮子》一文时，为了让学生深入体会"滚""扑""撕""咬"这几个动词，在舞台上引领孩子们用具体的动作大胆地演示。看着一个个率真、可爱的孩子，不由得想起一句名言：最成功的教育就是让每个孩子在快乐中将天性最大限度地释放。相信这节课会给孩子们留下深刻而难忘的印象。

真之二： 老师的较真：74岁的贾志敏老师讲课手段老，只有一支白板笔和老师的一张嘴；讲课方式老，老师讲，学生听和练，可谓一个老人呈现了一节老课。然而朴素的表达，真诚的教学和逻辑严谨的环环相扣以及对学生实实在在的引导，都令人耳目一新。他在执教《母亲的鼓励》时，有由衷的表扬和鼓励，有严肃的批评指正。这节课上，他最大的特点就是较真。有细节上的较真，比如"母亲"的"母"字的笔顺，让几个同学在白板上写，反复纠正，直到写对为止。还有朗读的音调，发言的口语纠正，甚至听课、写字的坐姿等他都一一强调！也有方法上的较真，在关于补写训练的方法指导上一步一步引领，一个词一个字地较真。

真之三： 师生的情真：贾志敏老师和刘建民老师的课都注重

了用老师的真情唤醒学生的真情记忆。当贾老师讲到他已74岁高龄又身患癌症时全场无不震撼！刘老师回忆母亲从得病到去世的往事勾起了学生对亲人的思念，一个学生的发言几次哽咽……

真之四：课堂的本真：余映潮老师的课没有半点花架子，开门见山地导入，通过不停地朗读、背诵、积累，用几分钟的时间让学生即兴创作，学生的诗作精彩到让听课老师瞠目结舌。整节课轻松自在而又令人难忘，真的妙不可言！"洗尽铅华呈素姿，返璞归真为语文"。

真语文论坛让我们懂得语文课"有真就好，有情更深，扬善则美"，让我们记住"会举例子，会讲故事就是学会了语文"。真语文论坛让我们懂得今后的语文教学要立足于找寻语文教育最真的本源，回归语文教育最真的质朴，质朴自然清新。少些粉饰与雕琢、空洞务虚的标语口号，多一些扎扎实实的听说读写。着眼于实处，回归到根本，让学生在本真的境界里认识、理解、接纳和传承中国的语言文字。本真才能让聆听者触摸灵魂的深处，感受内心的真情实感，放飞想象的翅膀，创造属于他们的独特世界。真语文论坛让我们懂得"真语文"就是要还语文一份安宁，洗去铅华，回归本真，给生命一处栖息与升华的大地，让生命在纯正的语言文字中潜滋暗长，享受真正的春华秋实的厚重过程。让我们携手拒绝语文教学中那太多的"添加剂"，让语文教学返璞归真，回归本色！

首先，我们站在学生的角度，"把权力还给孩子，把校园还给孩子，把课堂还给孩子，把快乐还给孩子"，让校园充满生命的活力是贯穿在我们学校的教育理念，同时是我们学校一直践行的教育理念。真语文论坛邀请了国内著名专家，为师生及参与论坛的全国语文教育者带来了一场场思想的盛宴，同时也为大家带来与语文教学前沿学者对话的机会。对与会的全国语文一线教育工作者来说，我们学校此次校庆系列活动更是一次学术的盛宴。

其次，我们把"爱·创造"师生书画展与义卖作为献礼校庆五周年校庆系列活动之一，彰显了学校"爱与创造"的教育理念。一幅幅饱含师生爱心与创造力的作品，满载着对母校的热爱，对艺术的热爱，对生活的热爱。

最后，我们精心准备了专场文艺演出，"和爱一起绽放"主题文艺演出共分为4个篇章："播下一片绿，洒下一片情，绽放花千树，喜结丰收果。"四个篇章，道出了我们学校从孕育、发展到壮大的过程，道出了学校崇高的教育情怀。精彩的节目让现场师生兴致高昂、激情满怀，热烈的掌声和欢呼声在体育场内久久回荡。这场视听盛宴为我校5年校庆书写了绚烂的一笔。学校5年非凡的岁月，因为有崭新的教育理念和方略才一路高歌。5年的征途，因为有家长和社会各界的关心支持才兴旺红火；5年的春秋，因为有老师们的辛勤耕耘才满园春色；5年的时光，因为拥有了你和我，校园里才更加欢乐。今天，学校人载歌载舞，用激动的心，用诚挚的情，庆祝我们学校5周年华诞。

"爱与创造"，一直是学校人不断奋进的激昂号角，更是我们学校难能可贵的精气所在。5年的沉淀，在学校人的辛勤耕耘下，我们学校的发展稳步向前。我们有理由相信，下一个5年，下一个10年，甚至更悠长的未来，我们学校必定会给我们更多期待与惊喜。让我们放飞梦想，奔向未来，祝愿我们的学校前程似锦，祝愿学校各项事业取得更大的成就，谱写更加壮美的历史篇章。

纵然是岁月无情，四季流转，纵然是时光匆匆飞逝，青丝变成白发，可总有一段岁月让你内心感动，总有一种声音让你泪流满面，总有一种风范让你仰慕永久，总有一个地方让你频频回首……让我们把爱与创造，一起传递下去！

你们的战友：梁勇

2013 年 5 月 25 日

第一百零一封信 高而不危，满而不溢，论学校发展的"问题意识、忧患意识和危机意识"

各位老师、战友们：

大家好！

先与大家分享一个喜讯，今天上午罗保文老师从美国给我发来信息，在信息中提到："梁校，您好！DI 闭幕式刚刚结束，孩子们取得了全球第 8 名的成绩，现场的大屏幕不仅公布了第 1～3 名的成绩，还公布了第 4～10 名的成绩。虽然这一次创造了参加 DI 大赛 4 年来的最好名次，但还是遗憾地与前 3 名失之交臂，未能登台领奖展现我们中国及学校的风采。此次亲临现场感受、体验 DI 全过程，确实收获很多，团队、创意、多元文化、沟通、理解、尊重，对学生、对学校，乃至对国家都十分有意义，回国返校后再详细向您汇报工作。感谢梁校对 DI 社团的大力支持。"。DI 社团创办 4 年来，这是取得最好名次的一次。前年，学校代表中国被中央电视台新闻频道采访报道，DI 给予我们的不仅仅是团队、创意，更是国际化的一个平台与载体。

说到国际化，我们学校在我兼任中学校长以后，初中部已经有孙春立主任、郭东升主任、江承明处长、李宇老师、才华老师、宋冬梅老师、刘虹霞老师、孙艳霞老师、罗保文老师、王大鹏老师带队出国学习并考察，今年又有刘秀灿老师、代增喜老师、李永宏老师带队赴美参加夏令营，崔淑红老师与艺体中心老师们一起带队赴韩国参加舞蹈比赛。高中部康庆主任、宋和平主任、杨佳晰老师今年将带美国班学生赴美交换学习，崔岩老师将带队赴美参加夏令营，崔艳军处长已于今年带队赴美参加了冬令营。希望我们学校在国际化的进程中再加快脚步，没有观念的国际化，没有理念的国际化，没有行为的国际化，国际化只是口号而已。国际化进程会给每个老师提供出国学习与考察的机会，以开阔我们的国际视野。

本周三晚上，学校组织各学部德育处、生活区、教师代表、班主任代表召开了一次"问题解析会议"，大家畅所欲言，真实地反思、交流了学校管理及实际工作中存在的问题。这5年，我们学校在穿越历史的进程中，真是瞬间。5年来，我们的学生翻了近5倍，学费增加了一倍，这是我们不言而喻的成绩。但是，任何事物的发展不可能一帆风顺，我们必须居安思危。我在不同的场合表达过，学校短暂的5年，还属于创业阶段，这样的阶段，水域开阔也暗流涌动，大河奔腾也泥沙俱下。如何准确把握学校定位，如何辩证看待学校下一步的发展，认识论与方法论的问题，从未如此迫切地摆在我们面前。我们应该共同探讨、共同思考接下来的5年、接下来的10年以及未来更长一段时间应该如何发展。

在2009年的年终总结会上，我提出了"我们不能只总结成绩，更要找寻问题，我们要居安思危"；在2010年的年终总结会上，我提出了"生于忧患，死于安乐"；在2011年的年终总结会上，我提出了"我们要有问题意识、忧患意识和危机意识"；在2012年的年终总结会上，我提出了"战略大局意识和团结协作意识"，有这几种意识是一种清醒的预见意识和防范意识，是一种危机感、紧迫感、责任感、使命感。这种意识源于对事物发展规律的深刻认识。实践证明，有了"问题意识、忧患意识和危机意识"，就会有开拓进取的精神，有了开拓进取的精神，就会有学校发展的新局面。我们要坚持把"问题意识、忧患意识和危机意识"落实到推动学校发展的实际工作当中，不断增强工作的原则性、系统性、预见性和创造性，尽量把可能遇到的困难估计得充分一些，把应对困难的措施考虑得周全一些，牢牢把握工作的主动权。

牢固树立"问题意识、忧患意识和危机意识"，就是要抢抓机遇，就是要勇于创新，就是要开拓进取。创新是一个学校发展的动力，进取可以让学校充满活力。首先需要创新的就是观念的创新、理念的创新。进取，就是在挑战和困难面前保持锐气，要敢于冲破一切妨碍发展的思想观念，打破一切束缚发展的做法和规定，革除一切影响发展的弊端，决不自满、懈怠、停滞。人很容易习惯于一种安逸的环境，总以为这种安逸可以持久下去。但事实上，在生活和工作中，有许多的因素在不断变化，如果我们对这些变化不引起足够重视的话，等到爆发时，就会无法适应新的要求。

社会是在不断发展进步的，发展越快，进步越大，意味着竞争越激烈，任何企业、任何个人要想在竞争中不被淘汰，立于不败之地，唯有树立这样的意识，不断创新，不断追求进步。"生于忧患，死于安乐"、"居安思危"是永远的生存之道。成功有时就是危险即将到来的信号。因为学校发展蒸蒸日上，容易使人感到志得意满，进而骄傲自满。因此，于成功之时，居福安之境，务必保持"如履薄冰、如临深渊"的危机感和紧迫感。《孝经》道："高而不危，所以长守贵也；满而不溢，所以长守富也。" 高而不危，满而不溢，把两极转化的态势辩证地结合起来，这是问题、危机和忧患意识的真谛。这几种意识作为思维和行为方式，表现为事成干预，防患未然，慎始慎终。如《周易》所说："君子以思患而豫防之"；"见险而能止，知矣哉。"

在树立问题、危机与忧患意识这一点上，我们可以从以下两点展开思考：

第一，问题、危机与忧患意识不是消极悲观，不是灰心丧气。相反，它的价值导向是要居安思危、艰苦奋斗，始终保持昂扬向上的精神状态。5年来，我们学校持续快速健康发展，在这样好的形势下，我们仍然要保持清醒头脑，树立问题、危机与忧患意识。既要看到成绩的一面，也要看到困难的一面；既要看到促进发展的有利条件，也要看到面临的严峻挑战；既要看到"为打造中国的伊顿公学"这个办学目标后而被不断鼓舞，也要看到实现这一目标的长期性和艰巨性。

第二，问题、危机与忧患意识是一种价值理念，也是一种道德境界。这些年来，我们学校的生源一直呈现为持续较快增长的趋势。在这种情况下，我们学校的一些部门或教职工便觉得形势好得不得了，于是便忘乎所以，对这些现象，必须坚决制止。我们一定要看到，我们一定要居安思危，我们要清醒地看到在课程、课堂、评价、活动、学生的品格、兴趣、习惯等许多深层次的问题尚未得到根本解决，工作仍面临着一些突出矛盾和问题。在这样的情况下，我们必须把困难估计得充分一些，把应对、克服困难的措施考虑得周全一些。

我们要从辩证法的角度看待我们所处的世界，我们本就处在一个不断发现问题、解决问题的过程中。曾有学者慨叹，我们遭遇了一个"问题的时代"。从北京的雾霾到黄浦江的死猪，从"蚁族""蜗居"难圆梦想到"舌尖上的安全"屡现危机。翻开报纸，相关讨论不绝于耳；打开网络，种种质疑迎面而来。一时间，问题让人烦恼，问题使人愤怒，问题令人"绝望"。这些问题确实可恨，但一味地抱怨是无济于事、于事无补的。也许正是这些问题，见证了我们存在的价值，关键是要把问题放在现实中观察，与国情对接，跟现实对接，学校有危机、有问题、有忧患并不可怕，没有危机、没有问题、没有忧患才是最可怕的。只有我们辩证地看待、科学地处理，才能使学校实现健康的、可持续发展的道路。只有我们的每一个员工都牢固树立起这几种意识，我们的一切工作才能防患于未然，学校才能快速地发展。作为学校人的我们，这种意识要长记于心，本着校兴我兴、校衰我衰的理念，要具有主人翁的责任感和使命感，努力工作，为学校的发展添砖加瓦！

你们的战友：梁勇

第一百零二封信 向 2013 届初三高三教师团队致敬

各位老师，战友们：

大家好！从 6 月 9 日参加高中毕业典礼至 6 月 19 日参加初中毕业典礼，连续两场毕业典礼，连续两次感动。从毕业典礼中，我们可以感受到师生之间的情谊，同学之间的友谊，这种自发的情感爆发是真挚的，热烈的，是因为爱而积淀的。

从昨天晚上开始，我的心情就紧张起来，又有期待，又有担心，今天一早起来就给康庆主任打电话，催促学生开始查分，中午 12：30 左右，我即知道结果，然后就开始了无比兴奋的一天，因为今年高考成绩，我们学校取得了历史上最好成绩，我们 3 个班的考生共有 72 人，其中 600 分以上学生 12 人，660 分以上 2 人，640 分以上 4 人。真的可喜可贺！我们的中考，同样值得期待！2013 届高三团队与初三团队，这两支队伍，无论从哪一个层面讲，都是我们的骄傲，他们的团队意识，他们的协作意识，他们的合作意识，他们的奉献精神，他们的吃苦精神，他们的敬业精神，值得我们学校的每一个团队，初一、初二、高一、高二、各教研组及每一个人学习！我们需要这种精神，我们更需要有这种精神的团队。我郑重而且热切地呼吁，我们向初三团队与高三团队学习！！！

感谢高三和初三的全体老师！这些成绩的取得，有赖于各部门的支持，更与我们拥有一支素质较高、有强烈使命感和责任感、能吃苦耐劳、甘于奉献的教职工队伍是密不可分的。事实证明，只要我们时刻牢记自己的职责，坚决从学生发展的长远利益出发，充分调动和发扬全体师生的创造性和积极性，我们的事业就一定会兴旺发达，我们的明天就一定会更加美好！

感谢高三和初三的全体老师！这些成绩的取得，再一次证明了我们这支教师队伍是一支特别能吃苦、特别能战斗、善于打硬仗的队伍。我们的年轻教师朝气蓬勃，勤学好问，成长迅速，能与学生打成一片；骨干教师身先垂范，善于钻研，业务精良，深受学生爱戴；班主任师德高尚，富有爱心，因材施教，赢得了多数学生的喜欢；管理人员平易近人，敬业爱岗，开拓创新，得到教工们的普遍支持。所以我们有理由相信，我们的二次创业，我们新的 5 年一定能够创造新的奇迹！

作为一名普通的中学教师，教书育人是我们神圣的使命，为人师表是我们谨守的誓言，学生取得好成绩，有更好的发展，桃李满园是我们每个人最大的心愿。我们要像太阳温暖每一颗求知的心，似红烛照亮孩子们前行的路，如人梯送学生们到达知识的殿堂。我们最平凡也最伟大，最贫乏也最富有。物欲横流，也许只有我们才守得住心灵的家园；世事变幻，我们永远也忘不了自己肩上的重任。也许我们的执着坚守得不到很多人的理解，也许我们经常加班加点欠家人太多太多，也许社会的舆论与领导的评价有时对我们失之偏颇，但是，我们所有的付出和辛劳，学生们都看在眼里，家长们都记在心上，因为我们的努力和敬业给了我们的孩子美好的未来。

尽管我们今年取得了一定的成绩，但距离我们的理想还有很大的差距。面对新的形势与挑战，我们必须清醒地看到，学校今后的工作将更加繁重，任务更加艰巨。治天下之治在人才，成天下之才在教化，行教化之业在教师。没有高质量的教师，就没有高质量的教育；没有高质量的教育，就没有高质量的人才，大家肩负的使命光荣而神圣。借此机会，我尽早提出几点意见，这也是我们下一步要抓的重点，与大家共勉：

一是要加强责任意识。教书育人是教师的天职。家长们为何把孩子送到我们手中？无非是希望自己的子女能受到良好的教育，学到生活的技能和立业的资本。为人之师，我们理应把责任倾注于整个职业生涯中，把全部精力和满腔真情献给教育事业，充分尊重学生的主体地位，关爱每一名学生，关心每一名学生的成长进步，以真情、真诚、真心教育和影响学生，努力成为学生的良师益友，成为学生健康成长的指导者和引路人。

二是要强化敬业意识。尊重自己所从事的教育事业是衡量教师敬业精神的首要标准。在我们学校工作条件有限，但对于一名教师来讲，选择了教师这份职业，就选择了奉献。希望大家珍惜岗位，立足岗位，热爱岗位，不断加强自身岗位修养，大力提倡求真务实、严谨自律的治学态度和教学精神，潜心钻研，精益求精，不断提高业务水平和教育教学能力，做受学生爱戴、让家长满意的老师。

三是要增强创新意识。教师从事的是创造性的工作。教师富有创造精神，才能培养出创新人才。学校的育人目标明确了我们的培养目标和教学模式与传统教育发生了深刻改变，课堂教学改革需进一步深化。我们要积极探索育人目标的途径和方法，投身教育创新实践，探索教育教学规律，改革教学内容，改进教学方法和手段，培养学生的创新思维和创新能力，努力培养出更多的富有创新精神和实践能力的人才。

四是要树立爱的意识。爱是我们的核心文化，也是我们育人目标的重要组成部分，没有爱就没有教育，对学生的爱，不仅表现为治学的严谨要求，更表现为老师对学生的尊重、理解和信任。每一个老师心里都很想把学生教好，但如果对学生缺乏爱心，单是"恨铁不成钢"，铁就难以成钢。作为教师，要用发展的眼光看待他们，鼓励他们在原有的基础上不断进步。无论是优生还是学困生都一视同仁，尊重每一个人，用爱心去感化每一个人。用爱心去做学生学习的向导，生活的知音。因为，我们认识到爱像一缕春风能抚慰学生幼稚的心灵，爱像一泓甘泉浇灌着学生干涸的心田。

如果我们满足现状、不思进取，结果只能是与教育发展的主流渐行渐远，甚至被淘汰出局。希望全体教职员工进一步增强忧患意识和机遇意识，进一步明确所承担的重要使命，进一步反思自身的职责，在学校"爱与创造"的引领下，精诚团结，奋力拼搏，就一定会迎来辉煌明天！

你们的战友：梁勇

2013 年 7 月 7 日

第一百零三封信 超越永无止境

各位老师、战友们：

大家好！上一封信，我写在高考成绩出炉之后；这一封信，我写在我们中考成绩公布之后。上一封信，我有这样的一句话：高考，值得期待！这一封信，我想说：中考，同样值得期待！今年的中考，远远超越了我们的预期，我们学校共有 90 人参加考试，满分 580 分。其中，500 分以上的学生有 28 人，510 分以上的学生有 16 人，520 分以上的学生有 6 人。取得如此辉煌的成绩，既在意料之外，又在必然之中。

3 年前，我们把选择教育，选择班级，选择班主任的权利交给了学生和家长，是他们的选择给了我们动力与压力，是他们的选择给了我们勇气和力量。三年磨砺，卧薪尝胆。近期，全国初三中考与高三高考的喜报层出不穷，面对如此成绩，我们深感欣慰，取得这样的成绩是真的来之不易。当这激动人心的成绩呈现在眼前的时候，我们的感受已经不能仅仅用震撼两个字来形容了。近5年，是我们学校发生重大变化的5年；近3年，是我们学校迅速发展的3年。

从2009年12月20日开始，我们学校的全体教职员工发扬不怕吃苦的敬业精神、不断攀登的探索精神，不甘落后的拼搏精神、不计得失的奉献精神，坚持"精、细、严、实、快"的工作作风，保持"高频率、快节奏、超常规、满负荷、高效益"的工作状态，走出了一条洒满心血、凝聚汗水的创业之路。中、高考成绩连年实现历史性突破，直至今年达到一个新的制高点！还记得，百日誓师时，初三学生与高三学子震天的呐喊与必胜的气势；当我见到他们整片高擎的手臂，当我看到他们写满坚毅的脸庞，当我看到他们专注而坚定的眼神，我就能理解什么是对未来的执着，我就能体会到什么是心灵的宁静，从孙凯龙的脱胎换骨，到王翰墨的大转变，从冯宝鑫的钢琴独奏会到黎苏乐的个人演唱会，我们的学生，满怀激情的那种自信与振奋，正是他们区别于其他同龄人的鲜明特征。他们展现出了一种壮烈的豪气，一种无畏的勇气，一种威武的霸气，一种坚定的志气，这股气就是"激情拼搏、张扬个性、追求完美、做最好的自己。"这是我们学校精神的放大与爆发。有的人甚至质疑我们的中考与高考，我倒觉得考试是对学生性格、品质和习惯的重新塑造。生在中国，如果不经历一次中考和高考，人生履历就会有所缺失，我们不为考试赢取考试，既没有题海战术，也没有时间加汗水，日光加灯光，我们是通过提升教学效率来提升考试成绩。我们的学生是通过营造适宜的考试环境和考试氛围，使各种规范、约束因素相互作用，与暗示、感染、潜移默化的内容和方式交织在一起，起到积极的促进作用。"芝兰入室，久而自芳"，"蓬生麻中，不扶自直"。经过全方位的努力，使学生感觉到参加考试有一种奔涌着的拼搏与奋斗感，不断地撞击自己的心灵，使之感动、兴奋，在人生的考场上有奋力搏击的快感。学校是让学生性格、习惯和做人发生改变的地方。人的良好习惯与优秀品格并非完全天生所有，需要在教育的过程中经过不断地塑造与磨炼而成。我们相信"学生的不良习惯改变多少，优秀品质培养多少，他的能力就可以进步多少"，我们要把教育的主要目标定在对学生性格、品质和习惯的重新塑造上。

学校对学生学习和生活的管理由许多个各自独立又互相联系为一个整体的点位组成，学校对每一个点位都有明确的规范和严格的要求，每一个点位都是学校教育中不可或缺的着力点，也都是学校教育与众不同的精彩点。从入学军训到社会实践，从运动会到十佳歌手，从班班有歌声到新年新诗会，从名人进校园到家长讲坛学生讲堂，从丰富多彩的社团到丰富多彩的活动。许多人对我们学校的教育方式也曾有过抱怨和不满，认为军训叠被子、打扫卫生、跑操喊响口号等都是与学习好坏没有丝毫关系的，但是随着入学后孩子们的身上逐渐发生了显著的变化，家长们对我们的管理逐渐有了全新的认识和理解。"孩子的许多坏习惯没有了，精神状态明显改变，懂事了，好像突然长大了，学习也进步了"。一位身为教师的学生家长，在给老师打电话致谢时说："我真的很佩服咱们学校。先不说孩子的成绩，就说他这个人，简直就跟变了一个人似的，上进心强了，干事麻利，放寒假了还在保持着学校的作息习惯，以前孩子可是很懒的……咱们学校的教育真的是让我很佩服。"

有人曾说"当一个人把他在学校学到的所有知识全部忘掉剩下的就是教育。"我们学校的学生升入大学后发展后劲仍然很足，许多普通同学都成了学生干部或社团骨干，纷纷展示出他们性格和能力中优秀的一面。当他们谈到中学生活最令他们受益的东西是什么时，他们的回答归结起来就是：最大的获益不是分数，不是一份高考录取通知书，而是把知识沉淀之后剩下的东西，是做人，是品质。学校教育恰恰就是对人的灵魂的教育。对于社会和家长关注的成绩，那只是学校教育的第一副产品，是社会关注的点，学校工作的着眼点在于"对人的塑造，对人的质的改变"。

教育的过程好比就是园丁为小树修剪枝杈的过程，被改造者往往排斥，感到的是痛苦，但是中学阶段恰恰是为树木修剪的关键期，不修剪小树就长歪了、长疯了，修剪后才会长成参天大树。通过近几年中学生高考成绩的节节攀升情况，我们看到了我们学校教育的真正成功之处，即通过养成学生良好习惯，磨砺学生坚强意志，树立学生必胜信念让学生获得了习惯、性格和品质的修炼与提升，把这种精神渗透到了他们灵魂的深处。 我们的中考与高考今年创造了一个辉煌，这是我们带给家长与同学们的视觉冲击和心灵震撼，我们透过成绩更应该深沉思考的是，学生的不良习惯改变了多少，优秀品质培养了多少，他的能力进步了多少。培养学生优秀的品格，良好的习惯，才是教育的根本。只有抓住根本的教育才是真正的教育。记得有个教育家表达过这样的思想，学校教育是什么，不是学校教给了学生多少知识点，会了多少道习题，关键是走出校园以后，学生身上留下的学校的痕迹。学校让每个从这里走出去的孩子身上都留下了这样的痕迹，就是"超越永无止境"。每一个点位都是学校教育中不可或缺的着力点，也都是学校教育与众不同的精彩点，只有每一个点都做到位了才是我们追求的完美！祝大家暑假快乐！

你们的战友：梁勇

后记

追梦在路上

对于我们这些痴迷教育的人来说，教育无疑是三百六十行最有意义的行当，为这个行当的发展做出些许微薄的贡献，是作为一个教育人矢志不渝的追求。当把这 103 封写给教师们的信汇集成书时，我倍感骄傲和自豪，这是我教育生涯中一个特殊的时刻，今天起，我在教育追梦创业的路上留下了继北京新学道教育集团之后的第二个印记，这是我对于教育的热爱和坚定、坚持与坚守的具体呈现。

众所周知，我的教育之路从农村中学教师起步，然后用 28 年时间四处求索、摸爬滚打，终于蹚出一条"北京新学道教育集团"之路。在这 28 年中，我没有一天不在思考。思考如何教书育人，让每一个生命自由绽放；思考如何让教师幸福、孩子开心、家长满意、社会赞誉；思考如何以教育一个孩子，达成帮助一个家庭、成就一个家族的目标；思考如何让社会因教育而和谐，让世界因教育而精彩；思考如何做到"明德至善，知行合一"……

从 2009 年开始，我这些思考以文字的形式记录下来，以每周一封信的形式分享给学校的教师，从教学方法、教育理念、班级管理、学生个性培养等方面为教师提供指导和引领。并希望以身作则，用日复一日的自律、坚持和思考，来带领、感召教师们共同成长。

不知不觉中，已经写下了 30 多万字，在汇集整理成书的过程中，删减了一些当时因为具体的事情而写的普适性不强的内容，以及在我认知迭代后自认为有些不够前沿的内容后，最终留下了 30 万字与大家见面。

在写这些信的过程中，我深刻地感受到教育是一个不断回归原点、不断传承和不断创新的领域，只有不断学习和反思，教育才能够与时俱进，发挥更大的效果。写信的过程也是反思的过程，当我想要把曾经奉为圭臬的经验分享给教师们时，站在新时代的教育背景下，发现这些经验也并非不刊之论，仍有许多可以完善之处。于是，在每日与教师的分享中，我也在不断地修正、完善自己的教育理念、思维模型，然后将最新的内容分享给教师们，在编校过程中，又对所有内容进行了一次全方位更新。现在大家看到的这一版，已经是经过两次迭代升级后的内容了。

这是我个人出版的第一本书，所以格外重视，从立项到内部审核、校对，再到提交出版社三审三校，到最终出版，总共历时 6 个月，如果从我写下第一封信的时间算起，就是总共历时 15 年。这本书就像我亲手养大的一个孩子，今天终于到了与大家见面的日子，说实话，我内心还是有几分忐忑，怕"它"皮囊不够美丽，担心"它"灵魂不够有趣，忧虑"它"面对读者时露怯……这大抵是每个"父母"都会有的心路历程吧。大家读完这本书后，如果愿意，可以通过我的自媒体平台与我交流，或者分享所思所感，或者提出建议，我全都接受。

这本书的出版离不开我身边的众多支持者和合作伙伴，是我的团队和同事们的鼓励与陪伴才能走到今天，特别是雷毅和瑞瑞在整理和出版的过程中细心与耐心的付出帮我解决了很多后顾之忧，各级领导与亲朋好友的认可和支持是我不断前行的动力。而我将在"教育"这个没有终点的永恒课题上，不断地探索和追求，不辜负各位的关心与厚爱。

最后，衷心感谢为我这本书作序的李绍先先生、冯仑先生，感谢姜新文主席、俞立中校长、席酉民校长、王斌泰厅长、于京天主任、张献明校长、知心姐姐卢勤女士、王修文校长、李建宏先生、雷殿生先生、何创飞先生与我的合伙人郝少林先生等名家的厚爱和联袂推荐，感谢山西人民出版社的领导和编辑们的大力支持和精心编辑。他们为这本书的出版发行提供了极大的支持和帮助，使这本书能够更好地呈现在读者面前。

这本书是我抛砖引玉的尝试，希望能够成为每一位教育工作者的启迪读本，激发大家的教育激情和创新意识。让我们携手共进，一起成长为更优秀的教师，让教育的阳光普照每一个孩子的心灵，让他们在快乐中成长、成人、成功，让每一个生命自由绽放！

梁勇